MONITEUR-ÉDUCATEUR



TOUT-EN-UN

# DEME

7e édition

Ouvrage coordonné par
Stéphane Rullac
Éducateur spécialisé, docteur en anthropologie,
formateur-chercheur dans un institut
de formation en travail social

Lucienne Suissa
Sociologue,
formatrice en institut de formation en travail social

ITINÉRAIRES PRO

le Social

Vuibert

**Remerciements**

L'auteur tient à remercier Sabine Escoubeyrou, docteur en psychologie, pour sa participation au chapitre consacré au domaine de compétences 1 « Accompagnement social et éducatif spécialisé ».

ISBN : 978-2-311-01125-8

Conception couverture : HDL Design / Conception intérieur : Linéale Production
Photographies de couverture : *Wanna Play Us* © Franz Pflueg – Fotolia.com ; *Group of friends in an apartment Talking* © Andreo Rodriguez – Fotolia.com ; *Writing* © SilviaJansen – iStockphoto.com ; *Father Helping Teenage Son with Homework* © Laurence Mouton – PhotoAlto.

# Sommaire

# Partie 5. L'accès au diplôme d'État de moniteur-éducateur et d'éducateur spécialisé par la VAE



# Annexes

# Introduction

La profession de moniteur-éducateur est en constante évolution depuis 1970, date du premier décret instituant le CAFME (certificat d'aptitude aux fonctions de moniteur-éducateur). Le passage du CAFME au DEME (diplôme d'État de moniteur-éducateur), défini par l'arrêté du 20 juin 2007, s'inscrit dans cette histoire.

La tradition « de terrain » de la profession prend toute sa dimension avec l'accessibilité du DEME par la validation des acquis de l'expérience (VAE). La durée totale d'activité cumulée exigée est de trois ans. Le recteur d'académie décide de la recevabilité de la demande de validation des acquis de l'expérience.
La caractéristique « éducative » du travail sur le quotidien est explicitement reconnue. Les fonctions du moniteur-éducateur sont précisées et clarifiées.
Les six unités de formation sont remplacées par quatre domaines de formation (DF). Ce changement amène plus d'ouverture pour les moniteurs-éducateurs diplômés vers la formation d'éducateur spécialisé (*cf.* les passerelles de formation, p. 40).

Il apparaît que le noyau central du métier de moniteur-éducateur gravite autour de la fonction éducative d'animation et d'organisation de la vie quotidienne de personnes en difficulté ou en situation de handicap. L'animation insuffle la vie et crée une dynamique de groupe, elle contribue à la socialisation et à la solidarité entre ses membres.
L'appoint à l'animation est l'organisation du quotidien, focalisé sur l'individu, le sujet, dans sa particularité et dans son unité. L'étymologie du mot « organiser » correspond à « rendre apte à la vie ». La fonction éducative d'animation et d'organisation de la vie quotidienne abolit le rapport distancié avec le sujet. Elle crée une relation de proximité où confiance et partage deviennent le ciment du lien entre les personnes dans les actes de la vie quotidienne.

Le présent ouvrage tient compte de la réforme issue de l'arrêté du 20 juin 2007 relatif au diplôme d'État de moniteur-éducateur, faisant suite au décret n° 2007-898 du 15 mai 2007. Le CAFME devient le DEME. Les titulaires du CAFME sont titulaires de droit du DEME. Pour chaque domaine de formation (DF), des domaines de compétences (DC) sont visés : l'obtention du DEME se fait par la validation de ces quatre domaines de compétences. Ils comprennent les connaissances acquises dans les domaines de formation (DF) et les évaluations des stages.
Un référentiel de certification est élaboré pour chaque domaine de formation, avec une évaluation correspondante.

Cet ouvrage présente des informations sur l'histoire du métier de moniteur-éducateur, les modalités de sélection, de formation, d'organisation et de déroulement de l'examen pour l'obtention du diplôme. Des contenus du programme permettront au lecteur de « découvrir » un vocabulaire, des connaissances et des sigles utiles à l'exercice de cette profession. Enfin, des méthodes pour préparer cet examen sont suggérées.

Il se propose d'être un appui et un guide pour les moniteurs-éducateurs en formation. Il est conçu pour faciliter et médiatiser les échanges entre les stagiaires moniteurs-éducateurs et les professionnels en exercice.

**La première partie** rappelle l'histoire de la profession d'éducateur et permet d'éclairer l'émergence du statut de moniteur-éducateur. Des principes généraux se rapportant à l'exercice de sa fonction y sont mentionnés, ainsi que des informations relatives aux conditions et modalités d'inscription aux épreuves de sélection qui faciliteront l'admission à suivre une formation de moniteur-éducateur. Des conseils pour réussir à la sélection et des exemples d'épreuves y sont également donnés.

**La deuxième partie** comprend des informations sur le contenu de la formation, son organisation, les épreuves de certification, la convention de stage et le référentiel professionnel. L'ensemble de ces informations s'appuie sur les textes réglementaires en vigueur.

**La troisième partie** présente les quatre domaines de compétences. Pour chacun sont abordés :

- des connaissances à acquérir par le biais de fiches thématiques. Elles sont un support à l'exercice de la profession de moniteur-éducateur et préparent au DEME ;
- les épreuves de certification ;
- le référentiel professionnel, les indicateurs de compétence ;
- des recommandations et méthodes de travail, accompagnées d'exemples, suggérées pour la préparation de chaque épreuve de certification.

**La quatrième partie** aborde l'analyse des pratiques professionnelles et l'étude de situation.

**La cinquième partie** présente l'accès au DEES (diplôme d'État d'éducateur spécialisé) par la validation des acquis de l'expérience (VAE) qui permet de reconnaître les compétences professionnelles par l'obtention d'un diplôme.

# Partie 1

# Le métier de moniteur-éducateur et les accès à la formation

# I Historique de la profession d'éducateur et émergence du statut de moniteur-éducateur

La profession de moniteur-éducateur est classée dans la nomenclature des professions intermédiaires par l'INSEE (Institut national de la statistique et des études économiques). Les codifications administratives émanent de la direction générale de l'action sociale au sein du ministère chargé des Affaires sociales (ministère du Travail, des Relations sociales et de la Solidarité). Celui-ci est l'organisateur légitime du champ professionnel.
Le moniteur-éducateur ainsi que l'éducateur spécialisé, l'éducateur technique spécialisé, l'éducateur de jeunes enfants et l'aide médico-psychologique sont regroupés dans l'ensemble des « professions éducatives ».
Le DEES (diplôme d'État d'éducateur spécialisé) a été institué en 1967, le CAFME (certificat d'aptitude aux fonctions de moniteur-éducateur) en 1970, le DEME (diplôme d'État de moniteur-éducateur) en 2007.
L'apparition de ces catégories est datée et circonstanciée historiquement dans son processus d'élaboration et de légitimation sociale.
À l'intérieur du métier d'éducateur, il existe une hiérarchisation entre le statut et la formation d'éducateur spécialisé (ES) et ceux du moniteur-éducateur (ME). Le salaire de l'éducateur spécialisé est plus élevé que celui du moniteur-éducateur, ainsi que le niveau (niveau III pour les ES : bac + 2 et niveau IV pour les moniteur-éducateur : bac).
Ils ne suivent pas la même formation : 1 450 heures d'enseignement théorique et 15 mois de stage pour les ES (soit trois années scolaires) ; 950 heures d'enseignement théorique et 980 heures (28 semaines) de formation pratique pour les moniteur-éducateur. Ils ne subissent pas les mêmes épreuves d'admission en formation.

**Quelle est l'histoire de la profession de moniteur-éducateur ?**

Nous entendons par profession la définition donnée par P. Naville[1] : « Accès du salarié à un statut déterminé de manière précise, étendu au plus grand nombre d'aspects possibles de la vie du travail et garanti avec plus ou moins de force par la loi, les conventions collectives et les contrats d'entreprise. »

1. Cité par Simonot M., *Les Animateurs socio-culturels*, PUF, 1974.

Nous nous limiterons à citer quelques acteurs de l'assistance, du XVIe siècle jusqu'à la création du CAFME, pour montrer leurs évolutions.
Même si les questionnements posés par l'assistance à « l'autre » remontent aux sources de notre civilisation, nous avons choisi de partir du XVIe siècle car nous pensons que c'est dans ce contexte idéologico-religieux, animé par François Ier, que prennent place de façon significative les faits de l'histoire du métier d'éducateur en général et de moniteur-éducateur en particulier.
Nous tenterons de cerner, de manière succincte, les éléments qui ont pu marquer l'institutionnalisation du métier d'éducateur, afin de dégager des modèles de l'aide apportée aux individus « en difficulté ».

## 1 Le modèle religieux

Jusqu'au XVIe siècle, les institutions religieuses reposent sur le bénévolat. Les enfants abandonnés, et souvent trouvés à la porte des églises, sont amenés à l'hospice au même titre que les pauvres, les mendiants, les vieux, les malades, les prostituées...
En 1544, François Ier crée le « Grand Bureau des pauvres ». Le Parlement va s'intéresser alors plus activement au sort des enfants trouvés et rédige plusieurs arrêtés en leur faveur, en particulier l'arrêté du 11 août 1552 obligeant les « hauts justiciers » (c'est-à-dire l'évêque, les doyens, chanoines, prieurs, abbés et abbesses de Paris) à verser à l'hôpital parisien de la Trinité leur contribution à l'entretien de ces enfants. Les « œuvres de charité » apparaissent comme relevant du monopole de l'Église.
Pour cette période, c'est l'idéal religieux qui inspire directement l'organisation de l'aide aux personnes en difficulté. On peut parler de modèle religieux. Il se concrétise par la création d'institutions et s'inscrit aussi dans le mode de vie inhérent à ces dernières.

## 2 Le modèle policier

Au XVIIe siècle, on assiste à une transformation économique, sociale et culturelle. Le chômage, les bas salaires, la misère représentent un danger. L'éducation vise à isoler l'enfant de la société et à le préserver du « mal ». Les internats basés sur une discipline sévère se multiplient. La seule façon d'éduquer et de soigner les gens est de les enfermer. Les internats et les hôpitaux jouent un rôle d'assistance et de répression pour les catégories les plus diverses (pauvres, vagabonds, aliénés, prostituées, enfants abandonnés, paresseux ou enclins à la débauche). Il se développe alors l'idée qu'il faut les séparer du reste de la société.
En 1638 est créé « l'hôpital des enfants trouvés » : les enfants abandonnés très jeunes sont confiés à des nourrices qu'on nommera dans les années 1970 les « gardiennes », et que l'on nomme aujourd'hui les « assistantes maternelles ».
En 1656 est créé l'hôpital général des pauvres de Paris (la Salpêtrière).
En 1662, l'autorité prescrit d'établir dans chaque ville un hôpital général (comme celui de la Vieille Charité à Marseille), pour interner les pauvres valides ou invalides, malades ou

convalescents, curables ou incurables. Dans la pratique et la théorie, il n'existe pas de différenciation entre les maladies du corps et de l'esprit.
L'internement est une création institutionnelle du XVIIe siècle. L'œuvre de Louis XIV n'a pas consisté à créer un nouvel établissement, mais à regrouper d'anciennes institutions à caractère religieux, déjà existantes. La volonté centralisatrice et totalitariste met ces institutions au service des desseins du roi.
Pour Louis XIV, l'État est sa propriété. Celui-ci prend le monopole de la violence (arrestations et exécutions).
Le modèle religieux de l'aide aux adultes et enfants pauvres ou malades disparaît progressivement, sous l'effet de la création du lieutenant général de police en 1667, de l'extension et du renforcement du pouvoir royal. On peut dire qu'un modèle policier prend la place du modèle religieux qui prévalait au XVIe siècle. Une mutation s'opère : nous passons de l'assistance issue du pouvoir de l'Église au contrôle du pouvoir royal qui s'établit dans l'absolutisme.

## 3 Le modèle psychiatrique

Au XVIIIe siècle, les valeurs traditionnelles sont remises en cause. On s'interroge sur les notions de « bien » et de « mal ».
En 1789 est proclamée la Déclaration des droits de l'homme et du citoyen.
Le 21 janvier 1790, l'Assemblée constituante décide de créer un « comité pour l'extinction de la mendicité » et présente l'assistance comme un devoir et plus seulement comme une charité. On attribue aux pauvres un droit à l'assistance. On parle d'Assistance publique et dans chaque département se crée une maison de secours.
Ce siècle est marqué par les grands précurseurs des éducateurs que sont l'abbé de L'Épée pour les sourds et muets, Pestalozzi, promoteur de l'éducation populaire, Itard et Seguin pour les arriérés profonds, Montessori pour les méthodes pédagogiques et Pinel pour les maladies mentales.
La loi du 28 juin 1793 déclare que la nation se charge de l'éducation physique et morale des enfants « orphelins » (que l'on nommait jusque-là les « enfants abandonnés »).
La loi du 7 novembre 1796 stipule que les anciens « bureaux de charité » paroissiaux, créés par Louis XIV, se transforment en organismes communaux, désignés sous le vocable « bureaux de bienfaisance » et qui instruisent les secours. C'est la conséquence de la lutte révolutionnaire contre l'Église. Ainsi la nation s'approprie le patrimoine des œuvres religieuses.
Après la Révolution, la médecine et la psychiatrie se développent. Le début de la psychiatrie moderne est marqué par Philippe Pinel (1745-1826), qui devient médecin-chef en 1795 à l'hôpital de la Salpêtrière. Il est le premier à s'intéresser à l'organisation de l'institution psychiatrique. Il met l'accent sur la discipline, la réglementation de la vie des malades, leur classement rigoureux et leur isolement. Il s'inspire du modèle religieux pour faire émerger un modèle psychiatrique, considérant la marginalité comme une « faute » qui mérite « répression » : l'individu ayant un comportement hors normes sociales doit être isolé, enfermé et se reconnaître « coupable ». Pinel prépare ainsi « l'apothéose du personnage médical[1] ».

1. Foucault M., *Histoire de la folie à l'âge classique*, Gallimard, 1972, p. 250-264.

## 4 Le modèle du droit social et le modèle psychologique

La déstabilisation politique consécutive à la Révolution de 1789, l'abolition de la royauté le 21 septembre 1792, et l'avènement d'un système industriel ont pour effet de favoriser les réflexions sur le nouvel ordre social à promouvoir et les mesures à prendre pour résoudre ses difficultés.

C'est dans ce contexte qu'apparaît la déclaration du 19 mars 1793 : « Tout homme a droit à sa subsistance par le travail s'il est valide, par des secours gratuits s'il est hors d'état de travailler. Le soin de pourvoir à la subsistance du pauvre est une dette nationale. »

Au XIXe siècle apparaissent le code civil (1804), le code pénal (1810) et toute une législation favorisant le développement des activités collectives :

- 1824 : création de quartiers spéciaux dans les prisons pour séparer les enfants des autres catégories d'errants ;
- 1882 : institutionnalisation de la scolarité obligatoire et gratuite pour tous ;
- 1884 : loi sur les syndicats (loi Waldeck-Rousseau) ;
- 1886 : création de la direction de l'Assistance publique ;
- 1888 : création de la caisse de retraites de la Compagnie, qui assurait la vieillesse du mineur ;
- 1893 : loi sur l'aide médicale gratuite aux indigents ;
- 1901 : loi donnant un cadre libéral aux associations ;
- 1905 : loi sur les secours aux vieillards indigents, aux incurables, aux infirmes. Les bénéficiaires en sont ces personnes inaptes au travail.

Ainsi la IIIe République, proclamée par un gouvernement de défense nationale le 4 septembre 1870, et instituée en 1875 (elle s'achèvera en 1940, lorsque le maréchal Pétain créera l'État français), va agir pour instaurer la laïcité (séparation de l'Église et de l'État).

La déclaration du 19 mars 1793, la création de quartiers spéciaux dans les prisons en 1824, la scolarité obligatoire et gratuite pour tous en 1882 ont été les clefs de voûte de l'institutionnalisation du métier d'éducateur.

### a. La déclaration du 19 mars 1793

Les indigents valides se trouvent dans l'appareil productif, alors que sous l'Ancien Régime le pauvre était en marge par rapport aux structures sociales. Dans cette configuration, il s'opère une transformation des pratiques des individus et des groupes face à l'« assistance ». Ainsi il apparaît un modèle de type légal (l'ordre social par le droit), que l'on peut qualifier de modèle du droit social. Le droit au secours énoncé lors de la déclaration du 19 mars 1793 se transforme en « aide sociale ».

## b. La création de quartiers spéciaux dans les prisons pour séparer les enfants des autres catégories d'errants (1824)

Des sociétés de patronage des jeunes détenus se créent (1824), dont l'objectif est de développer des réformes pénales et de mettre en place des institutions réservées aux mineurs. Les nourriciers, laboureurs, artisans et bourgeois des campagnes sont rétribués pour recevoir les enfants jusqu'à 16 ans. Les bagnes, pénitenciers et prisons se transforment en prisons d'amendement et industrielles, colonies agricoles et correctionnelles, aussi bien publiques que privées (loi de 1850 qui précisait que l'État ne créerait de colonies « que si l'initiative privée fait défaut »).
Ainsi les mineurs « incorrigibles » seront pris en charge par les établissements publics, et les orphelins, les indigents, les abandonnés et les vagabonds par les établissements privés.

## c. L'institution de la scolarité obligatoire et gratuite pour tous (1882)

La création de l'école primaire laïque constitue l'espace social où va se construire et se créer l'enfance « à problèmes ». Si l'école est pour tous, les enfants qui manifestent une quelconque opposition à l'apprentissage des connaissances proposées à l'école seront classés comme « différents » des autres.
En 1904, le ministère de l'Instruction publique décide d'organiser l'enseignement pour ces enfants « hors normes » et met en place une commission (dont fait partie le psychologue Alfred Binet) pour déterminer une méthode de dépistage de tels enfants.
Binet crée alors une série d'épreuves et invente la notion « d'âge mental » qui évalue ce que les enfants normaux savent faire en moyenne. Il présente sa méthode en 1905 dans *L'Année psychologique*, revue dont il est le fondateur, sous le titre « Méthodes nouvelles pour le diagnostic du niveau intellectuel des anormaux ». Ce « test » aura pour conséquence la promulgation de la loi du 15 avril 1909 sur la création des classes et internats de perfectionnement pour les « anormaux d'école ». Cette loi s'inscrit dans un mouvement d'hygiène sociale beaucoup plus vaste (traitement de l'enfance « coupable », assistance sociale).
L'école devient alors la référence de la norme sociale, faisant abstraction des déterminismes sociaux qui interviennent dans les échecs ou les réussites scolaires, et catégorise celui qui n'y adhère pas comme « anormal », médicalement ou psychologiquement. L'aide aux personnes « en difficulté » se réfère à un modèle psychologique.

Ainsi les éléments ci-dessus évoqués ont été prépondérants dans le processus de systématisation de l'aide sociale. Celui-ci s'est accompagné d'un renforcement du contrôle et d'une mise à l'écart des individus déviants par rapport aux normes sociales.
L'institutionnalisation du métier d'éducateur s'est produite sur ces bases. Des professionnels de l'aide sociale et du contrôle social font leur apparition. Ils sont associés au dépistage des enfants anormaux, à la médecine du travail, à la psychologie du travail, à la rééducation scolaire, à la magistrature ; le métier d'assistante de services sociaux se crée et se développe à partir de 1932.

## 5 Le modèle patriotique

Comme toutes les grandes fonctions sociales, l'éducation a une structure qui exprime un « esprit » à travers les programmes, les matières enseignées, les méthodes. Des écoles cathédrales aux universités et lycées ou aux collèges des jésuites, il y a à chaque époque un rapport entre l'enseignement et les autres institutions du corps social, avec les coutumes et les croyances, avec les grands courants d'idées.

Son histoire mouvementée s'étale sur une durée qui « embrasse » le régime de Vichy (1940-1944). L'éducation est considérée comme un bien social, objet d'une appropriation collective et utile. Dès lors, dans l'éducation, plutôt que de voir la présence du maître, on lit les valeurs politiques elles-mêmes. Le projet politique de l'éducation a comme but de contrôler les citoyens dans leur comportement social, qui doit refléter le système idéologique et politique du régime de Vichy. Ainsi l'éducation devient une procédure pour requalifier les individus comme sujets, au service de la patrie. Des institutions déterminées se définissent pour répondre non seulement à la nécessité de surveiller, de rompre les communications dangereuses, mais aussi de créer un espace utile, tels les chantiers de jeunesse, qui enseignent la fidélité au régime et à ses valeurs, et les transportent au corps social tout entier. Avec l'État policier de Vichy qui s'installe, c'est le modèle patriotique qui marque cette période.

Nous pouvons considérer que le métier d'éducateur apparaît dans ce contexte historique, quand s'impose la notion de « l'enfance inadaptée » (1943), laquelle vient unifier les diverses classifications médicales, morales ou judiciaires relatives aux enfances difficiles, et « inscrire leur prise en charge sous l'égide d'un ensemble institutionnel unifié en conséquence, selon une raison technicienne[1] ».

Le « secteur de l'enfance inadaptée » (particulièrement les internats) lui a donné naissance. C'est le dispositif institutionnel qui a organisé de fait la profession, qui a tiré sa légitimité par la lutte (pour le passage du bénévolat à la reconnaissance d'une pratique professionnelle), la mobilisation des milieux neuropsychiatriques, socioclléricaux traditionnels ou modernistes et des alliances politiques qui favorisent l'initiative privée et les associations nationales de parents. Nous sommes en présence d'une conjoncture originale : des théories (issues de la médecine, de la psychologie, des sciences sociales et humaines) ont pu être appliquées à un moment historique qui s'y prêtait. En effet, du fait même de la guerre, de ses conséquences sociales et familiales, la jeunesse « à problèmes » est devenue importante et a mérité attention. L'apparition de l'éducateur spécialisé comme profession a assuré la prise en charge de ces jeunes, mais cela ne veut pas dire que leur désignation sociale est nouvelle ; ce qui diffère, c'est le type de réponse sociale.

Entre 1940 et 1944 est créée la première école d'éducateurs spécialisés à Montesson (près de Paris), école privée autofinancée.

Les premiers établissements « éducatifs » fonctionnent dans des châteaux donnés, prêtés, avec un personnel le plus souvent bénévole, venu du scoutisme, de congrégations religieuses et des chantiers de jeunesse. Les enfants et les adolescents sont habillés, nourris, grâce à des dons. La loi du 11 avril 1943 décrète la création d'un secrétariat d'État pour l'enfance déficiente ou en danger moral.

1. Chauvière M., *Enfance inadaptée. L'héritage de Vichy* [1980], L'Harmattan, 2009.

# 6 Le modèle de l'assistance modernisée

La guerre terminée, en 1945, l'État doit faire face en priorité à la reconstruction économique du pays et laisse alors à l'initiative privée la prise en charge des problèmes de l'« enfance inadaptée ».
Des associations se créent (dans le cadre de la loi de 1901).
En 1947, l'ANEJI (Association nationale des éducateurs de jeunes inadaptés) voit le jour à l'initiative des personnes occupant des postes de direction ; elle se définit comme une association corporative et non comme un syndicat.
En 1948, l'UNARSEA (Union nationale des associations régionales de sauvegarde de l'enfance et de l'adolescence) est créée lorsque les formes de contrôle de l'État sur le secteur de l'« enfance inadaptée » font l'objet de débats et de négociations : elle apparaît comme une instance représentative des œuvres privées face aux ministères concernés.
Dans ce contexte social, l'éducation spécialisée occupe une place auprès d'ensembles de personnes désignées, stigmatisées. Elle participe ainsi à l'action sanitaire et sociale (auprès des personnes handicapées), au maintien de l'ordre social (en contrôlant les personnes qualifiées de délinquantes), à la santé mentale (des enfants dits caractériels).
Une nouvelle entité professionnelle apparaît et de l'éducation spécialisée va naître une profession : « éducateur spécialisé ». Elle est légitimée par un premier statut en 1958 grâce aux accords de travail signés entre l'ANEJI et l'UNARSEA.
En 1966, une convention collective nationale (définissant les conditions de travail et de salaire dans les établissements et services pour personnes inadaptées et handicapées et dans les centres de formation d'éducateurs) est signée entre les syndicats nationaux d'employeurs de l'enfance inadaptée et les syndicats d'employés (CFDT, CGT, FO, CFTC et CGC).
En 1967, les centres de formation sont reconnus par l'État et financés par le ministère des Affaires sociales (décret n° 67-138 du 22 février 1967 qui institue un diplôme d'État d'éducateur spécialisé).
S'établit alors une première définition de la formation d'éducateur spécialisé.
Lorsque la convention collective de 1966 définissant le métier d'éducateur spécialisé a été signée, un mouvement important de salariés, soutenu par les syndicats et par les associations gestionnaires, a lutté pour permettre aux personnes qui exerçaient déjà une fonction éducative, mais qui n'avaient pas le niveau requis pour suivre une formation d'éducateur spécialisé, d'être reconnues socialement en réclamant un statut.
Il faut rappeler que ces établissements n'obtenaient pas toutes les subventions de l'État, nécessaires à leur bon fonctionnement. En effet, la plupart de ces établissements étaient dirigés par des congrégations religieuses ; l'État prétextait que les dons qu'ils recevaient ne pouvaient servir à payer le personnel non qualifié.
C'est dans ce contexte socio-économique et historique que cet ensemble d'employés a été constitué comme catégorie (ayant un niveau scolaire inférieur à celle des éducateurs spécialisés) et désigné sous le vocable de « moniteurs-éducateurs », officialisé par le décret n° 70-240 du 9 mars 1970 instituant un certificat d'aptitude aux fonctions de moniteur-éducateur.

Au plan administratif, la même année est créée une Direction de l'action sociale au sein du ministère de la Santé et, à l'intérieur de celle-ci, une sous-direction des professions sociales et du travail social. Il s'établit alors une redéfinition de la formation d'éducateurs spécialisés, une définition de la formation de moniteurs-éducateurs et une augmentation des crédits nécessaires à ces formations intervient (décret n° 73-116 du 7 février 1973, modifié par les décrets du 18 janvier 1985 et du 6 juillet 1990). Les centres de formation de moniteurs-éducateurs et d'éducateurs spécialisés sont alors agréés par les ministères de l'Éducation nationale, de la Santé publique et le secrétariat d'État auprès du Premier Ministre (Jeunesse et Sport). Le ministère des Affaires sociales, par l'intermédiaire de son représentant régional (la direction des affaires sanitaires et sociales), les finance pour un quota d'élèves éducateurs qu'il fixe.

Il s'agit alors d'un modèle de redressement des conduites sociales institutionnalisé, organisé, légitimé : le modèle de l'assistance modernisée.

Ce qui se dégage dans l'histoire de la genèse de ce métier et de sa codification, c'est la lutte des individus pour des postes à légitimer, ainsi que l'importance des dispositifs institutionnels que les administrations de tutelle reconnaissent après coup, par un statut. L'histoire de la codification de ce métier est à comprendre comme l'histoire des dispositifs institutionnels des politiques sociales.

## 7 L'institutionnalisation du métier d'éducateur : tableau chronologique

| Dates | Loi | Institution | Modèle |
|---|---|---|---|
| 1552 | Arrêté du 11 août | Hôpital de la Trinité | Religieux |
| 1662 | Dans chaque ville un hôpital général | Lieutenant général de police | Policier |
| 1789 | Déclaration des droits de l'homme et du citoyen | Pinel devient médecin-chef à l'hôpital de la Salpêtrière (1795) | Psychiatrique |
| 1824 | | Société de patronage des jeunes détenus | |
| 1882 | Scolarité obligatoire et gratuite pour tous | École laïque | |
| 1884 | Loi sur les syndicats (Waldeck-Rousseau) | | Droit social |
| 1901 | Loi qui donne un cadre libéral aux associations | | |
| 1902 | Loi sur l'hygiène sociale | Dispensaires d'hygiène sociale | |

| Dates | Loi | Institution | Modèle |
|---|---|---|---|
| 1909 | Loi du 15 avril : classes et internats de perfectionnement pour les anormaux d'école | | Psychologique |
| 1913 | Les œuvres privées accueillant des enfants de moins de 13 ans obtiennent des subventions de l'État | Le ministère de la Justice contrôle ces institutions | |
| 1923 | 24 mars : loi sur le vagabondage des mineurs | Service social de l'enfance en danger moral (enquête sociale) | |
| 1932 | Diplôme d'État d'assistante sociale | | |
| 1935 | Enquête sociale, examen médical, assistance éducative, placement provisoire | Le secteur privé et les services sociaux se développent | |
| 1936 | École obligatoire jusqu'à 14 ans | | |
| 1940 | 25 février : institutions publiques d'éducation surveillée | | Patriotique |
| 1943 | 11 mars : secrétariat d'État pour l'enfance déficiente ou en danger moral | Associations régionales de sauvegarde de l'enfance et de l'adolescence (ARSEA) : équipement privé coordonné avec les administrations publiques | |
| 1945 | Ordonnance du 2 février sur l'enfance délinquante : irresponsabilité pénale jusqu'à 18 ans | Direction de l'éducation surveillée au ministère de la Justice | |
| 1947 | L'enfance inadaptée | Association nationale des éducateurs de jeunes inadaptés (ANEJI) | Assistance modernisée |
| 1948 | | Union nationale des associations régionales de sauvegarde de l'enfance et de l'adolescence (UNARSEA) | |
| 1959 | Scolarité obligatoire jusqu'à 16 ans | Fédération nationale des clubs et équipes de prévention | |
| 1961 | | Directions départementales de l'action sanitaire et sociale (DDASS) | |
| 1964 | | Centres médico-psycho-pédagogiques (CMPP) et centres d'aide par le travail (CAT) | |

| Dates | Loi | Institution | Modèle |
|---|---|---|---|
| | | Sections d'éducation spécialisée (SES) (Éd. nationale) | |
| 1967 | Diplôme d'État d'éducateur spécialisé | Centres de formation ES agréés par les ministères (Éducation nationale, Santé, Jeunesse et Sports) | |
| 1970 | Certificat d'aptitude aux fonctions de moniteur-éducateur | Centres de formation moniteur-éducateur agréés par les mêmes ministères que les centres ES | |
| 2007 | Diplôme d'État de moniteur-éducateur | | |

**Références**


Boltanski L., *Les Cadres. La formation d'un groupe social*, éditions de Minuit, 1982.

Bourdieu P., Chamboredon J.-C., Passeron J.-C., *Le Métier de sociologue* [1967], éditions Mouton, 2005.

Bourdieu P., Passeron J.-C., *Les Héritiers* [1985], éditions de Minuit, 1990.

Chauvière M., *Enfance inadaptée. L'héritage de Vichy* [1980], L'Harmattan, 2009.

Chevalier L., *Classes laborieuses et classes dangereuses à Paris pendant la première moitié du XIXe siècle* [1958], Hachette, 1984.

Desrosières A., Thévenot L., *Les Catégories socioprofessionnelles* [1988], La Découverte, 2002.

Donzelot J., *Face à l'exclusion. Le modèle français*, Esprit, 1991.

Durkheim E., *L'Évolution pédagogique en France* [1938], PUF, 1990.

Durkheim E., *De la division du travail social* [1893], PUF, 2013.

Elias N., *La Société de cour* [1933], Flammarion, 2008.

Elias N., *La Civilisation des mœurs* [1939], Calmann-Lévy, 1991.

Foucault M., *Surveiller et punir. Naissance de la prison* [1975], Gallimard, 1994.

Foucault M., *Histoire de la folie à l'âge classique* [1961], Gallimard, 1992.

Goffman E., *Stigmate. Les Usages sociaux des handicaps* [1975], éditions de Minuit, 1989.

Ion J., Tricard J.-P., *Les Travailleurs sociaux* [1984], La Découverte, 2012.

Karsz S. (dir.), *Déconstruire le social : séminaire 1*, L'Harmattan, 1992.

Meignant P., *Les Associations régionales de sauvegarde de l'enfance et de l'adolescence*, université de Nancy, thèse de doctorat, 1960.

Muel-Dreyfus F., *Le Métier d'éducateur* [1983], éditions de Minuit, 1992.

Nicolet C., *L'Idée républicaine en France* [1982], Gallimard, 1995.

Suissa L., « Trajectoires de socialisation et choix professionnel (moniteur-éducateur ou éducateur spécialisé) », DEA en sciences sociales, École des hautes études en sciences sociales, 1994.

Veyne P., « Foucault révolutionne l'histoire », in *Comment on écrit l'histoire* [1971], Le Seuil, 1996.

# II Le décret du 15 mai 2007

Le décret n° 2007-898 du 15 mai 2007[1] institue le diplôme d'État de moniteur-éducateur et modifie le décret n° 90-575 du 6 juillet 1990.

**Article 1**

(...) Art. D. 451-73 du code de l'action sociale et des familles – Le diplôme d'État de moniteur-éducateur atteste des compétences nécessaires pour exercer une fonction éducative, d'animation et d'organisation de la vie quotidienne de personnes en difficulté ou en situation de handicap.

Il est structuré en domaines de compétences et peut être obtenu, en tout ou partie, par la voie de l'examen à l'issue de la formation ou par la validation des acquis de l'expérience.

Il est délivré par le recteur d'académie.

Art. D. 451-74 – La formation préparant au diplôme d'État de moniteur-éducateur comprend un enseignement théorique et un enseignement pratique dispensé sous forme de stages.

Cette formation est dispensée par les établissements publics ou privés ayant satisfait à l'obligation de déclaration préalable mentionnée à l'article L. 451-1.

La durée et le contenu de la formation peuvent varier en fonction de l'expérience professionnelle et des diplômes possédés par les candidats.

Les candidats sont soumis à des épreuves d'admission organisées par les établissements de formation selon les modalités figurant dans leur règlement d'admission.

Art. D. 451-75 – Les épreuves du diplôme comprennent un contrôle interne mis en œuvre en cours de formation et dont les modalités sont détaillées dans le dossier de déclaration préalable mentionné à l'article R. 451-2 et des épreuves organisées par le recteur.

Art. D. 451-76 – Le recteur d'académie nomme le jury du diplôme qui comprend :

1° Le recteur d'académie ou son représentant, président ;

2° Le directeur régional des affaires sanitaires et sociales ou son représentant, vice-président ;

3° Des formateurs d'établissements de formation préparant au diplôme d'État de moniteur-éducateur ou à d'autres diplômes d'État sociaux, socioculturels ou paramédicaux, de membres de l'enseignement supérieur ou de professeurs du second cycle de l'enseignement secondaire ;

4° Des représentants des services déconcentrés des ministères chargés des Affaires sociales, de l'Éducation, de la Justice et de la Jeunesse, des collectivités publiques et de personnes qualifiées en matière d'action éducative et sociale ;

1. *JO* n° 113 du 16 mai 2007, p. 9113, texte n° 28.

5° Pour un quart au moins de ses membres, des représentants qualifiés de la profession, pour moitié employeurs et pour moitié salariés.
Ce jury peut, en tant que de besoin, se subdiviser en groupes d'examinateurs.
Art. D. 451-77 – Les titulaires du certificat d'aptitude aux fonctions de moniteur-éducateur sont titulaires de droit du diplôme d'État de moniteur-éducateur.
Art. D. 451-78. – Un arrêté des ministres chargés des Affaires sociales, de l'Éducation, de la Justice et de la Jeunesse précise les compétences professionnelles mentionnées à l'article D. 451-73, les modalités d'accès à la formation, le contenu et l'organisation de cette formation ainsi que les modalités de délivrance du diplôme d'État de moniteur-éducateur.

**Article 2**

Les formations préparant au certificat d'aptitude aux fonctions de moniteur-éducateur engagées avant le 1er septembre 2007 ainsi que les modalités de délivrance des diplômes correspondants restent soumises aux dispositions des articles D. 451-73 à D. 451-80 du code de l'action sociale et des familles en vigueur avant la publication du présent décret.

.......................................................................................................................

# III Définition de la profession et du contexte de l'intervention

L'arrêté du 20 juin 2007 encadre la formation et la fonction du moniteur-éducateur[1].
Le diplôme d'État de moniteur-éducateur atteste des compétences professionnelles pour exercer les fonctions et les activités telles que définies à l'annexe I « Référentiel professionnel » de l'arrêté :

« Le moniteur-éducateur participe à l'action éducative, à l'animation et à l'organisation de la vie quotidienne de personnes en difficulté ou en situation de handicap, pour le développement de leurs capacités de socialisation, d'autonomie, d'intégration et d'insertion, en fonction de leur histoire et de leurs possibilités psychologiques, physiologiques, affectives, cognitives, sociales et culturelles.
Il élabore son intervention avec l'équipe de travail et son encadrement dans le cadre du projet institutionnel répondant à une commande sociale éducative exprimée par différents donneurs d'ordre et financeurs, en fonction de leurs champs de compétences : intervention individuelle (administrative ou judiciaire), collective ou territorialisée. Il intervient dans une démarche éthique qui contribue à créer les conditions pour que les enfants, adultes, familles et groupes avec lesquels il travaille aient les moyens d'être acteurs de leur développement et de renforcer les liens sociaux et les solidarités dans leurs lieux de vie.
Le moniteur-éducateur assure une relation éducative au sein d'espaces collectifs et favorise l'accès aux ressources de l'environnement (sportives, culturelles, citoyennes...). Il peut ainsi mettre en place et encadrer des médiations éducatives et des activités de soutien scolaire, d'insertion professionnelle ou de loisirs. Il veille à la qualité de l'animation des structures dans lesquelles les personnes vivent. Les actes de la vie quotidienne sont un support essentiel à son intervention. Il contribue, dans le cadre d'équipes pluriprofessionnelles, à la mise en œuvre au quotidien de projets personnalisés ou adaptés auprès des personnes accompagnées. Grâce à sa connaissance des situations individuelles, il contribue à l'élaboration de ces projets personnalisés et participe au dispositif institutionnel.
Le moniteur-éducateur intervient dans des contextes différents.
Il peut contribuer à l'éducation d'enfants ou d'adolescents ou au soutien d'adultes présentant des déficiences sensorielles, physiques ou psychiques ou des troubles du

1. *JO* n° 153 du 4 juillet 2007, p. 11363, texte n° 5.

comportement. Dans ce contexte, il assure une relation éducative avec ces personnes, organise et anime leur quotidien, en les accompagnant dans l'exécution des tâches quotidiennes. Il contribue ainsi à instaurer, restaurer ou préserver leur autonomie.
Il peut également intervenir auprès d'enfants, d'adolescents ou d'adultes en difficulté d'insertion. Par son accompagnement quotidien, conduit dans une visée de socialisation et d'intégration, le moniteur-éducateur aide à améliorer l'adaptation sociale de ces personnes.
Les moniteurs-éducateurs interviennent principalement, mais sans exclusive, dans les institutions du secteur du handicap, de la protection de l'enfance, de la santé et de l'insertion sociale assurant une prise en charge collective des publics. Ils sont employés par les collectivités territoriales, la fonction publique et des associations et structures privées. »

# IV Les lieux d'intervention du moniteur-éducateur

## 1 Le cadre et les conditions d'emploi

Plus de 80 % des moniteurs-éducateurs travaillent dans le secteur privé associatif. Toutefois le cadre de la fonction publique offre également des possibilités d'embauche.
Avec les autres travailleurs sociaux, et notamment les professionnels de l'éducation spécialisée, le moniteur-éducateur exerce ses fonctions au sein d'établissements spécialisés (instituts médico-pédagogiques, instituts médico-éducatifs, foyers d'accueil, centres d'hébergement et de réadaptation sociale, maisons d'enfants à caractère social, maisons d'accueil spécialisées, instituts de rééducation, centres d'aide par le travail, ateliers protégés...).
Pour certaines missions, relevant par exemple de l'internat, il peut être conduit à travailler la nuit et à avoir des horaires irréguliers.
« Les moniteurs-éducateurs sont dans leur grande majorité employés par les établissements d'éducation spéciale pour enfants handicapés, par les établissements pour adultes handicapés et par les établissements pour enfants en difficulté sociale », explique-t-on au ministère de l'Emploi et de la Solidarité où l'on précise qu'à « la différence des éducateurs spécialisés, de nombreux moniteurs-éducateurs travaillent auprès d'adultes handicapés. Ainsi, les foyers occupationnels et les foyers d'hébergement pour adultes handicapés sont, avec les établissements pour enfants déficients intellectuels et les maisons d'enfants à caractère social, les principaux lieux de travail des moniteurs-éducateurs ».
Ils peuvent travailler en milieu hospitalier : dans des services de pédiatrie et d'hôpitaux psychiatriques, et dans les services d'accueil d'urgence.

Les salaires et la carrière sont déterminés soit par les textes réglementaires (pour les salariés du secteur public), soit par des conventions collectives (pour ceux qui relèvent du secteur privé).

Par exemple, les salaires bruts au 1er septembre 2007 étaient les suivants :

- dans la fonction publique (primes non comprises) : début de carrière : 1 274 € ; fin de carrière : 2 094 € ;
- dans la convention collective nationale du travail de l'enfance inadaptée (CCNT 66 ; primes non comprises) : début de carrière : 1 491 € ; fin de carrière : 2 363 €.

Dans certains établissements fonctionnant en internat, le moniteur-éducateur effectue parfois les mêmes tâches qu'un éducateur spécialisé, mais à un moindre coût.

On compte actuellement environ 22 000 moniteurs-éducateurs en exercice. La grande majorité travaille dans des établissements sociaux. Les femmes représentent environ les deux tiers de l'effectif professionnel.

# 2 Les structures d'exercice

## a. Entreprise adaptée (EA)

Suite à la loi du 11 février 2005 qui rénove celle du 10 juillet 1987, les ateliers protégés deviennent des entreprises adaptées.
Les entreprises adaptées permettent à des travailleurs handicapés à efficience réduite d'exercer une activité professionnelle salariée dans des conditions adaptées à leurs possibilités. Elles favorisent le projet professionnel du salarié handicapé en vue de sa valorisation, de sa promotion et de sa mobilité au sein de la structure elle-même ou vers d'autres entreprises.

## b. Établissement et service d'aide par le travail (ESAT)

Suite à la même loi du 11 février 2005, les centres d'aide par le travail deviennent des entreprises et services d'aide par le travail. Ce sont des établissements médico-sociaux qui relèvent, pour l'essentiel, des dispositions figurant dans le code de l'action sociale et des familles. Ils offrent aux personnes handicapées des activités diverses à caractère professionnel et un soutien médico-social et éducatif en vue de favoriser leur épanouissement personnel et social.

**À savoir**

Les ESAT relèvent du milieu « protégé », par opposition au milieu « ordinaire » de travail. Ils doivent mettre en œuvre des actions d'entretien des connaissances, de maintien des acquis scolaires et de formation professionnelle, ainsi que des actions éducatives d'accès à l'autonomie et d'implication dans la vie sociale. Les conditions de mise en œuvre de ces actions doivent être fixées par décret.

## c. Centre d'hébergement et de réinsertion sociale (CHRS)

Établissement public ou privé agréé par l'État, il est destiné à prendre en charge, avec ou sans hébergement, des personnes ou des familles sans ressources et en très grande difficulté, avec pour objectif leur réinsertion sociale (loi du 29 juillet 1998 relative à la lutte contre les exclusions).

Face à l'ampleur et à l'aggravation des situations d'exclusion, les CHRS ont progressivement développé, avec l'appui des pouvoirs publics, de nouvelles formes de réponses : accueil de jour, secours mobiles, soutien au maintien et à l'accès au logement, ateliers d'adaptation à la vie active, services de soins.

## d. Centre médico-psycho-pédagogique (CMPP)

Centre de consultation et de suivi, il s'adresse à des enfants et adolescents présentant des difficultés scolaires, des troubles psychomoteurs ou des troubles du comportement.
Le CMPP met en œuvre une action éducative et thérapeutique de nature ambulatoire, c'est-à-dire avec le maintien de l'enfant dans sa famille.

## e. Centre social

Cet équipement de voisinage a pour but de susciter une dynamique collective de développement sur le territoire où il est implanté.
Son action est variée et certains se sont spécialisés plus particulièrement dans une activité : loisirs, activités éducatives, accueil petite enfance, actions d'insertion pour des jeunes.

## f. Foyer

Cette structure accueille et héberge des jeunes ou adultes connaissant des difficultés sociales et familiales, en dehors du domicile familial. Il s'agit en principe d'une structure de petite taille.
Cette appellation est utilisée aussi pour de grandes structures (foyer de jeunes travailleurs, foyer de vie, foyer occupationnel).

## g. Institut médico-éducatif (IME)

C'est un établissement d'éducation spéciale pour enfants et adolescents déficients intellectuels, âgés de 3 à 20 ans.
Associant l'action pédagogique, psychologique, sociale, médicale et paramédicale, l'IME peut regrouper un IMP (institut médico-pédagogique) pour les 3-14 ans et un IMPRO (institut médico-professionnel) pour les plus de 14 ans.

## h. Institut médico-professionnel (IMPRO)

Ce type d'établissement accueille des personnes de 14 à 20 ans présentant une déficience intellectuelle moyenne ou légère avec troubles associés, en vue d'acquérir une autonomie personnelle pour s'insérer professionnellement.

## i. Maison d'accueil spécialisée (MAS)

C'est un établissement médico-social d'accueil pour adultes handicapés.
Assurant hébergement, soins médicaux et paramédicaux, soins d'entretien, maternage et activités de vie sociale, il vise à améliorer les acquis et à prévenir la régression des personnes handicapées accueillies.

## j. Maison d'enfants à caractère social (MECS)

C'est une structure qui accueille et héberge des enfants, adolescents et « jeunes majeurs » dont les familles se trouvent en difficulté et ne peuvent de ce fait assumer l'éducation de leurs enfants. Ceux-ci sont placés soit par le service d'aide sociale à l'enfance (ASE), soit par le juge des enfants, à condition que l'établissement ait été habilité par l'autorité judiciaire.

## k. Institut thérapeutique, éducatif et pédagogique (ITEP)

Cette structure accueille et héberge des enfants et adolescents présentant des troubles du comportement et de la conduite, se traduisant par une désadaptation au milieu familial, scolaire et social. Ils sont orientés par la CDES (commission départementale de l'éducation spéciale). Il existe différents régimes d'accueil :

- internat de semaine ;
- internat modulé ;
- semi-internat ;
- semi-internat modulé.

En fonction du projet individuel de l'enfant, de son évolution et du stade de progression, cette structure vise à la réinsertion dans le milieu d'origine.

## l. Institut de jeunes aveugles (IJA)

C'est un établissement accueillant des enfants, adolescents et jeunes majeurs (de 3 à 21 ans) présentant une déficience visuelle pour un soutien à l'intégration en milieu ordinaire, en internat ou externat.

## m. Institut de jeunes sourds (IJS)

C'est un établissement accueillant des enfants, adolescents et jeunes majeurs (de 3 à 21 ans) sourds pour un enseignement général, technique et professionnel à l'intérieur ou à l'extérieur de l'établissement.

## n. Centre spécialisé pour enfants polyhandicapés

Cette structure médico-sociale accueille des enfants présentant un handicap « grave à expression multiple associant déficience motrice et déficience mentale sévère ou profonde et entraînant une restriction extrême de l'autonomie et des possibilités de perception, d'expression et de relation » (identification du polyhandicap : décret du 27 octobre 1989, annexe 24 *ter*).

## o. Foyer d'urgence pour SDF ou centre d'urgence (CHU)

C'est une structure accueillant des personnes sans domicile fixe. Deux niveaux sont à différencier :

- niveau I, l'accueil est limité à une nuit ;
- niveau II, l'accueil peut se prolonger jusqu'à quatorze nuits.

## p. Structure d'accueil d'urgence (SAU)

C'est une structure gérant les disponibilités d'accueil des établissements spécialisés pour adultes en difficulté sociale et les orientant vers eux, en particulier vers des centres d'hébergement et de réinsertion sociale (CHRS) ou des foyers associatifs comme l'Armée du Salut.

## q. Service éducatif auprès du tribunal (SEAT)

Ce service accueille les mineurs et les familles qui se présentent au tribunal.
Une équipe éducative, à la demande du procureur de la République, du juge des enfants ou de la juridiction d'instruction, analyse une situation d'un point de vue social et éducatif afin de la soumettre au juge. Elle établit un rapport pour la mise en œuvre (garantie par le juge), dans l'urgence des propositions éducatives.

## r. Centre d'éducation renforcée (CER)

Ces centres sont habilités à prendre en charge des mineurs délinquants ou en situation de grande marginalisation, devant répondre aux risques de récidive et d'incarcération.
La décision de placement appartient au juge des enfants, au juge d'instruction chargé des affaires de mineurs ou au tribunal pour enfants.

## s. Service de l'action sociale (SAS)

C'est un service qui dépend du conseil général de chaque département. Il accueille et héberge des enfants et adolescents de moins d'un an à vingt et un ans en difficulté sociale et familiale.

# V Les épreuves d'admission à l'entrée en formation

## 1 Les dispositions de l'arrêté du 20 juin 2007

Aucun diplôme n'est exigé pour passer l'examen d'entrée en formation. Il faut avoir 17 ans au 31 décembre de l'année des épreuves d'admission.

**Modalités de sélection des moniteurs-éducateurs**

« **Art. 1** – Le diplôme d'État de moniteur-éducateur atteste des compétences professionnelles pour exercer les fonctions et les activités telles que définies à l'annexe I "référentiel professionnel" du présent arrêté.

**Art. 2** – Les épreuves d'admission en formation, mentionnées au dernier alinéa de l'article D. 451-74 du code de l'action sociale et des familles, comprennent une épreuve écrite d'admissibilité et une épreuve orale d'admission.
L'épreuve écrite d'admissibilité permet à l'établissement de formation de vérifier le niveau de culture générale et les aptitudes à l'expression écrite des candidats.
L'épreuve orale d'admission permet à l'établissement de formation d'apprécier l'aptitude et la motivation des candidats à l'exercice de la profession compte tenu des publics pris en charge et du contexte de l'intervention ainsi que son adhésion au projet pédagogique de l'établissement.
Le règlement d'admission de l'établissement de formation précise les modalités des épreuves ainsi que la durée de validité de la sélection. Il est communiqué au candidat conformément à l'article R. 451-2 du code de l'action sociale et des familles.
Les candidats à la formation menant au diplôme d'État de moniteur-éducateur titulaires d'un diplôme, certificat ou titre homologué ou inscrit au répertoire national des certifications professionnelles au moins au niveau IV ou d'un des diplômes mentionnés à l'annexe IV du présent arrêté ou d'un baccalauréat ou d'un diplôme européen ou étranger réglementairement admis en dispense du baccalauréat sont dispensés de l'épreuve écrite d'admissibilité.

**Art. 3** – Une commission d'admission est instituée dans chaque établissement. Elle est composée du directeur de l'établissement de formation ou de son représentant, du responsable de la formation préparant au diplôme d'État de moniteur-éducateur et d'un professionnel titulaire du diplôme d'État de moniteur-éducateur extérieur à l'établissement de formation. Elle arrête la liste des candidats admis à suivre la formation. Cette liste précisant, par voie de formation, le nombre des candidats admis et la durée de leur parcours de formation est transmise à la direction régionale des affaires sanitaires et sociales. »

Les candidats à la formation menant au diplôme d'État de moniteur-éducateur titulaires d'un des diplômes suivants, mentionnés à l'annexe IV de l'arrêté, sont dispensés de l'épreuve écrite d'admissibilité :

- diplôme d'État de technicien de l'intervention sociale et familiale ;
- baccalauréat professionnel services de proximité et vie locale ;
- baccalauréat professionnel services en milieu rural ;
- BEATEP (brevet d'État d'animateur de l'éducation populaire et de la jeunesse) spécialité activité sociale et vie locale ;
- BPJEPS (brevet professionnel de la jeunesse, de l'éducation populaire et du sport) animation sociale ;
- diplôme d'État d'auxiliaire de vie sociale ou mention complémentaire aide à domicile ;
- diplôme d'État d'assistant familial ;
- diplôme d'État d'aide médico-psychologique.

# 2 Les épreuves d'admission en formation

Elles comprennent :

- une épreuve écrite d'admissibilité ;
- une épreuve orale d'admission.

Il n'y a pas de programme officiel sur lequel les épreuves portent ; chaque centre de formation élabore le contenu de celles-ci, qui lui semble le plus pertinent pour apprécier les aptitudes du candidat à suivre une formation de moniteur-éducateur, en fonction de son projet pédagogique (agréé par le directeur régional des affaires sanitaires et sociales) et des priorités choisies par l'équipe des formateurs.
Ainsi, **chaque centre va créer son propre système de sélection**. Dès lors les épreuves de sélection des moniteurs-éducateurs peuvent varier d'un centre à l'autre, voire d'une année à l'autre dans un même centre en fonction de leur pertinence à évaluer les candidats. Toutefois, dans la grande majorité des cas, on retrouve les mêmes types d'épreuves écrites et orales.
Un règlement validé par la DRASS est fourni au candidat.

## a. L'épreuve écrite

Destinée à vérifier le niveau de culture générale et les aptitudes à l'expression écrite des candidats, elle peut comprendre deux, trois ou quatre exercices, et le plus fréquemment :

- un exercice permettant d'apprécier le **niveau de culture générale** du candidat. Il peut se présenter sous forme d'un texte argumentatif, d'un commentaire ou d'un résumé. Les critères de correction portent essentiellement sur les capacités de compréhension et d'expression écrite du candidat : cohérence, clarté, structuration, orthographe et syntaxe ;
- un exercice servant à **vérifier des connaissances sur le monde**, les événements sociaux, culturels, politiques. Il se présente le plus souvent sous forme de QCM (questionnaire à choix multiples).

Plusieurs centres de formation ont recours à des **tests psychotechniques** (pour évaluer des aptitudes, verbales, de raisonnement logique, de capacité d'attention) et à des tests projectifs (pour situer la personnalité du candidat).

Ces types d'exercices ne sont ni limitatifs ni exhaustifs. De nouveaux apparaissent chaque année, répondant aux logiques évoquées ci-dessus.

La commission des épreuves d'admission en formation détermine le nombre total de points nécessaires pour être admissible et, sur cette base, arrête la liste des candidats admis à se présenter à la seconde épreuve (épreuve d'admission).

## b. L'épreuve orale

Elle constitue la seconde partie de l'examen de sélection. Il s'agit d'apprécier l'aptitude et la motivation du candidat à l'exercice de la profession compte tenu des publics pris en charge et du contexte de l'intervention ainsi que son adhésion au projet pédagogique de l'établissement.
*C'est le savoir-être qui est pris en compte autant, et même plus, que le savoir.*
Le contenu de l'épreuve varie d'un centre à l'autre, sans perdre de vue l'objectif mentionné ci-dessus, et peut prendre différentes formes :

- **un entretien avec un cadre pédagogique, un professionnel et un psychologue** (ou au minimum deux d'entre eux), portant sur les motivations du candidat à s'orienter vers la profession de moniteur-éducateur ;
- **une discussion à partir d'une réflexion personnelle sur un thème** relatif à un problème social ou éducatif.

**Conseils**

Il est important pour réussir ces types d'entretien :

- de maîtriser les techniques d'entretien et de les mettre en pratique ;
- de se présenter, puis de produire un discours cohérent en lien avec la consigne donnée par les examinateurs ;
- d'adopter une attitude d'écoute active et de bien comprendre les questions posées avant d'y répondre ;
- d'adopter une logique de négociation et d'argumentation ;
- de personnaliser son discours, de le rendre optimiste et attractif ;
- de maîtriser son émotion, de soutenir sa réflexion par des connaissances sociales élaborées et de les communiquer.

**Un exercice relevant de la dynamique de groupe** peut également être proposé. D'une durée comprise entre une heure trente et trois heures, il réunit plusieurs candidats (10 à 12). Il consiste le plus souvent à traiter un sujet social en permettant à chacun d'intervenir. L'intervention du candidat doit respecter la parole de l'autre.
Il peut s'agir aussi du traitement manuel d'un thème en utilisant des matériaux (papier, peinture, cartons, crayon, coton, etc., ou jeu de rôle).

Un jury, composé le plus souvent de deux personnes (un professionnel du secteur socio-éducatif ou médico-social et d'un formateur du centre de formation), évalue chaque candidat selon les critères émis par le centre (à l'aide d'une grille d'évaluation) compte tenu des textes réglementaires. Le jury observe, écoute, mais n'intervient pas (en règle générale). Le candidat doit montrer, durant l'un ou l'autre exercice, des capacités à communiquer voire animer, à écouter, comprendre, restituer. Pour y parvenir, il doit prendre en compte les idées émises par les membres du groupe et les synthétiser.
Il est très fréquent, à la suite de ces exercices, qu'un entretien individuel ait lieu avec les mêmes examinateurs. Il est demandé à chaque candidat d'expliciter les phénomènes de groupe qui ont émergé pendant les travaux, dans le but d'évaluer ses capacités à analyser ce qui s'est produit.
Une note est attribuée à chaque candidat selon des critères choisis par le centre de formation, sans perdre de vue que l'appréciation porte sur la maîtrise de soi, la qualité de la relation, de l'écoute et du travail en équipe.

**Conseil**

Bien se renseigner sur les spécificités de la sélection dans chaque école.

## c. La réussite aux épreuves d'admission en formation

Une commission d'admission est instituée dans chaque établissement. Elle a pour mission de s'assurer de la conformité des épreuves au règlement (agréé par le directeur régional des affaires sanitaires et sociales) et de statuer sur des problèmes particuliers soumis par le directeur du centre.
Elle arrête la liste des candidats susceptibles d'être accueillis dans le centre à la rentrée scolaire suivante et peut prévoir une liste d'attente.
Le règlement d'organisation des épreuves d'admission en formation établit les conditions dans lesquelles les candidats déclarés non admis ont droit à communication de leurs résultats et des motifs de leur non-admission.

## d. Les personnes en situation d'emploi, liste des admis

Cette sélection est hors quota régional.
Tout candidat en situation d'emploi ayant obtenu la moyenne à l'épreuve écrite est admissible à l'épreuve orale. Le candidat ayant obtenu la moyenne aux deux épreuves sera déclaré admissible à la formation. Cependant, la direction de l'établissement de formation fixe l'effectif des candidats entrant en formation, selon ses capacités pédagogiques et économiques. Il appartient à chaque établissement de formation de fixer alors les critères d'admission en formation, pour le cas où l'effectif des candidats admissibles serait supérieur à celui de ces dernières. Ils sont en principe précisés dans le dossier d'inscription aux épreuves de sélection.

# 3 Exemples d'épreuves[1]

## a. Épreuve écrite, 4 mars 2003

*Chaque centre de formation détermine le coefficient de cette épreuve.*
*Vous traiterez l'un des deux sujets au choix en 3 heures.*

### Sujet n° 1

Il ne se passe pas une rentrée scolaire sans que l'on ait droit à des chiffres alarmants : la violence commence de plus en plus tôt et plus de 80 000 incidents graves ont été recensés dans les écoles en 2001.
Les jeunes seraient-ils incontrôlables ?
Peut-on penser qu'il y a deux jeunesses, l'une bien sage, l'autre « sauvageonne » ou « barbare » pour reprendre les termes des ministres de l'Intérieur successifs ?
Dans l'éducation des enfants, y aurait-il eu carence d'apprentissage des règles et de leur respect ?
La société ne produit-elle pas de la délinquance en survalorisant la consommation au détriment de certaines valeurs humaines ?
Quelle analyse faites-vous de ce phénomène ?
À votre avis, quelles mesures devraient être prises pour contenir cette jeunesse qui semble « déborder » les adultes ?

### Sujet n° 2

Le colloque « Ensemble tout naturellement » a lancé le 3 février dernier l'Année européenne des personnes handicapées. Personnes dont la situation est en France une « grande cause nationale », comme l'annonce le président de la République.
Actuellement environ 3,5 millions de personnes handicapées vivent en France. Le nombre des handicapés augmente à la fois en raison des progrès médicaux qui allongent la durée de la vie et à cause des accidents de la route qui plongent, chaque année, 25 000 personnes dans le handicap.
Les notions d'intégration, de citoyenneté, d'égalité de chances, de choix de vie font désormais partie des discours politiques.
Si vous deviez prendre en charge des personnes handicapées, comment favoriseriez-vous leur intégration dans le tissu social ?

---

1. Buc Ressources – Centre de formation en travail éducatif et social. Sauvegarde de l'enfance et de l'adolescence des Yvelines.

## b. Épreuve écrite, 30 janvier 2004

*Vous traiterez l'un des deux sujets au choix en 3 heures.*

### Sujet n° 1

L'orientation ou le choix d'un métier sont toujours des moments délicats pour les jeunes et pour leur famille.
Certains adolescents, poussés dans des filières dont ils n'ont ni le goût ni les capacités, se rebellent et s'affirment « contre » ces décisions qu'ils vivent comme une violence à leur égard. Conflits, échec scolaire, rejet des études, perte de motivation... sont souvent les conséquences de ces situations.
En prenant appui sur votre propre expérience, comment, à votre avis, guider au mieux un jeune dans ses projets de vie et lui permettre de s'engager dans une voie professionnelle qu'il va pouvoir investir ?

### Sujet n° 2

Saisie par la famille d'un fumeur décédé en 1999 des suites d'une consommation excessive de tabac, la Cour de cassation estime qu'il ne peut être reproché à la SEITA d'avoir manqué à l'obligation d'information du danger représenté par la consommation de tabac et rejette donc la demande de dommages et intérêts.
Que pensez-vous de la décision de la Cour de cassation ?
De manière plus générale, quelles réflexions vous évoque cette situation ?

## c. Exemple de sujet d'actualité

*Vous traiterez le sujet en 3 heures.*

Aujourd'hui l'État régule aussi la sphère privée par de nombreux processus :

- au niveau juridique, par les lois sur la contraception, l'interruption volontaire de grossesse, le divorce, l'autorité parentale ;
- au niveau économique, avec la Sécurité sociale, les retraites, l'encouragement de l'épargne, par certaines aides comme l'allocation au parent isolé, par la fiscalité.

Quelle analyse faites-vous de ce contrôle de l'État ?

## d. Exemple de résumé de texte et de réponse à une question posée

*Vous traiterez le sujet suivant en 3 heures.*

> « Jules Verne a vécu l'une des époques les plus fécondes et les plus riches de notre temps. Né sous la Restauration, il a connu deux républiques : celle de 48 et la très longue III^e République, et un empire, le Second, celui de Napoléon III. Il a connu aussi la Guerre de 1870, le siège et la Commune de Paris. Mais il a vu aussi et surtout la révolution industrielle modifier définitivement la face du monde. Retour sur ce qui a vraiment changé à son époque.

Jules Verne est né dans un monde où l'on se déplaçait peu et mal, à la rigueur en voiture à cheval, fiacre ou diligence. À cette époque, il fallait une douzaine d'heures pour aller de Paris à Rouen. La France était dépourvue de réseau ferré dont on ne voyait pas l'utilité. De plus, certains érudits affirmaient que l'organisme humain ne supporterait pas une vitesse de l'ordre de 50 km/h. À cette vitesse, les poumons ne pouvant fonctionner normalement, l'asphyxie était inévitable pour les infortunés voyageurs.
Le chemin de fer va apparaître sous Louis-Philippe mais prendre réellement son essor sous Napoléon III. Aventure extrême dont on imagine mal de nos jours les aspects technologiques, économiques et financiers. 1 800 kilomètres de voies ferrées sont construits en 1847. Il y en aura 18 000 en exploitation, soit dix fois plus, en 1870 !
À Nantes, ville natale de l'écrivain, le commerce de l'ébène était florissant. La traite des Noirs cesse lorsque Victor Schœlcher obtient le vote par l'Assemblée nationale du décret d'abolition de l'esclavage dans les colonies françaises, le 27 avril 1848. Jules Verne est alors âgé de 20 ans. Toujours à Nantes, comme dans tous les ports, le siècle de Jules Verne verra apparaître la roue à aubes dont la vapeur constitue la force motrice, puis l'hélice tandis que la coque des navires devient métallique. Les immenses progrès de l'architecture navale marqueront le Nantais au point qu'il écrira *Une ville flottante* en 1865, où l'action se passe sur le *Great Eastern*, un de ces nouveaux géants des mers.
Mais Verne a-t-il été le visionnaire que l'on dit pour *20 000 lieues sous les mers* ? Pas vraiment. En réalité, et sans remonter à Alexandre le Grand et sa cloche sous-marine, l'un des premiers sous-marins (à coque en bois) est l'œuvre de l'américain Fulton dont les essais sont menés en France en 1798, mais l'invention restera sans suite dans notre pays où, malgré l'état de guerre avec la Grande-Bretagne, on jugera déloyal ce type de marine de guerre invisible pour l'ennemi. Dernier détail, Fulton avait baptisé son navire sous-marin *Le Nautilus*...
Reste la conquête du ciel. Les vols en ballon libre sont nombreux à l'époque de Jules Verne. Pas étonnant donc qu'il s'en inspire. Ainsi, durant le siège de Paris lors de la Guerre de 1870, Léon Gambetta quitte la capitale pour Tours, mais le transport en ballon libre est aléatoire et le ballon de Gambetta dérivera à l'opposé, vers la... Picardie. Alors, le réel progrès, ce serait le dirigeable. Le mot aviation est inventé en 1863 par Gabriel de la Landelle et on retrouve dans ce milieu de farfelus les noms de Nadar et de Ponton d'Amécourt, tous deux amis de Jules Verne. Ponton d'Amécourt imagine que l'aluminium, métal nouveau, léger et révolutionnaire, pourrait entrer dans la fabrication d'engins volants fonctionnant à la vapeur et capables même de faire du surplace : l'hélicoptère. »

Gérard Conreur, « Jules Verne, l'universel. Le XIX^e siècle, l'envol de la modernité »
(extrait d'article publié sur www.radiofrance.fr, 16 mars 2005).

Résumez le texte en une quinzaine de lignes.
Comment expliquez-vous le succès durable de l'œuvre de cet écrivain ?

# 4 Comment faire un résumé ?

Ce travail est demandé fréquemment dans les épreuves de sélection, soit oralement, soit par écrit, à partir d'un texte dont il faut communiquer l'essentiel en quelques lignes. Résumer un texte oblige à le comprendre, à en dégager le sens, à distinguer ce qui est important et ce qui est secondaire. Il arrive parfois, à la lecture d'un texte assez difficile, que l'on ne comprenne pas très bien et que l'on passe à la suite sans chercher plus loin. Si l'on s'oblige à prendre des notes et à résumer le passage que l'on vient de lire, on ne peut le faire qu'en relisant le texte jusqu'à sa pleine compréhension.

## a. La méthodologie

Résumer un texte paraît, à premiere vue, assez facile ; pourtant un tel exercice nécessite une certaine méthode.

1. On commence par lire entièrement le texte pour bien en saisir le sens et percevoir les idées-forces.
2. Au cours d'une seconde lecture, on repère, soit par un trait en marge, soit en les soulignant, les phrases qui paraissent essentielles, éventuellement les chiffres et pourcentages importants, les citations.
3. En même temps, on essaie de noter d'un mot en marge l'idée dominante de tel ou tel passage, qui peut comprendre une seule phrase ou plusieurs paragraphes.
4. Ayant fait ressortir les phrases importantes et dégagé les idées successives, on passe à l'établissement de son propre plan.

Si le plan de l'auteur sera le plus souvent celui que l'on adoptera pour le résumé, ce n'est pas une obligation. On peut parfaitement établir un plan différent. Par exemple, pour un texte qui traite d'une évolution historique pour aboutir à la situation actuelle, on peut inverser l'ordre chronologique.

D'autre part, il arrive que le texte à résumer ne soit pas d'une logique de construction parfaite, que l'auteur fasse continuellement des retours en arrière, des digressions. Le résumé de texte est alors l'occasion de classer ces différents éléments selon un ordre plus précis.

5. On passe à la rédaction du texte en suivant le plan établi et en veillant à n'omettre aucune information importante, aucune idée, cause, conséquence ou réflexion. Cela oblige, si l'on veut rester synthétique, à éliminer les longs développements.
6. On donne enfin un titre, de manière à ce qu'il exprime l'idée principale du texte.

## b. Le style

1. Il n'est pas du tout indispensable de reprendre textuellement l'auteur. Il est même préférable de ne pas se laisser enfermer dans le style, les tournures de phrases de celui-ci et d'écrire avec son propre style.
2. On évite d'écrire en style télégraphique ou trop administratif (sèche énumération avec des phrases se succédant en 1°, 2°, 3° ou commençant par des tirets ou des phrases sans verbes). Le résumé doit être rédigé et les phrases s'enchaîner.
3. On écrit non seulement avec des mots simples, mais aussi avec des phrases simples, chacune ne développant qu'une idée à la fois, mais l'exprimant le plus clairement possible. Les phrases courtes portent mieux car elles sont en général plus claires et plus compréhensibles pour le lecteur. Éviter, par conséquent, les phrases de plusieurs lignes.

# VI Les passerelles de formation

Une fois le diplôme obtenu, quelles sont les possibilités de poursuivre des études ?

## 1 De moniteur-éducateur vers éducateur de jeunes enfants

### a. Texte de référence

Arrêté du 16 novembre 2005.

### b. Accès à la formation

Le DEME donne accès à la sélection d'éducateur de jeunes enfants, avec un allègement d'un tiers de la durée de formation. Les allègements de la formation ne peuvent être supérieurs aux deux tiers de la durée totale de celle-ci. Ils sont octroyés en fonction du programme d'allègement.

Le directeur de l'établissement de formation établit avec chaque candidat un programme de formation individualisé au regard des allègements de formation ou des dispenses de certification dont il bénéficie.

Le baccalauréat n'est alors pas nécessaire.

## 2 De moniteur-éducateur vers technicien de l'intervention sociale et familiale

### a. Texte de référence

Arrêté du 25 avril 2006.

## b. Accès à la formation

Le DEME donne accès à la sélection de technicien de l'intervention sociale et familiale, avec un allègement d'un tiers si le moniteur-éducateur peut justifier de cinq années d'expérience professionnelle.

# 3 De moniteur-éducateur vers éducateur spécialisé

## a. Texte de référence

Arrêté du 20 juin 2007.

## b. Accès à la formation

Le DEME donne accès aux épreuves de sélection d'éducateur spécialisé.
Après avoir été admis, les titulaires du DEME justifiant, à compter du début de leur formation à ce diplôme, d'un ou plusieurs contrats de travail à un poste éducatif, d'une durée totale cumulée d'au moins deux ans, sont dispensés du domaine de formation 1 « Accompagnement social et éducatif spécialisé » et des premières parties des domaines de formation 2, 3 et 4 dénommées « Participation à l'élaboration et à la conduite du projet éducatif spécialisé », « Travail en équipe pluriprofessionnelle » et « Implication dans les dynamiques institutionnelles », ainsi que des épreuves de certification s'y rapportant.
Le directeur de l'établissement de formation établit avec chaque candidat un programme de formation individualisé au regard des allègements de formation ou des dispenses de certification dont il bénéficie.
Le baccalauréat n'est alors pas nécessaire.

# Partie 2

# La formation : contenu, organisation et épreuves de certification

# I Principes généraux de la formation et dispositif particulier

## 1 Contenu et organisation de la formation théorique et pratique : les dispositions de l'arrêté du 20 juin 2007

**Art. 4** – La formation préparant au diplôme d'État de moniteur-éducateur est dispensée de manière continue ou discontinue en deux ans. Elle comporte 950 heures d'enseignement théorique et 980 heures (28 semaines) de formation pratique.

**Art. 5** – L'enseignement théorique est composé de quatre domaines de formation (DF) :
DF 1 : accompagnement social et éducatif spécialisé : 400 heures ;
DF 2 : participation à l'élaboration et à la conduite du projet éducatif spécialisé : 300 heures ;
DF 3 : travail en équipe pluriprofessionnelle : 125 heures ;
DF 4 : implication dans les dynamiques institutionnelles : 125 heures.
Le contenu de chacun des domaines de formation est précisé à l'annexe III "référentiel de formation" du présent arrêté.

**Art. 6** – La formation pratique, délivrée au sein de sites qualifiants, est l'un des éléments de la qualité du projet pédagogique de l'établissement de formation. Elle participe à l'acquisition des compétences dans chacun des domaines identifiés au sein du référentiel professionnel au même titre que la formation théorique et ne saurait être dissociée de cette dernière.
Pour les candidats effectuant la totalité de la formation, la formation pratique d'une durée totale de 28 semaines (980 heures) se déroule sous la forme de deux ou trois stages, d'une durée minimale de 8 semaines (280 heures).
Ces stages, dont l'un s'effectue obligatoirement dans une structure recevant du public en situation d'hébergement, doivent être représentatifs d'expériences diversifiées en termes de publics et de modalités d'intervention.
Les candidats en situation d'emploi de moniteur-éducateur effectuent au moins un stage d'une durée minimale de 8 semaines (280 heures) hors structure employeur auprès d'un public différent.

Pour les candidats n'ayant pas à valider les quatre domaines de compétences du diplôme, une période de stage minimale de 8 semaines (280 heures) est associée à chacun des domaines de formation constitutif de leur programme individualisé de formation.
Chaque stage est organisé dans le cadre d'une convention de partenariat conclue entre l'établissement de formation et la personne juridiquement responsable du lieu de stage. Par ailleurs, chaque stage fait l'objet d'une convention de stage entre l'établissement de formation, le stagiaire et le responsable du stage. Cette convention précise les modalités de déroulement du stage, ses objectifs, les modalités d'évaluation, les noms et qualifications du référent professionnel et les modalités d'organisation du tutorat.

**Art. 7** – Le tableau suivant figurant en annexe IV du présent arrêté précise, pour les titulaires des diplômes, certificats et titres qui y sont mentionnés, d'une part, les dispenses de domaines de formation et des épreuves de certification afférentes dont ils bénéficient et, d'autre part, les allègements de formation dont ils peuvent bénéficier. Des allègements de formation théorique ou de stages complémentaires peuvent en outre être accordés par les établissements de formation aux candidats titulaires d'un diplôme de l'enseignement supérieur.

**Art. 8** – Les allègements de formation visés à l'article 7 ne peuvent entraîner un allégement de la formation théorique supérieur aux deux tiers de la durée totale de celle-ci. Le protocole d'allègement élaboré par l'établissement de formation précise les allègements prévus pour chacun des diplômes.
Le directeur de l'établissement de formation établit avec chacun des candidats un programme de formation individualisé au regard des allègements de formation ou des dispenses de certification dont il bénéficie.

**Art. 9** – Un livret de formation dont le modèle est fixé par le ministre chargé des Affaires sociales est établi par l'établissement de formation pour chaque candidat. Il atteste du cursus de formation suivi tant en matière d'enseignement théorique que de formation pratique.
Il retrace l'ensemble des allègements de formation ainsi que les dispenses d'épreuves de certification dont a bénéficié le candidat et comporte l'ensemble des appréciations portées sur le candidat par les membres de l'équipe pédagogique et les référents professionnels.

**Art. 10** – Une instance technique et pédagogique est mise en place par l'établissement de formation. Elle est composée du responsable de la formation, de représentants des secteurs professionnels, des étudiants et de personnalités qualifiées. Elle veille à la mise en œuvre des orientations du projet pédagogique et aux conditions générales d'organisation de la formation.
Elle émet un avis sur le protocole d'allègement de formation mentionné à l'article 8 du présent arrêté. Dans les établissements de formation assurant plusieurs formations préparant aux diplômes de travail social, cette instance peut être organisée à partir de celles déjà mises en place.

**Tableau d'allègements et de dispenses des domaines de formation**

| Diplômes détenus par le candidat / Domaines de formation | Diplôme d'État de technicien de l'intervention sociale et familiale | Baccalauréat professionnel services de proximité et vie locale | Baccalauréat professionnel services en milieu rural | BEATEP spécialité activité sociale et vie locale ou BPJEPS animation sociale | Diplôme d'État d'auxiliaire de vie sociale ou mention complémentaire aide à domicile | Diplôme d'État d'assistant familial | Diplôme d'État d'aide médico-psychologique |
|---|---|---|---|---|---|---|---|
| DF 1 Accompagnement social et éducatif spécialisé | | | | Allègement | | | Allègement |
| DF 2 Participation à l'élaboration et à la conduite du projet éducatif spécialisé | Dispense | | | | Allègement | | Allègement |
| DF 3 Travail en équipe pluriprofessionnelle | Allègement | Dispense* | Dispense | Dispense | Allègement | Allègement | Allègement |
| DF 4 Implication dans les dynamiques institutionnelles | Dispense | Allègement | Allègement | Allègement | Allègement | | Allègement |

* Uniquement pour les candidats ayant préparé les secteurs d'activité « activités de soutien et d'aide à l'intégration » et « activités participant à la socialisation et au développement de la citoyenneté ».
BEATEP : brevet d'État d'animateur de l'éducation populaire et de la jeunesse.
BPJEPS : brevet professionnel de la jeunesse, de l'éducation populaire et du sport.

La dispense d'un domaine de formation entraîne la validation du domaine de compétences correspondant et donc la dispense de l'épreuve de certification s'y rapportant.

# 2 Épreuves de certification et obtention du DEME

**Art. 11** – Le référentiel de certification est composé de quatre domaines de certification, conformément à l'annexe II "Référentiel de certification" du présent arrêté. Chacun des domaines comporte une épreuve terminale organisée par le recteur d'académie, conformément à l'annexe II précitée.
Les épreuves comprennent :

Domaine de certification 1 : présentation et soutenance d'une note de réflexion ;
Domaine de certification 2 : entretien avec le jury sur le parcours de formation pratique ;
Domaine de certification 3 : entretien à partir d'un dossier thématique élaboré par le candidat ;
Domaine de certification 4 : épreuve écrite sur les dynamiques institutionnelles.
Par ailleurs, les domaines de certification 1, 3 et 4 comportent chacun une évaluation organisée en cours de formation.
Chaque domaine de certification doit être validé séparément. Un domaine est validé lorsque le candidat obtient une note moyenne d'au moins 10 sur 20 pour ce domaine.
Les résultats obtenus sont portés au livret de formation du candidat.

**Art. 12** – À l'issue de la formation, l'établissement de formation présente les candidats au diplôme et adresse au recteur d'académie, avant la date limite fixée par celui-ci, un dossier comprenant pour chaque candidat le livret de formation dûment complété accompagné des pièces relatives aux épreuves organisées en cours de formation et des écrits relatifs aux stages, ainsi que la note de réflexion et le dossier thématique en deux exemplaires.
Le jury se prononce sur chacun des domaines de certification du diplôme d'État de moniteur-éducateur à l'exception de ceux qui ont déjà été validés par un jury, soit dans le cadre de la validation des acquis de l'expérience et des dispenses prévues à l'article 14, soit dans le cadre des dispenses prévues à l'article 7, soit dans le cadre d'une décision de validation partielle telle que prévue à l'alinéa suivant.
Le jury établit la liste des candidats ayant validé les quatre domaines de certification du diplôme qui obtiennent, en conséquence, le diplôme d'État de moniteur-éducateur.
Dans les cas où tous les domaines ne sont pas validés, le jury prend une décision de validation partielle mentionnant les domaines validés.
L'ensemble du diplôme doit être validé dans une période de cinq ans à compter de la date de notification de la première validation d'un domaine de certification.

**Art. 13** – Pour pouvoir obtenir le diplôme par validation des acquis de l'expérience, les candidats doivent justifier des compétences professionnelles acquises dans l'exercice d'une activité salariée, non salariée ou bénévole en rapport direct avec le diplôme.
La durée totale d'activité cumulée exigée est de trois ans.
Le recteur d'académie décide de la recevabilité de la demande de validation des acquis de l'expérience.

**Art. 14** – Sur la base du livret de présentation des acquis de l'expérience et d'un entretien avec le candidat, le jury est compétent pour attribuer tout ou partie du diplôme d'État de moniteur-éducateur.
En cas d'attribution partielle, le jury se prononce également sur les connaissances, aptitudes et compétences qui, dans un délai de cinq ans à compter de la date de notification de la décision du jury par le recteur d'académie, doivent faire l'objet de l'évaluation complémentaire nécessaire à l'obtention du diplôme d'État. Le candidat peut opter pour un complément d'expérience professionnelle visant une nouvelle demande de validation des acquis de l'expérience ou pour un complément par la voie

de la formation préparant au diplôme d'État. Dans ce cas, il est dispensé des épreuves du diplôme attachées aux compétences déjà validées et bénéficie des dispenses de formation théorique et pratique correspondantes.

## 3 La formation de moniteur-éducateur par le dispositif d'apprentissage

Le dispositif de l'apprentissage a d'abord été introduit, en 2000, à titre expérimental dans le secteur sanitaire, médico-social et social.
Le contrat d'apprentissage est un contrat de travail particulier, intégré au dispositif de formation initiale.
À la différence des contrats d'insertion en alternance, il ne relève pas des dispositifs de formation professionnelle continue.
Sont présentées ci-dessous toutes les informations pratiques relatives à la mise en place de la formation de moniteurs-éducateurs par le dispositif d'apprentissage. Toutefois, pour les questions plus techniques liées à l'apprenti (contrat, embauche, salaire, cotisations sociales...), nous invitons le lecteur à s'adresser à sa direction départementale du travail, de l'emploi et de la formation professionnelle.
Le centre de formation des apprentis doit être organisé comme une unité administrative, financière et pédagogique indépendante et identifiable.
Il doit être agréé par convention avec le conseil régional comme centre de formation des apprentis et bénéficier de la labellisation de la CPNE (Commission paritaire nationale de l'emploi).
La formation doit être assurée par un centre de formation agréé par la Direction de l'action sociale.

### a. Les épreuves d'admission en formation

Les épreuves d'admission en formation doivent être organisées selon les dispositions prévues par l'arrêté du 20 juin 2007 ; elles ne sauraient être confondues avec un concours.
La formation doit respecter les textes instituant le DEME en termes de contenu pédagogique, de durée et d'organisation en alternance (y compris sur les dispositions relatives aux stages) ; l'alternance devra être spécifiquement organisée selon les modalités prévues par la circulaire DAS 99-519 du 7 septembre 1999.
Les sections d'apprentis devront avoir un caractère homogène et adapté aux formations dispensées et bénéficier d'une organisation pédagogique adaptée à la situation d'apprenti.
L'employeur doit, avant de recruter, s'assurer que l'apprenti a bien passé les épreuves d'admission en formation et a été déclaré admissible.
Cependant, pour le cas où l'apprenti potentiel n'aurait pas passé ces épreuves, elles peuvent être mises en œuvre de manière spécifique, à titre individuel, ou par groupe pour le cas où il y aurait plusieurs candidats apprentis pour la filière apprentissage dans la région.

## b. La notation

Pour être admissible à l'oral, le candidat apprenti devra obtenir la note minimale de 10 sur 20 à l'épreuve écrite.
Pour être admissible à la formation, il faudra également avoir obtenu au minimum 10 sur 20 à l'épreuve orale.

## c. L'entrée en formation

Compte tenu des modalités du financement de l'apprentissage par la Commission paritaire nationale de l'emploi (nombre de places limité), il appartiendra à chaque centre de formation de fixer les critères d'admission en formation pour le cas où le nombre de candidats admissibles serait supérieur au nombre de places financées.

## d. Les allègements de stage

L'apprenti admis en formation est dispensé d'un des deux stages obligatoires dans le champ de l'action sociale dans la limite de deux mois.
Il doit effectuer un stage de trois mois dans un établissement ou service de nature différente de son lieu d'apprentissage.

## e. Le recrutement

L'apprenti est recruté par l'employeur conformément à l'article L. 115-1 du code du travail et à la loi n° 92-675 du 17 juillet 1992.
Comme tout contrat de travail, il satisfait donc à la publicité de toute offre d'emploi sans discrimination.
Il s'agit d'un contrat particulier par lequel « l'employeur s'engage, outre le versement d'un salaire (...) à assurer à un jeune travailleur une formation professionnelle (...) dispensée pour partie en entreprise et pour partie en centre de formation » ; l'apprenti « s'oblige, en retour, en vue de sa formation, à travailler pour cet employeur, pendant la durée du contrat, et à suivre une formation dispensée en centre de formation d'apprentis et en entreprise » (art. L. 117-1 du code du travail).
Comme tout salarié, l'apprenti « bénéficiera des dispositions de branche, conventionnelles ou accords de travail de l'entreprise ».
Par dérogation au code du travail, les conditions en étant plus favorables, le salaire de l'apprenti est calculé sur les bases de salaire réservées aux contrats de qualification (dispositions prises dans l'accord Commission paritaire nationale de l'emploi du 12 janvier 1998).
L'apprenti doit être âgé de 16 ans au minimum au moment du recrutement et de 25 ans au maximum au début de l'apprentissage (le recrutement doit donc être antérieur au jour de son 26e anniversaire). Toutefois la date du début du contrat d'apprentissage doit s'articuler autour du début du cycle de formation en CFA (centre de formation des apprentis). Elle ne peut lui être antérieure de plus de trois mois, ni postérieure de plus de deux mois (art. L. 117-13 du code du travail). Dans notre secteur d'activité, au regard des missions confiées et des responsabilités exercées auprès des personnes, l'âge minimum sera de 18 ans.
L'apprenti étant recruté pour acquérir des formations réglementées, l'employeur devra, avant de signer le contrat d'apprentissage, s'assurer d'un certain nombre d'obligations :

les apprentis moniteurs-éducateurs auront dû satisfaire aux modalités des épreuves d'admission telles que définies par l'arrêté du 20 juin 2007.

## f. Le contrat de travail spécifique

- Il doit être passé par écrit.
- Il doit être signé par les deux parties.
- Il fixe les dates de début et de fin de l'apprentissage.
- Il est adressé pour enregistrement à la Direction du travail.
- L'apprenti peut travailler la nuit s'il est âgé de plus de 18 ans (art. L. 117 *bis*-3, L. 200-1 et L. 213-7 du code du travail), ce qui est forcément le cas dans notre secteur d'activité.
- Les temps consacrés aux enseignements et activités pédagogiques sont compris dans l'horaire de travail.
- Le contrat précisera le nom du maître d'apprentissage, ses diplômes et la durée de son expérience professionnelle.

## g. L'encadrement

Dans le cadre du contrat d'apprentissage, la personne directement responsable de la formation de l'apprenti et assurant la fonction de tuteur est dénommée maître d'apprentissage (art. L. 117-4 du code du travail).

Le maître d'apprentissage peut être soit le directeur d'établissement, soit un salarié. En liaison avec le CFA, il a pour mission de contribuer à ce que l'apprenti acquière, dans l'entreprise, des compétences correspondant à la qualification recherchée et au titre du diplôme préparé (art. L. 117-4 du code du travail).

Le maître d'apprentissage n'encadrera qu'un seul apprenti compte tenu de l'article 6 de l'accord CPNE du 12 janvier 1998, qui stipule que « le nombre maximal d'apprentis pouvant être accueillis simultanément par service ou établissement est fixé à 1, l'apprenti devant être encadré par un maître d'apprentissage relevant dudit service ou établissement ».

Il est précisé que par service ou établissement, il faut entendre une unité de vie (groupe, section...).

## h. Les conditions requises pour être maître d'apprentissage

- Être impérativement présent dans l'entreprise où va travailler l'apprenti.
- Être majeur, offrir toutes les garanties de moralité et présenter des compétences pédagogiques et professionnelles.
- Être titulaire d'un diplôme ou d'un titre relevant du domaine professionnel correspondant à la finalité du diplôme ou du titre préparé par l'apprenti et d'un niveau au moins équivalent.
- Justifier de trois années d'exercice d'une activité professionnelle en relation avec la qualification visée par le diplôme ou le titre préparé par l'apprenti.

## i. La formation des maîtres d'apprentissage

En application de la réglementation et dans un souci de qualité dans la formation des apprentis, il sera proposé aux maîtres d'apprentissage une formation de 120 heures sur 18 mois environ.

# II La convention de stage, la notion de site qualifiant et le référent professionnel

## 1 La convention de stage

Avant le début du stage, une convention de stage est signée entre le directeur du lieu de stage, le directeur du centre de formation et le stagiaire.
Les informations qui vont suivre n'étant pas exhaustives, il est conseillé au stagiaire de consulter plus précisément la convention de stage rédigée par le centre où s'effectue sa formation.
Voici, à titre indicatif, quelques éléments de base de toute convention de stage :

- elle fixe les dates du stage ;
- elle permet de repérer les différentes dispositions en matière de formation et de vérifier la cohérence du stage au regard des objectifs et des exigences de la formation ;
- elle précise les journées pour libérer le stagiaire afin qu'il participe aux diverses activités pédagogiques programmées par le centre de formation ;
- elle fixe les modalités administratives et techniques ;
- elle mentionne les responsabilités qui incombent aux différentes parties, en particulier pour ce qui relève de la responsabilité civile.

## 2 La notion de site qualifiant

La notion de « site qualifiant » apparaît avec le décret du 15 mai 2007 instituant le diplôme d'État de moniteur-éducateur.
Elle entraîne la responsabilité et l'implication de l'établissement d'accueil des personnes en formation tout au long de leur stage. Le site qualifiant s'engage à dispenser la formation sur au moins un des deux domaines de formation (DC 1 et/ou DC 3). Cela signifie qu'il :

- participe à la certification du domaine de compétences 1, et/ou à celle du domaine de compétences 3 ;
- effectue une évaluation synthétique du stage, inscrite dans le dossier de stage en vue de la certification du domaine de compétences 2.

« Le site qualifiant » s'engage donc à coopérer avec le centre de formation dans la transmission de connaissances et de pratiques, sous la coordination du référent professionnel désigné par le site qualifiant.
Une convention de partenariat formalise les engagements réciproques du site qualifiant et du centre de formation.

## 3 Le référent professionnel

Il apparaît en tant que tel dans l'arrêté du 20 juin 2007 (article 6).
Le référent professionnel assure le suivi du stagiaire à l'intérieur de l'établissement spécialisé ; il est désigné le plus souvent parmi l'équipe des éducateurs, parfois parmi les cadres hiérarchiques. Cependant, il est nécessaire que le référent connaisse le travail quotidien du moniteur-éducateur.
Il participe à l'évaluation faite dans l'établissement où s'effectue le stage.
Le référent aide le stagiaire à :

- se situer dans un travail d'équipe en l'informant sur les caractéristiques des personnes accueillies, en lui transmettant les points forts du projet éducatif et des outils spécifiques que l'établissement spécialisé est en mesure de lui offrir, en adéquation avec la mission du service ;
- cerner le rôle et la fonction du moniteur-éducateur dans les moments qui rythment la vie quotidienne des usagers, afin de situer les différents niveaux de l'intervention éducative ;
- identifier les partenaires de l'action socio-éducative et/ou médico-sociale ;
- réfléchir à ce qui se dit, à ce qui se fait ;
- prendre la parole pour formaliser et analyser ses pratiques éducatives ;
- réaliser des écrits dans le cadre des exigences du centre de formation (production d'observations, études de situations, rapports de stage...).

À cette fin, le stagiaire peut, dès le démarrage du stage, constituer un cahier de bord sur lequel il inscrit presque quotidiennement ses réflexions sur les situations et événements qui le questionnent, en lien avec son projet de stage. Il peut aussi y mentionner les statuts, rôles et fonctions des différents acteurs, les différents types d'organisation et de modèles d'interventions éducatives... Bref, ce cahier de bord l'aide à faire émerger des éléments forts du processus de professionnalisation du métier de moniteur-éducateur, et lui sert de support à la préparation de l'épreuve orale du DEME, relative au domaine de compétences 2 (participation à l'élaboration et à la conduite du projet spécialisé).

Le référent professionnel rappelle et anime la *quête du sens*, la *recherche*, le *questionnement*, qui sont les aiguillons et les fondements mêmes de la position de stagiaire.
Il rencontre régulièrement le stagiaire. Le support de ces rencontres est variable, mais il peut être matérialisé par la production d'un document rédigé par le stagiaire (faisant apparaître l'avancement de ses acquis professionnels en référence à son projet de stage, remis avant le début du stage).

Ce qui apparaît dans les textes officiels, c'est l'articulation entre les enseignements théoriques et les stages, à travers une pédagogie d'alternance indispensable dans une formation à visée professionnelle.
Cela signifie que l'espace de formation (formation sur le lieu de stage et formation sur le lieu du centre de formation) se situe à l'intérieur de deux aires géographiques distinctes, et que le niveau de formation de l'un est étroitement lié à celui de l'autre. C'est à leur interface, et à leur articulation, que le travail de partenariat avec l'établissement d'accueil du stagiaire moniteur-éducateur prend source.
À l'intérieur de ce mouvement se situe le noyau central de cette formation « à visée professionnelle ». Entre le centre de formation et l'établissement éducatif spécialisé, il y a en même temps continuité et rupture. Continuité, car la théorie se réfère à la pratique, et rupture, car la construction théorique nécessite de se distancier, de prendre des points de repère, de les articuler entre eux, c'est-à-dire de s'éloigner de l'action.

# Partie 3

# Le référentiel professionnel et les quatre domaines de compétences

## Moniteur-éducateur – Annexe 1 : référentiel professionnel
## Référentiel fonctions/activités

| Exercice d'une relation éducative au sein d'un espace collectif | Animation et organisation de la vie quotidienne dans une visée de socialisation et d'intégration | Participation au dispositif institutionnel |
| --- | --- | --- |
| **Engage et s'inscrit dans une relation avec chaque personne par la disponibilité à l'autre, l'écoute, l'observation, la compréhension :**<br>– se rend disponible et partage des moments individuels et collectifs de la vie quotidienne ;<br>– « suscite » la rencontre et se montre attentif aux capacités des personnes dans toutes leurs formes d'expression ;<br>– veille à l'intégrité physique et morale des personnes dont il a la charge ;<br>– préserve l'intimité et la vie privée des personnes.<br>**Contribue à l'élaboration et à la mise en œuvre des projets individuels :**<br>– observe et comprend la situation des personnes accompagnées ;<br>– situe la particularité des personnes dans un contexte social et familial ;<br>– prend en compte le projet des personnes et leur désir dans l'élaboration des actions éducatives.<br>**Œuvre au développement des potentialités et à la compensation des difficultés des personnes dont il a la charge :**<br>– développe l'estime de soi par la valorisation ;<br>– prend en compte les besoins essentiels et fondamentaux ;<br>– prend en compte la singularité, les rythmes et les attentes des personnes ;<br>– assure une fonction de repère et d'étayage ;<br>– veille à la sécurité physique des personnes.<br>**Interroge et réajuste ses pratiques :**<br>– s'interroge et interroge les dimensions éthiques ou déontologiques impliquées dans les pratiques ;<br>– exerce un sens critique et participe en équipe à l'analyse des pratiques éducatives ;<br>– repère la pertinence et les limites des pratiques ;<br>– a conscience des valeurs institutionnelles et associatives. | **Anime et régule la vie de groupe afin de susciter une dynamique structurante entre individu et collectif :**<br>– favorise un climat de coopération et de solidarité entre les individus ;<br>– garantit la place et la parole de chacun au sein du collectif ;<br>– œuvre à la transmission, à la compréhension et au respect des règles, assume l'autorité.<br>**Soutient l'inscription des personnes dans l'organisation spatio-temporelle de la vie quotidienne :**<br>– respecte le rythme de chacun ;<br>– accompagne l'alternance collectif-individu ;<br>– crée les conditions d'apprentissage des actes de la vie quotidienne ;<br>– contribue à l'amélioration du cadre de vie.<br>**Construit et anime des activités dans les domaines des apprentissages, des loisirs, de la culture dans et hors de l'institution :**<br>– propose des activités de techniques éducatives comme support à une fonction de médiation ;<br>– prend en compte les contextes et les milieux dans lesquels ces activités s'inscrivent.<br>**Favorise l'autonomie et la promotion des personnes et des groupes en créant des situations et des opportunités d'interaction avec l'environnement social :**<br>– inscrit les personnes et les groupes dans une dimension citoyenne ;<br>– pense et met en œuvre des situations « dedans et dehors » de l'établissement ;<br>– favorise l'émergence de projet collectif, de coopération. | **Se situe et agit au sein d'une équipe pluriprofessionnelle :**<br>– tient compte du projet et des missions institutionnels ;<br>– identifie les différents acteurs et les instances ;<br>– repère les statuts et fonctions ;<br>– connaît les politiques sociales et les cadres juridiques liés à son intervention.<br>**Concourt à l'élaboration de l'action éducative :**<br>– communique ses observations et ses remarques ;<br>– rend compte de ses pratiques ;<br>– produit des écrits professionnels ;<br>– assure un tutorat pour la formation des futurs professionnels.<br>**Participe à l'élaboration et la mise en œuvre d'actions éducatives, dans le cadre d'un projet global :**<br>– repère les besoins ;<br>– prend en compte la place et le rôle de la famille et/ou des tutelles ;<br>– définit des objectifs et moyens d'une action dans le cadre d'un projet plus global ;<br>– organise et met en place ;<br>– propose, évalue, réajuste et rend compte.<br>**Appuie l'intégration en milieu ordinaire par des actions de soutien et de médiation :**<br>– mobilise les ressources de l'environnement et en favorise l'accès (école, monde du travail, de la culture et des loisirs…). |

La formation de moniteur-éducateur est dispensée en quatre domaines de formation aboutissant à une compétence. Celle-ci se définit comme un ensemble de savoirs, de savoir-faire et de savoir-être.
L'enseignement théorique est composé de quatre domaines de formation (DF) correspondant aux quatre domaines de compétences (DC) suivants :

- accompagnement social et éducatif spécialisé : 400 heures ;
- participation à l'élaboration et à la conduite du projet éducatif spécialisé : 300 heures ;
- travail en équipe pluriprofessionnelle : 125 heures ;
- implication dans les dynamiques institutionnelles : 125 heures.

Nous proposons d'aborder ces domaines de compétences à travers des fiches thématiques préparant au DEME, afin de nous permettre de développer les domaines de formation et leur certification.

# I Domaine de compétences 1 : accompagnement social et éducatif spécialisé

Apport théorique : domaine de formation (400 heures).
Domaines de compétences visés :
- instaurer une relation ;
- aider à la construction de l'identité et au développement des capacités ;
- assurer une fonction de repère et d'étayage dans une démarche éthique ;
- animer la vie quotidienne de l'établissement ou du service ;
- concevoir et mener des activités de groupe.

## 1 Programme

- La personne, de la naissance à la fin de vie.
- Les conditions de la participation à la vie sociale et ses freins.
- Fonctionnement collectif et place de la personne.
- L'action éducative : les fondements.
- Accompagnement de l'élaboration d'une posture et d'une méthodologie professionnelles.

## 2 Fiches thématiques préparant au DEME

### a. La psychologie de l'enfant selon Henri Wallon

Pour Wallon, la psychogenèse de l'enfant est à considérer selon l'ensemble de ses aspects, affectif et cognitif, biologique et social.
La méthode développée est concrète et multidimensionnelle.

## Les stades du développement de la personnalité

La psychologie de Wallon consiste, pour l'essentiel, en une théorie des stades de développement de la personnalité enfantine. La personnalité est une construction progressive, où se réalise l'intégration, selon des rapports variables, de deux fonctions principales : l'affectivité, d'une part, liée aux sensibilités internes et orientée vers le monde social, la construction de la personne ; l'intelligence, d'autre part, liée aux sensibilités externes et orientée vers le monde physique, la construction de l'objet.

Le développement de la personnalité évolue selon une succession de stades.
Chaque stade constitue un ensemble original de conduites, caractérisé par un type particulier de hiérarchie entre ces deux fonctions. Une alternance s'instaure entre deux types de stades : les uns marqués par la prédominance de l'affectivité sur l'intelligence, les autres par la prédominance inverse de l'intelligence sur l'affectivité. Le passage d'un stade à un autre présente un aspect discontinu, ce qui n'exclut pas cependant la continuité d'ensemble du développement. Cette continuité s'exprime en particulier dans les phénomènes de chevauchement : les stades à dominance affective comportent, à titre subordonné, une évolution des conduites intellectuelles, et vice versa.

1. Les **stades impulsif et émotionnel** (de 0 à 3 mois, puis de 3 mois à 1 an) sont marqués par le primat des sensibilités internes et du facteur affectif. La période jusqu'à 3 mois, dite impulsive, se caractérise par le désordre gestuel. Durant la période de 3 mois à 1 an, la réponse de l'entourage humain à l'enfant organise progressivement ce désordre en émotions différenciées. L'émotion constitue la source commune de la conscience, du caractère et du langage.

2. Le **stade sensori-moteur et projectif** (de 1 à 3 ans) s'institue avec la prédominance des sensibilités externes et de la fonction intellectuelle. L'enfant y développe deux types d'intelligence, qui sont d'ailleurs en rapport l'une avec l'autre : l'intelligence pratique (« des situations »), liée à la manipulation des objets ; l'intelligence représentative (« discursive »), liée à l'imitation et au langage. Au cours d'une période dite projective (de 2 ans et demi à 3 ans), la pensée naissante ne peut prendre consistance qu'en s'extériorisant, en se projetant dans le geste imitatif.

3. Le **stade du personnalisme** (de 3 à 6 ans) restaure la primauté de la fonction affective sur l'intelligence.
Il débute par la crise de personnalité (crise de 3 ans), au cours de laquelle l'enfant s'oppose à tout, à l'adulte : c'est « l'âge du non, du moi, du mien ».
À 4 ans environ, « l'âge de la grâce » : l'enfant s'ingénie à séduire, dans une sorte de « narcissisme moteur ».
À 5 ans environ, il s'attache à imiter l'adulte dans ses rôles sociaux ; son attitude est ambivalente : admiration et rivalité vis-à-vis de l'adulte.

4. Le **stade catégoriel** (de 6 à 11 ans) se caractérise à nouveau par la prépondérance des activités intellectuelles sur les conduites affectives. C'est le début de l'âge scolaire : l'enfant est capable d'attention, d'effort, de mémoire volontaire. La pensée se développe à partir

d'une période de confusion initiale (syncrétisme) jusqu'à la formation des « catégories » mentales. Celles-ci lui permettent la représentation abstraite des choses et l'explication objective du réel.

5. Le **stade de l'adolescence** (à partir de 11 ans) marque un renouveau des intérêts personnels par rapport aux intérêts centrés sur l'objet. Sur le plan affectif, le moi domine et, sur le plan intellectuel, l'enfant dépasse le monde des choses, pour atteindre le monde des lois.

## Alternance et intégration

La formation de la personne est un processus de type discontinu en même temps que continu, la genèse d'une « unité faite de contraste et de conflits ».

**Les stades du développement selon Wallon**

| Âge | Stades | Primats et prédominances | Caractérisation |
|---|---|---|---|
| De 0 à 3 mois et de 3 mois à 1 an | Stade impulsif et stade émotionnel | Primat des sensibilités internes puis primat des émotions | Désordre gestuel<br>Organisation progressive des émotions<br>Différenciation et multiplication des réactions émotives<br>Chatouillements, pleurs, rires, colères... |
| De 1 an à 2,5 ans et de 2,5 ans à 3 ans | Stade sensori-moteur et projectif | Sensibilité externe et fonction intellectuelle | Intelligence pratique (manipulation des objets)<br>Intelligence représentative (symbolique, langage)<br>Pensée naissante et conduite imitative |
| De 3 à 6 ans | Stade du personnalisme | Primauté de la fonction affective sur l'intelligence | Affirmation de soi : non, moi, mien<br>Séduction et narcissisme<br>Admiration et rivalité (jeux de rôles) |
| De 6 à 11ans | Stade catégoriel | Prépondérance des activités intellectuelles sur les conduites affectives | Du syncrétisme aux catégories<br>Nouvelles capacités : attention, effort et mémoire<br>Accès à l'abstraction<br>Explication objective du réel |
| À partir de 11 ans | Stade de l'adolescence | Retour au primat du Moi | Focalisations et recherches de (et sur) l'objet<br>Du monde des choses à celui des lois |

Les idées de Wallon ont aussi influé sur un certain nombre de psychanalystes célèbres, d'ailleurs d'appartenances théoriques très variées : R. Spitz, D.W. Winnicott, et même J. Lacan dont bien des références permettent de faire état dans une partie de son œuvre d'un véritable « freudo-wallonisme » (R. Zazzo).

**Référence**

Wallon H., *L'Évolution psychologique de l'enfant* [1941], A. Colin, 2012.

## b. Le développement cognitif de l'enfant selon Jean Piaget

### Le constructivisme piagétien : un modèle binaire de développement de l'enfant

***La construction de l'intelligence : entre assimilation et accommodation***

C'est sur ses propres enfants que Piaget a effectué ses premières expériences. Ce qui le passionne depuis le début de ses recherches, c'est de comprendre comment la connaissance vient aux individus et comment se développe l'intelligence.

Piaget conçoit l'intelligence comme une fonction qui permet à l'homme de s'adapter à son environnement. Cette intelligence se construit par le passage entre deux mécanismes essentiels : l'*assimilation* et l'*accommodation* qui permettront l'adaptation. L'*équilibration*, située entre ces deux moments dynamiques, stabilisera, consolidera les acquis et préparera l'alternance entre les deux mécanismes adaptatifs.

- **L'assimilation** : c'est l'intégration par l'enfant de nouvelles données de son environnement. On dit que l'enfant incorpore le réel à soi. Il interprète ces nouvelles données grâce au « déjà là ». Il rend familier ce qui ne l'est pas.
- **L'accommodation** : c'est la modification de son « déjà là » en fonction des caractéristiques de la nouvelle situation. On dit alors que l'enfant s'ajuste par rapport au réel.

Ces processus ne sont pas séparés dans le temps. Ce sont les processus d'accommodation qui permettent à l'enfant de progresser.

**Exemple**

Les actions d'attraper une balle ou une aiguille sont réalisées grâce à la préhension (schème de préhension), mais chacune nécessite une préhension particulière. Que va faire l'enfant face à une balle ? Il l'attrape comme d'habitude et, comme il le fait avec ce type d'objets, avec sa main (il assimile le réel à soi, par rapport à ce qu'il sait faire, et ça marche). Face à une aiguille qu'il voit pour la première fois, que fait-il ? Idem qu'avec la balle (mais l'assimilation avec la main ne marche pas). Il apprendra en tâtonnant plusieurs fois, sur une durée plus ou moins longue, à l'attraper différemment, donc à modifier sa manière de faire (il tente de s'accommoder), jusqu'au moment où il parviendra à l'attraper (à ce moment-là, l'accommodation fonctionne, c'est-à-dire qu'il modifie sa façon de faire en fonction des caractéristiques de l'objet). Il peut ne pas réussir.

***Le constructivisme***

Toute l'œuvre de Piaget tend à montrer que l'on construit ses connaissances, son intelligence, par ses propres actions : c'est le constructivisme. Mais comment se fait cette construction ? Elle s'opère grâce aux relations entre l'enfant et l'objet. L'enfant exerce une action sur l'objet (concret ou pas). Dans ce modèle, toute construction cognitive est de type intra-individuel, c'est-à-dire qu'on va rechercher dans le sujet la cause de son développement cognitif.

Les interactions avec autrui (enseignant, famille), la signification du contexte, la signification des tâches (les variables sociales) jouent un rôle externe. Ce sont des facteurs qui viennent faciliter ou freiner l'action de l'enfant sur l'objet, mais qui ne font pas partie du développement cognitif. Le principe de base est qu'on se développe, donc qu'on apprend (intra-individuel et inter-individuel).

***Quels sont les autres caractères généraux de la théorie de Piaget ?***

En plus de la caractéristique constructiviste, sa théorie du développement de l'intelligence présente des caractéristiques interactionniste et structurale.

- **L'interactionnisme :** Piaget pense que seule l'interaction du sujet avec son milieu permet d'accéder à la connaissance. Pour lui, il est inutile de rechercher le poids de l'inné (bien qu'il ne nie pas la présence de structures préexistantes dans le cerveau) ou de l'acquis (simples accumulations des connaissances) dans le développement de l'enfant car ces deux facteurs sont indissociables et indispensables l'un à l'autre.
- **Le structuralisme :** lorsque Piaget se demande comment on construit son intelligence, il parvient à la réponse suivante : le bébé est un être dont l'intelligence se construit petit à petit avec des stades, c'est-à-dire des niveaux, des périodes qui apparaissent dans un ordre immuable et universel et qui se succèdent dans un ordre constant. Quelles que soient les époques et les cultures (civilisations), les enfants passent par les mêmes stades et dans le même ordre.

  Chaque stade est caractérisé par une structure d'ensemble (c'est la façon dont s'articulent les connaissances). On a d'abord des actions qui se coordonnent entre elles : on parle de *schèmes d'action* observés chez le tout jeune enfant, c'est la structure de base de l'action. Les schèmes d'action sont transférables et généralisables dans des situations identiques ou analogues, par exemple le schème de préhension (succession d'actions organisées dans un but : tendre le bras, ouvrir la main, prendre l'objet). Quand l'enfant grandit, on parle ensuite d'opérations, donc de *schèmes cognitifs* (c'est un outil de pensée qui va organiser les conduites transférables et généralisables). L'enfant peut alors faire des opérations mentales, c'est-à-dire agir mentalement grâce aux représentations (par exemple, résoudre un problème mathématique).

  Les structures construites à un âge donné deviennent partie intégrante des structures de l'âge suivant. Chaque stade est l'aboutissement d'une certaine construction mentale dans laquelle les constructions des stades précédents persistent, à titre de base. Il ne s'agit pas d'une juxtaposition mais d'une construction.

  Un stade comporte un niveau de préparation et un niveau d'achèvement.

  Chaque période prépare celle qui suit et marque l'achèvement de la précédente.

## Les différents stades du développement cognitif

Piaget découpe le développement intellectuel en grandes périodes ou stades successifs. Il distingue donc quatre stades qui vont être traversés dans un certain ordre sans que l'enfant puisse en sauter un, ce qui ne veut pas dire que tous les enfants traversent les stades à la même vitesse ni que tous les enfants effectuent la transition d'un stade à l'autre au même âge.

***Stade sensori-moteur (0-2 ans)***
Au cours des deux premières années de sa vie, l'enfant pense par le biais de son action. La première forme d'intelligence de l'enfant consiste en des réflexes (succion), qui vont lui servir de base pour développer des comportements nouveaux. Le nourrisson va donc commencer à construire son intelligence par les activités motrices et apprend à dissocier son propre corps de l'environnement. Ce stade concerne les déplacements du corps et des objets dans l'espace. Il permet à l'enfant, d'une part, des coordinations réversibles de ses actions et de ses déplacements (coordination vision et préhension) et, d'autre part, une sorte de connaissance pratique de l'univers qui l'entoure. Fondé sur une intelligence d'action, le monde sensori-moteur est limité au présent, à l'ici et maintenant. La pensée sensori-motrice est également « privée ». Petit à petit, le monde extérieur sera intériorisé, représenté, c'est-à-dire évoqué en image (une image pourra évoquer les objets même en leur absence).
La première année de la vie de l'enfant est riche d'expériences décisives pour son avenir. Il fait, à une vitesse étonnante, l'évolution la plus spectaculaire de toute son existence. C'est progressivement que le nourrisson se différencie de son environnement et, vers 9 mois, il perçoit qu'un objet continue d'exister même lorsqu'il disparaît : c'est la *permanence de l'objet* (âge d'acquisition controversé). Cette étape est fondamentale dans le développement de l'enfant : elle va permettre les conduites d'anticipation et les premières ébauches du raisonnement.
À partir de 9 mois, l'enfant qui perd un objet tend la main pour le chercher, mais son mouvement ne se laisse guider par la vue que si l'objet est visible.
Il identifie ses parents, ses frères et sœurs. Ainsi, il se décentre de lui-même pour découvrir le monde.
À la fin de ce stade sensori-moteur, c'est-à-dire vers 2 ans, les objets possèdent définitivement une permanence pour l'enfant ; ils peuvent rester présents à son esprit, même en leur absence. C'est la fonction symbolique qui se constitue et qui va élargir son champ de pensée. Par l'imitation différée, le jeu, il acquiert la maîtrise des représentations symboliques : il fait semblant de pleurer, de se fâcher, il va chercher par exemple un vêtement qui lui appartient pour communiquer qu'il veut sortir...
La période « sensori-motrice » est donc marquée par le développement des fonctions sensorielles et motrices et par le passage d'une activité dominée par les réflexes (à la naissance) à un monde représenté par des images mentales (vers 2 ans).

***Stade pré-opératoire (2-7 ans)***
C'est la fonction symbolique qui marque l'évolution cognitive. On avait affaire au stade précédent à une intelligence de perception et d'action. Elle fait place dans ce stade à une intelligence d'images utilisant des symboles pour représenter le monde. La représentation

est l'évocation de l'objet absent, postulant sa permanence hors de toute perception actuelle. C'est la capacité à intérioriser ses actions, à évoquer des objets non perçus.
La fonction symbolique se manifeste par :

- **le langage** : entre 2 et 3 ans, le vocabulaire de l'enfant passe en moyenne de 200 à 1 000 mots, puis à 2 000 mots vers 4 ans. Ce progrès dans le domaine du langage dénote un développement cognitif important : l'enfant différencie les objets et leur fonction, du coup leur dénomination est de plus en plus précise. Vers 18 mois, chaque mot est utilisé seul et a valeur de phrase (par exemple, le mot « auto » peut signifier « donne-moi l'auto » ou « l'auto est partie », etc.). C'est vers 2 ans qu'apparaît la combinatoire permettant la phrase à deux mots ;
- **le jeu symbolique ou jeu de fiction** : l'enfant s'accapare le monde en imagination, il le transforme (par exemple, il donne à boire à la poupée ou fait semblant de dormir). Ce jeu est indispensable pour l'équilibre affectif et intellectuel de l'enfant. L'enfant transforme ici le réel au gré de ses besoins et de ses désirs ;
- **l'imitation différée** (la petite fille imite le soir la crise de larmes d'une copine rencontrée l'après-midi) : l'enfant reproduit des gestes, des attitudes et des comportements en l'absence d'un modèle (reproduction du monde réel) ;
- **le dessin** : il se situe à mi-chemin entre le jeu pour son côté *ludique* et l'image mentale pour son côté *effort pour copier le réel* ;
- **l'image mentale** : c'est la représentation d'une maison, la visualisation d'un parent. Elle est conçue comme une imitation différée intériorisée. Les images mentales peuvent concerner l'imagination de situations nouvelles.

La communication et la pensée de l'enfant sont centrées pendant cette période sur son propre point de vue : il ne peut pas encore se mettre à la place de son interlocuteur (on parle d'égocentrisme). Il envisage le monde selon sa propre perspective et s'avère incapable de prendre en compte le point de vue d'autrui.

***Stade des opérations concrètes (7-12 ans)***

L'enfant vers 7 ans est capable d'agir par la pensée (il effectue des opérations mentales). Le système symbolique développé au cours de la période précédente est maintenant utilisé pour effectuer sur les objets des transformations en pensée. Ces opérations peuvent se faire et se défaire mentalement (opérations réversibles). Mais cette logique repose quand même sur du matériel concret, des objets du réel.
On peut prendre pour exemple la conservation des liquides : l'enfant est conservant, c'est-à-dire qu'il sait que les volumes, poids, etc., ne varient pas lorsqu'on modifie la forme des objets. De cette manière se constitue la stabilité, l'invariance de la notion de quantité. Cette réversibilité lui permet de sortir de l'apparence immédiate des choses et de retourner en arrière dans le temps.
L'enfant commence aussi à pouvoir passer du spécifique au plus général. Il peut organiser des objets en classes et en sous-classes (par exemple, classe : animaux ; sous-classe : cochons, vaches...).
En résumé, à ce stade, même si la pensée est plus mobile, elle n'en demeure pas moins liée au réel et ce n'est qu'à la période suivante que les opérations pourront porter sur des propositions abstraites. L'enfant ne sera plus limité à réfléchir sur des choses, mais pourra songer à des idées. Il doit réapprendre à faire avec du matériel abstrait ce qu'il savait faire avec du matériel concret.

***Stade des opérations formelles (à partir de 12 ans)***

Vers 12 ans la logique se détache du concret. La pensée hypothético-déductive émerge (objets absents). L'adolescent peut émettre une hypothèse abstraite, puis se lancer dans une expérience pour en vérifier la validité et en tirer des conclusions.

Le plateau « développement mental », souvent manifeste vers 14-15 ans, ne marque pas à ce stade la fin de la progression puisque la pensée formelle peut évoluer pendant l'âge adulte.

## Les stades du développement de l'enfant selon Piaget

| Âge | Stades | Périodes | Caractérisation et acquisition | Perception de soi |
|---|---|---|---|---|
| 0 à 2 ans | Stade I | *Sensori-motrice*<br>Stade des réflexes | Mise en jeu des réflexes | Indifférenciation complète |
| | Stade II | Stade des premières habitudes | Apparition des premiers schèmes | Reconnaissance des imago familières |
| | Stade III | Stade de différenciation entre but et moyen | Coordination entre vision et préhension | Réactions à des images, à des situations inconnues |
| | Stade IV | Stade des actions avec un but préalable | Consolidation et schèmes réciproques | |
| | Stade V | Recherche de moyens nouveaux | Exploration, recherche, schèmes d'action | Début de la différentiation entre le moi et les autres (objets) |
| | Stade VI | Stade de l'aptitude à trouver des moyens nouveaux | *Insight* et compréhension soudaine | |
| 2 ans à 7-8 ans | Stade I :<br>sous-stade I | *Opérations concrètes*<br>Pensée pré-opératoire<br>→ | Fonction sémiotique, intériorisation/schèmes d'action | Affirmation de soi<br>Égocentrisme radical |
| | sous-stade II | → | Organisations représentatives/statiques/action | |
| | sous-stade III | → | Régulations représentatives articulées | |
| 7-8 ans à 11-12 ans | Stade II :<br>sous-stade I | *Opérations concrètes*<br>→ | Opérations simples | Décentration relative |
| | sous-stade II | → | Opérations portant sur le temps et l'espace | |
| 11-12 ans à 13-14 ans | sous-stade I | *Opérations formelles*<br>Les opérations combinatoires | Conservation des volumes, interrogation du réel | Décentration fondamentale |
| | sous-stade II | Le raisonnement hypothético-déductif | Instrumentation cognitive complète | |

### Vocabulaire et notions selon la théorie de Jean Piaget

**Activité cognitive**

Activité intellectuelle et traitement de l'information de type essentiellement logique qui intervient au niveau de la perception (canaux) et de la mémoire sous forme de recherche de l'information utile et sous forme de sélection, transformation et recodage de l'information, comparaison d'une information présente et d'une information stockée.

**Accommodation**

Mécanisme qui désigne les modifications des schèmes *d'assimilation* qui se produisent sous l'influence des objets ou des actions. Il désigne donc *l'adaptation* des schèmes d'assimilation aux particularités de l'objet ou de l'action à assimiler.

**Assimilation**

Mécanisme qui désigne *l'intégration* par le schème de données extérieures. Il peut prendre trois formes :

- assimilation reproductrice (répétition du schème) ;
- assimilation recognitive (reconnaissance des particularités que le schème peut assimiler) ;
- assimilation généralisatrice (extension du schème).

**Déduction**

Soustraire, retrancher, tirer une conséquence d'un raisonnement.

**Équilibration**

Processus autorégulateur par lequel le sujet assure la cohérence interne de ses conduites en réponse aux perturbations extérieures, génératrices de déséquilibres.

Facteur de développement, il est essentiel en ce qu'il est le processus dynamique qui sous-tend le passage d'un état d'équilibre à un autre qui lui est supérieur. Il s'appuie sur les deux mécanismes d'assimilation et d'accommodation.

**Expérience**

Elle entre en relation avec les deux types de connaissances :

- l'expérience physique ou empirique qui permet d'obtenir une connaissance à partir des objets ;
- l'expérience logico-mathématique. Elle se réfère aux informations obtenues sur les actions elles-mêmes et/ou les actions menées sur les opérations intellectuelles.

**Induction**

Raisonnement qui va du particulier au général.

**Intelligence**

Ensemble des fonctions mentales mobilisées pour l'analyse, la compréhension et l'organisation du réel en pensées (concepts). L'intelligence permet l'exploitation des stimuli (perceptions, sensations) et, par des effets de liaison (d'association), de mémorisation (stockage des informations), l'élaboration d'un sens.

Capacité à utiliser le raisonnement causal, l'imagination, la prospection et la flexibilité. L'intelligence se définit aussi par l'aptitude à l'abstraction, à l'analyse et à l'évaluation des informations recueillies ou qui restent à collecter.
Elle se définit par la faculté de connaître, de comprendre et de s'adapter (faculté d'abstraction et d'anticipation).

***1. L'abstraction***

Consiste à sélectionner parmi les différents traits (perception) ceux qui sont pertinents pour décider de l'appartenance ou de la non-appartenance de l'objet à une classe déterminée. Les traits pertinents et les relations qui existent entre eux constituent la définition du concept. Différents objets appartenant à la classe, qui est désignée par un symbole (mot, idéogramme, icône, etc.), constituent l'extension du concept. L'acquisition du sens d'un concept n'est pas possible sans cette opération.

***2. La résolution de problèmes***

À la situation de départ, avec un ensemble de contraintes, un but/objectif et une situation terminale souhaitée, correspond une recherche des méthodes adéquates à la résolution du ou des problèmes.

***3. La construction de modèles***

Élaboration et montage de systèmes formels entre données premières et solutions, application de modèles de solutions extensibles à d'autres problèmes de même nature ou de nature différente et dont la validité est soumise à l'état terminal attendu.

**Logique**

Système et science du raisonnement : axiomatisation, formalisation et symbolisation, procédures algorithmiques (suite de raisonnements ou d'opérations applicables à une série de solutions de problèmes) ou heuristiques (combinatoire, règles de la recherche et de la découverte).

**Opération**

Action intériorisée, c'est-à-dire effectuée symboliquement ou en pensée réversible.

**Schème**

Désigne la *structure* d'une action, qu'elle soit pratique ou représentative. Le schème se caractérise par le fait qu'il se *conserve* au cours des répétitions de l'action, qu'il se consolide et qu'il tend à se *généraliser*.
C'est à partir des schèmes initiaux et de leurs *interactions* avec le milieu qu'apparaissent de nouvelles conduites de plus en plus élaborées.
Ce qui, dans une action, est *transposable ou généralisable à des situations analogues*.

**Références**

Piaget J., *Le Langage et la Pensée chez l'enfant* [1923], Delachaux et Niestlé, 1997.
Piaget J., *Le Jugement et le Raisonnement chez l'enfant* [1924], Delachaux et Niestlé, 1993.
Piaget J., *La Naissance de l'intelligence chez l'enfant* [1936], Delachaux et Niestlé, 1998.

Piaget J., *La Construction du réel chez l'enfant* [1937], Delachaux et Niestlé, 1996.
Piaget J., *La Formation du symbole chez l'enfant* [1945], Delachaux et Niestlé, 1994.
Piaget J., « Les stades du développement intellectuel de l'enfant et de l'adolescent », in Osterrieth P. et *al.*, *Le Problème des stades en psychologie de l'enfant*, PUF, 1956.
Piaget J., Inhelder B., *La Psychologie de l'enfant* [1968], PUF, 2012.
Fournier M., « Jean Piaget (1896-1980). Le développement de l'intelligence », *Sciences humaines*, n° 60, avril 1996.

## c. Le développement psycho-affectif de l'enfant selon René Spitz

### La première enfance : de la naissance à 1 an

L'enfant, jusqu'à 2-3 mois, ne se différencie pas des « autres » ; le « moi » est indifférencié de celui de la mère. L'autre n'est pas reconnu par l'enfant comme un partenaire, mais comme faisant partie de lui.
Après 3 mois, une forme va émerger dans l'entourage du nourrisson (mère ou substitut) qui va échanger avec lui tout ce qui est touché, nourriture, protection et sécurité.
Quand l'enfant va reconnaître cette forme, il sourit au visage de sa mère qui le regarde et s'arrête dès qu'elle se détourne : c'est le début de la communication (le stade objectal, l'objet comme sujet autre).

Vers 6-8 mois se met en place le stade objectal : la forme va s'affiner progressivement grâce aux progrès sensoriels, moteurs et surtout grâce à la présence stable et aimante de la mère ou du substitut maternel. L'enfant peut alors se construire face à un autrui nettement distinct de lui.

Vers 8 mois, une angoisse se manifeste chez l'enfant lorsqu'un étranger s'occupe de lui. Cette personne apparaît comme quelqu'un qui va le priver momentanément de sa mère. Il réagit ainsi car il a conscience de l'image de la mère, elle est devenue pour lui un « objet privilégié ». Il commence à distinguer le « moi » du « non-moi ».
Il a besoin d'un point de repère permanent et stable pour se construire.

### L'âge de la déambulation et du langage : de 1 à 3 ans

On assiste à une mutation progressive jusqu'à 3 ans où le « non » va commencer à s'exprimer. L'enfant a la possibilité de s'affronter à l'univers qui l'entoure. D'où l'importance de la socialisation primaire normative (importance de la présence du père de 8 mois à 3 ans dans l'apprentissage des normes sociales).
Pour résumer, au début l'enfant subit la vie sans en avoir conscience (de 0 à 3 mois), puis il la subit en la découvrant. Il devient de plus en plus agissant sur sa propre existence et se révèle capable de s'opposer au monde ambiant (3 ans).

### La période préscolaire : de 3 à 6 ans

C'est l'apparition du langage, du contrôle des sphincters. L'enfant va être à l'école en présence d'une autorité autre que ses parents. L'attitude des parents, tout en demeurant sécurisante, ne doit pas être hyperprotectrice afin de permettre à l'enfant de prendre son essor. C'est la période d'apprentissage de l'autre, du groupe...

### L'âge scolaire : de 6 ans à l'âge de la puberté

C'est l'âge scolaire : les contacts sociaux vont se multiplier et se diversifier. La scolarité va prendre une place importante dans la vie de l'enfant. Les préoccupations des parents concernant la réussite ou l'échec scolaire sont au premier rang, ce qui donne à la scolarité une dimension affective.

### L'adolescence

C'est durant cette période que va resurgir tout ce qui est identification par rapport au triangle père ou substitut – mère ou substitut – adolescent. C'est une nouvelle forme d'Œdipe, la reconnaissance de son propre sexe. Durant cette période la croissance staturale et pondérale subit une nouvelle poussée qui va transformer l'enfant en adulte.

Va alors apparaître une période d'opposition, de 12 à 15 ans chez les garçons et de 11 à 13 ans chez les filles. Cette phase va coïncider avec la période prépubertaire au cours de laquelle l'adolescent refuse systématiquement tout ce qu'on lui demande : refus des normes sociales, parfois de l'hygiène, et souvent refus des manifestations affectives.

Durant ce stade les parents doivent être fermes sur les interdits et les règles, car c'est reconnaître l'adolescent en tant que sujet.

De 15 à 17 ans chez les garçons et de 13 à 16 ans chez les filles, se développe la phase d'affirmation de soi : c'est la phase pubertaire. L'adolescent pense que ses parents ne le comprennent pas, que les personnes qui l'entourent lui en veulent, il revendique son indépendance. Il revendique une autonomie alors qu'il dépend matériellement de ses parents ; cette dépendance se prolonge de plus en plus dans le contexte socio-économique actuel.

### La phase d'insertion sociale : de 17 à 18 ans

De 17 à 18 ans chez les garçons et de 16 à 17 ans chez les filles, c'est la phase postpubertaire : l'adolescent poursuit des études ou rentre dans le monde du travail.

Il accepte un peu l'adulte dans la mesure où il se considère comme tel.

**Référence**

Spitz R.A., *De la naissance à la parole. La première année de la vie* [1968], PUF, 1997.

## d. Psychanalyse et développement

Le XXe siècle a été marqué par les apports de la psychanalyse, dont le père fondateur est Sigmund Freud (1856-1939). Lors de ses études de médecine (neuropathologie), au cours d'un stage en France, Freud est marqué par l'enseignement de Charcot autour de l'hystérie. La cure proposée passe par l'hypnose, les états de catalepsie (atonie musculaire, le patient garde les postures et les attitudes qu'on lui imprime), le sommeil, l'état de vigilance, l'inconscient.

Préoccupé initialement par la souffrance, Freud pressent que l'approche logique cartésienne du symptôme douloureux reste insuffisante. L'intérêt pour une instance originelle, forte et influente sur le comportement et les symptômes, se précise ; Freud va mettre à jour une théorie explicative du comportement et du développement humains, des processus psychiques et de leurs dysfonctionnements. Il assimile la douleur (sensation désagréable), équivalente au déplaisir, à la rupture d'un état d'équilibre, par le biais de stimulations parfois identiques et provoquant aussi le plaisir. La prise en compte du substrat neurologique combinée à la physique (thermodynamique et phénomènes d'entropie) sera féconde et générera les premières bases d'une métapsychologie freudienne. Freud, progressivement, conçoit l'appareil psychique comme résultant de trois instances, en première topique (lieu symbolique, partie de l'esprit), nommées inconscient, préconscient et conscient. En 1923, la seconde topique marque l'achèvement de la théorie psychanalytique (les trois instances du ça, moi et surmoi).

Du déplaisir au plaisir, Freud explore les sources d'excitation, les zones érogènes, la sexualité comme moteur, facteur et lieu du développement de l'être humain ; les dysfonctionnements, les avatars du manque et du désir sexuel fondent alors les soubassements d'une compréhension et d'une méthode thérapeutiques.

La psychanalyse est une interprétation symbolique – qui restitue le sens – de certains comportements humains. Certaines actions sont perçues comme « involontaires », et pourtant ne sont pas des réflexes dont certains proviennent bien d'un ordre du cerveau : ce sont par exemple les lapsus, les actes manqués ou les symptômes à cause physique (l'hystérie, à distinguer des maladies psychosomatiques). Ces apparentes erreurs, ces symptômes et actes manqués sont des actes réussis, des satisfactions de désir. Il en va ainsi du rêve, qui permet au dormeur de se voir réalisant ses souhaits : tout ce qui est fait a un sens.

## L'inconscient

La découverte majeure de Freud a été l'identification de processus psychiques inconscients. Alors que les lois de la logique sont indispensables à la pensée consciente, les productions mentales inconscientes échappent à ces lois. L'inconscient peut modifier ou détacher de leur contexte les pensées et les sentiments connexes : deux idées ou deux images différentes peuvent y fusionner en une seule ; les pensées peuvent y revêtir la forme d'images vivantes et traumatiques se substituant aux concepts abstraits ; certains objets, enfin, s'y trouvent représentés par les images d'autres objets reliés aux premiers par une ressemblance parfois lointaine.

La découverte de modes de fonctionnement spécifiques de l'inconscient a permis de comprendre des phénomènes psychiques jusqu'alors inexpliqués, comme le rêve. L'analyse de ces processus a conduit Freud à considérer que les rêves protègent le moi contre les pulsions dérangeantes par leur déplacement sur d'autres sujets substitutifs. Les pulsions et les pensées inacceptables – le contenu latent du rêve – sont ainsi transformées en un contenu manifeste, en un événement conscient qu'il est possible de décoder. Connaissant

ces processus inconscients, l'analyste peut renverser ce que l'on appelle le travail du rêve, c'est-à-dire la transformation du contenu latent en contenu manifeste, et interpréter le rêve pour appréhender ce dont il est le symptôme.
Selon l'un des axiomes de la théorie freudienne, les conflits inconscients mettent en jeu les pulsions et les traumatismes refoulés provenant de l'enfance. Lorsque le patient identifie ces conflits inconscients durant l'analyse, il peut trouver des solutions qui lui étaient inaccessibles lorsqu'il était enfant. La description du rôle des pulsions constitue un grand apport de la théorie freudienne.

## Le développement selon Freud

Dans le cadre de la doctrine freudienne, la sexualité adulte constitue l'aboutissement d'un processus complexe de développement commencé dès l'enfance ; ce processus met en jeu différentes fonctions et zones corporelles (zones orale, anale et génitale) qui correspondent à des stades de l'évolution de la relation avec les adultes, et d'abord avec les parents.
Chaque stade du développement établi par Freud représente un type de zones de plaisir (ou zones érogènes). Ces zones sont caractérisées par un investissement majeur, sinon partiel. Chaque stade permet le cumul, le choix et la variabilité des objets, des zones érogènes et de leurs correspondances symboliques ou signifiantes (oniriques ou discursives).
Dans le premier, le stade oral, l'activité sexuelle n'est pas séparée de la fonction de nutrition (succion du sein).
Le deuxième, dit sadique-anal, se caractérise par la rétention-expulsion des matières fécales.
Le troisième, le stade phallique, précède la phase de latence, elle-même suivie à la puberté par le stade génital. À ce stade, les deux sexes se réfèrent à l'organe génital masculin (conception controversée, depuis remise en cause). L'aboutissement du développement intégrerait l'ensemble des zones érogènes, pourrait mettre en jeu l'unité de la personne et laisserait place aux investissements partiels ou combinés.
Le complexe d'Œdipe, qui apparaît dans le stade phallique, correspond à l'ensemble des investissements affectifs que l'enfant porte aux deux parents. Cette période, dite œdipienne, est d'une importance fondamentale. En effet, l'enfant atteint entre 4 et 6 ans un stade de développement qui lui permet pour la première fois d'éprouver un attachement émotionnel de type amoureux pour le parent de sexe opposé ; il réagit simultanément comme le rival de son parent du même sexe. L'immaturité physique et la pression sociale de l'image parentale (le triangle père-mère-enfant) condamnent l'enfant à refouler ses désirs dans le non-dit, le non-fait, c'est-à-dire l'inconscient, et transforment son premier pas vers l'âge adulte en échec. Ce refoulement inexpliqué par l'enfant provoque chez lui la peur de ses fantasmes. La solution que l'enfant invente face à cette crise émotionnelle et le niveau de persistance de ses attachements, de ses frayeurs et de ses fantasmes détermineront l'essentiel de sa vie affective adulte, en particulier ses choix d'objets amoureux.

## Le ça, le moi et le surmoi

La première instance, le ça, représente les tendances sexuelles et agressives. Freud appelait ces tendances « pulsions », et non pas « instincts », pour indiquer leur caractère inné. Ces pulsions intrinsèques réclament une satisfaction immédiate ; le ça est ainsi dominé par le *principe de plaisir*. Les derniers ouvrages de Freud reflètent une évolution de ces pulsions et montrent le lien entre le biologique et le psychique.

La deuxième instance est le moi, qui est appelé à apporter les moyens de la satisfaction ; il est le domaine des fonctions de la pensée, de la perception et du contrôle moteur, aptes à évaluer précisément les conditions de l'environnement. Le moi doit remplir sa fonction d'adaptation, ou test de la réalité, qui peut l'obliger à différer la satisfaction des pulsions instinctives émises par le ça. Le moi développe ainsi des *mécanismes de défense* afin de résister aux pulsions socialement inacceptables. Ces mécanismes comportent l'exclusion des pulsions du champ de la conscience, la projection (processus d'attribution à autrui de ses propres désirs ignorés) et la réaction (mise en place d'un modèle comportemental directement opposé aux besoins inconscients pressants). Ces mécanismes sont déclenchés lorsqu'une situation anxiogène brutale, traduite parfois par une bouffée d'angoisse, rappelle l'existence des pulsions inacceptables.

Une pulsion du ça peut devenir inacceptable si la réalité empêche sa satisfaction ; elle est plus souvent repoussée à cause des interdits que les autres – en particulier les parents – imposent à l'individu. L'ensemble de ces demandes et de ces interdits constitue la majeure partie de la troisième instance, à savoir le surmoi ; celui-ci détient une fonction de contrôle du moi dans le cadre des normes intériorisées qui sont imposées par la figure parentale. Si les injonctions du surmoi sont ignorées, l'individu peut se sentir honteux ou coupable.

Selon la théorie freudienne, la formation du surmoi coïncide avec la résolution du conflit œdipien. Cette origine le rapproche d'une pulsion : il est en partie inconscient et peut générer des sentiments de culpabilité qu'aucune transgression consciente ne justifie. Il peut arriver que le moi ne soit pas assez fort pour concilier les demandes du ça, du surmoi et du monde extérieur. Si le moi est bloqué dans ses conflits précédents, appelés fixations ou complexes, ou s'il revient à des satisfactions antérieures et à des modes anciens de fonctionnement, ces situations constituent une régression. Il redevient plus sensible aux pressions qui s'exercent sur lui. S'il ne peut plus fonctionner normalement, il ne maintiendra son intégrité et sa fonction de contrôle qu'en développant des symptômes névrotiques exprimant ces tensions.

## La méthode psychanalytique

La psychanalyse pose comme principe que *le symptôme est le substitut d'un processus refoulé*. L'objectif du psychanalyste est de remonter le cours de ce processus pour mettre au jour chez le patient un ou plusieurs événements signalés par le symptôme. Le patient (ou analysant) est donc invité à dire tout ce qui lui traverse l'esprit, sans jugement et en toute spontanéité, sans omettre les pensées honteuses ou pénibles.
La méthode se heurte à deux problèmes : plus ou moins rapidement, l'analysant n'est plus en mesure de livrer de telles pensées *(problème de la résistance)* ; l'analysant développe sur l'analyse elle-même ou sur le psychanalyste un transfert de sentiments d'amour-haine. La résistance se lie au transfert et en devient l'expression. La démarche de l'analyse débute réellement avec la mise en évidence de la répétition des conduites de l'analysant qui se

produit à son insu : cette étape permet de franchir l'obstacle du transfert et de comprendre comment fonctionne la répétition, notamment dans les conduites d'échec, où l'analysant éprouve l'impression d'être le jouet d'un destin pervers. L'interprétation conduit au dénouement de la névrose.

Trois règles doivent être observées : le psychanalyste ne doit jamais intervenir ; l'analysant doit livrer tout ce qui a trait, même à son insu, au symptôme ; l'analyste doit reconnaître la validité du transfert et refuser les analyses où il ne peut assurer ce transfert, de par lui-même ou de par son histoire personnelle.

Différentes écoles de psychanalyse ont divergé de la théorie freudienne et ont généré de nouvelles appellations doctrinales. Elles se sont constituées contre la volonté de Freud, qui a tenu à contrôler le groupe qui s'était formé autour de lui à partir de 1902, auquel appartenaient Alfred Adler, Sandor Ferenczi, Otto Rank, Eugen Bleuler et Carl Jung.

Après les fondateurs, les écoles comme les théories se multiplieront, s'enrichiront, elles marqueront la culture et les sciences humaines, notamment la psychologie, la psychiatrie, l'éducation et les sciences sociales.

**Références**

Freud S., *Trois essais sur la théorie de la sexualité* [1905], Points, 2012.
Freud S., *Totem et Tabou* [1913], Points, 2010.
Freud S., *Le Mot d'esprit et ses rapports avec l'inconscient* [1905], Gallimard, 1992.
Freud S., *Psychopathologie de la vie quotidienne* [1904], Gallimard, 2010.
Freud S., *Introduction à la psychanalyse* [1917], Payot, 1996.
Lagache D., *La Psychanalyse* [1954], PUF, 2009.
Winnicott D.W., *De la pédiatrie à la psychanalyse* [1969], Payot, 1992.
Winnicott D.W., *Jeu et Réalité* [1975], Gallimard, 2002.

## e. Les principaux concepts en psychanalyse

### Le complexe d'Œdipe

Ensemble organisé de désirs amoureux et hostiles que l'enfant éprouve à l'égard de ses parents. Sous sa forme dite positive, le complexe se présente comme dans l'histoire d'*Œdipe roi* : désir de la mort de ce rival qu'est le personnage du même sexe et désir sexuel pour le personnage de sexe opposé. Sous sa forme négative, il se présente à l'inverse : amour pour le parent du même sexe et haine jalouse du parent du sexe opposé. En fait, ces deux formes se retrouvent à des degrés divers dans la forme dite complète du complexe d'Œdipe. Selon Freud, le complexe d'Œdipe est vécu entre trois et cinq ans, lors de la phase phallique ; son déclin marque l'entrée dans la période de latence. Il connaît à la puberté une reviviscence et est surmonté avec plus ou moins de succès dans un type particulier de choix d'objet.
Le complexe d'Œdipe joue un rôle fondamental dans la structuration de la personnalité et dans l'orientation du désir humain.

Les psychanalystes en font l'axe de référence majeur de la psychopathologie, cherchant à déterminer pour chaque type pathologique les modes de sa position et de sa résolution.

## La contenance

Les psychanalystes parlent aussi d'*enveloppe*, de *peau*.
Contenir, c'est empêcher le débordement, l'explosion, le morcellement ; c'est assurer la cohésion, l'unité, la continuité.
Le psychanalyste Didier Anzieu a écrit à ce sujet un ouvrage, *Le Moi-peau*. Il a été utile à de nombreux travailleurs sociaux et thérapeutes pour mieux comprendre certains troubles de la personnalité et traiter des maladies de la peau.
Selon cet auteur, « la peau enveloppe l'ensemble du corps et dans le psychisme le moi recouvre la psyché. Le moi s'élabore en s'appuyant sur les perceptions que donne la peau. Celle-ci permet de réaliser la synthèse des messages perçus par les organes des sens. (...) Chez l'individu normalement développé, la peau et le moi fonctionnent comme enveloppes, comme contenants sans qu'il s'en rende compte. Cependant lorsqu'il y a déficits pathologiques, le clivage moi-peau apparaît clairement. Dans le cadre des maladies dermatologiques, les facteurs émotionnels occupent une place importante. Plus la peau est atteinte, plus les troubles de l'enveloppe psychique sont profonds » .

## Le désir

Terme relié à la conception dynamique freudienne, il désigne un effet pulsionnel inconscient. Cette notion centrale dans la théorie psychanalytique a été précisée par Lacan qui la situe en la différenciant de la demande (explicite) et du besoin. Le besoin vise un objet spécifique et s'en satisfait. La demande est formulée et s'adresse à autrui ; si elle porte encore sur un objet, celui-ci n'est pas pour elle essentiel, la demande articulée étant en son fond demande d'amour. Le désir naît de l'écart entre le besoin et la demande ; il est irréductible au besoin, car il n'est pas relié à un objet réel, mais au fantasme du sujet désirant.

## L'empathie

D'après le professeur Cosnier, psychologue, il y a deux manières de percevoir les émotions d'autrui :

- l'émotion qui se produit rapidement lors d'un événement spécifique ; la durée est limitée, la survenue est involontaire (la joie, la tristesse, la colère, la peur, la surprise, le dégoût) ;
- l'émotion liée à l'amour, à la haine, à la jalousie, qui se manifeste par des sentiments s'établissant progressivement et durablement.

Pour parler des émotions au sens large, on peut également employer le terme d'« affects ».
Dans une interaction de face-à-face, celui qui parle se pose en permanence quatre questions : « Est-ce qu'il m'entend ? », « Est-ce qu'il m'écoute ? », « Est-ce qu'il me comprend ? », « Qu'est-ce qu'il en pense ? ». De son côté, l'auditeur se demande : « Que veut-il dire ? » « Que fait-il en disant cela ? », « Qu'en pense-t-il ? ».
Les trois premières questions de l'émetteur et les deux premières du récepteur sont gérées par un système de régulation de la conversation bien connu, très largement basé sur des signaux non verbaux : regards, hochements de tête, mimiques, éventuellement émissions

verbales du genre « Hm, hm » « Ah oui ? » « Non ? ». Mais les mécanismes de la dernière question intérieurement formulée par les deux partenaires (« Qu'est-ce qu'il en pense ? »), question évaluant l'état affectif d'autrui, sont moins connus. Pourtant la plupart des chercheurs estiment que ces mécanismes sont très importants car ils sont une condition nécessaire à la compréhension réciproque. On appelle donc empathie *le partage simultané d'états psychocorporels*, c'est-à-dire le fait qu'au même instant les partenaires de l'interaction vivent et éprouvent un état semblable.

Par quels processus percevons-nous l'état affectif d'autrui ? Deux mécanismes peuvent être décrits :

- l'individu peut déduire cet état à partir des indices émis par son partenaire, en particulier ses mimiques faciales et son attitude corporelle ;
- il peut également utiliser une identification corporelle massive et non consciente : c'est une modalité de partage empathique. Le corps fait écho à celui du partenaire ; par exemple, au cours d'une discussion, une personne place sa main sous le menton, imitant à son insu son interlocuteur. Ce qui peut induire (chez celui qui s'identifie) un état affectif apparenté à celui du partenaire.

C'est la conduite d'un sujet (ou degré d'aptitude à cette conduite) qui lui permet une connaissance plus ou moins efficace d'autrui par des voies non scientifiques et quel que soit par ailleurs le mécanisme de cette connaissance.

## L'espace transitionnel et l'objet transitionnel

Ces notions ont été développées par D.W. Winnicott. Pendant les premières semaines de sa vie, le bébé ne reconnaît pas l'existence distincte de la réalité extérieure, puis, dans ce dessein, il va fabriquer, concevoir entre l'interne et l'externe une aire intermédiaire qui n'appartient ni à l'un ni à l'autre : c'est l'espace transitionnel.
Une des manifestations de cet espace sera l'objet transitionnel dont on peut distinguer plusieurs caractéristiques : c'est un objet matériel réconfortant pour l'enfant. Il a une consistance : ce qui est transitionnel, ce n'est pas l'objet lui-même, mais son utilisation. Sa fonction est de représenter le passage entre la mère et l'environnement, de rétablir la continuité menacée par la séparation.

## Le manque

Manifestation, réminiscence d'une nostalgie existentielle provoquant habituellement une appétence dynamique.

## La névrose

État de conflit interne résultant de deux désirs opposés et contradictoires et pouvant provoquer des troubles fonctionnels perturbant la sphère comportementale.

## La projection

Opération par laquelle le sujet expulse de soi et localise dans l'autre (personne ou chose) des qualités, des sentiments, des désirs qu'il méconnaît ou refuse en lui. C'est un mécanisme de défense. « Je le hais » devient « Il me hait », ce qui va alors me donner le droit de le haïr (mécanisme de base de la paranoïa).

## La psychose

Pathologie que le sujet atteint ignore. Dans ses aspects dramatiques, elle arrive à toucher l'intégrité de la personne dans sa structure, sa personnalité et la conscience de soi.

## Le transfert et le contre-transfert

Au sens large, le transfert est un terme psychanalytique qui désigne **la transposition d'une relation affective (positive ou négative) d'une chose ou d'une personne sur d'autres** (transfert positif : transfert de sentiments tendres ; transfert négatif : transfert de sentiments hostiles). On parle bien ici de la nature des sentiments transférés et non de leurs répercussions favorables ou défavorables.
Au sens strict, le transfert désigne le processus au cours duquel le patient (en psychothérapie) déplace sur l'analyste les sentiments ou attitudes qui le déterminent par rapport à une personne, le plus souvent son père ou sa mère.
C'est le processus par lequel les désirs inconscients s'actualisent sur certains objets dans le cadre d'un certain type de relation établie (relation analytique, relation éducative). C'est un déplacement de l'affect, la répétition des expériences du passé, des attitudes envers les parents, etc.
Le patient prend l'analyste pour son père, sa mère ou quelqu'un d'autre ; il se trompe de destinataire, il convient de le détromper. Il s'agit donc dans le transfert de le supporter (porter l'objet du transfert), pour ensuite le transférer sur un autre objet (le corps d'un autre, la musique, des activités sociales) car on ne peut pas y répondre en tant qu'analyste. Pour Freud, il s'agit d'accompagner le patient à trouver des solutions nouvelles, plus vivables en matière d'investissement psychique. Selon Lacan, « le psychanalyste ne doit pas oublier que ce n'est pas lui qui sait, c'est le patient... ». Pour J. Rouzel, psychanalyste et formateur, « le travailleur social doit conserver une certaine humilité, qu'il ne se prenne surtout pas pour celui qui aurait ce qui manque à l'autre. L'amour ou la haine qu'il reçoit, il ne peut en profiter... »
Très vite, Freud a précisé un point important quant au maniement du transfert : il doit se limiter à la cure dans le cadre analytique où jouent les règles de l'analyse (pas d'analyse sauvage). De la même façon, il faudra repérer dans le travail social les règles et le cadre qui permettent de baliser le maniement du transfert.

« Le transfert apparaît dans toute relation humaine, c'est ce qui se noue entre deux corps façonnés par le langage, habité par une subjectivité qui ne trouve ses points de visibilité que dans la mise en scène qui permet l'appareil à parler. Autrement dit, la rencontre se fait bien dans les mots échangés » (J. Rouzel).

**Le contre-transfert constitue la réaction affective du psychanalyste** à la réaction ou aux demandes transférentielles de son patient. C'est l'ensemble des réactions inconscientes de l'analyste face à l'analysé, et plus particulièrement au transfert de celui-ci. C'est une réaction intérieure au transfert de l'autre.

**Références**

Anzieu D., *Le Moi-peau* [1985], Dunod, 1996.
Bon N., « Le transfert en psychanalyse », *Le Journal des psychologues*, n° 196, avril 2002.
Despinoy M., *Psychopathologie de l'enfant et de l'adolescent* [1999], Armand Colin, 2010.
Laplanche J., Pontalis J.-B., *Vocabulaire de la psychanalyse* [1967], PUF, 2007.
Rouzel J., « Le transfert et son maniement dans les pratiques sociales », *Les Cahiers de l'actif*, n° 320-323, janvier-avril 2003, p. 257-277.
Pewzner E., *Introduction à la psychopathologie de l'adulte* [1995], A. Colin, 2011.
Winnicott D., *De la pédiatrie à la psychanalyse* [1969], Payot, 1992.

## f. Les conséquences possibles des carences affectives ou relationnelles de l'enfant

Selon la définition de Michel Lemay, pédopsychiatre spécialiste de l'autisme, « les carences relationnelles sont dues à une privation partielle ou totale des liens affectifs "normaux" que tout enfant est en droit de recevoir d'une mère ou d'un substitut maternel. C'est-à-dire nourriture, portage et caresses. »

Pour un développement « normal », l'enfant a besoin d'une présence humaine (mère ou substitut) qui va servir de médiateur (relation permanente et stable) pour toute participation, toute action et toute connaissance.
C'est précisément ce qui manque aux sujets souffrant de carences relationnelles. S'il n'y a pas cette constante permanente et une qualité de la relation, le développement cognitif et social risque d'être freiné.
On admet que les enfants souffrant de carences affectives n'ont pas eu un développement psychoaffectif dit normal. Il peut s'ensuivre alors des difficultés à établir des relations avec l'« autre », des difficultés à supporter la frustration et à s'adapter à la réalité. Ces enfants peuvent aussi développer des comportements agressifs, une attitude dévalorisante par rapport à ce qu'ils font et à ce qu'ils sont, et éprouver des difficultés dans le domaine de la sexualité.

### Les problèmes relationnels

Ces enfants adoptent une attitude ambivalente vis-à-vis de toute relation d'amour. Ils vont rechercher chez l'autre des marques d'affection, ils veulent cet autre tout entier, qui doit satisfaire tous leurs désirs. Ils veulent posséder l'autre.
L'enfant qui souffre de carences affectives est avide de l'amour qu'il porte à l'autre et, en même temps, cette avidité le conduit à vivre toute opposition à ses désirs comme quelque chose d'intolérable. C'est une attitude que l'on qualifie souvent de « caractérielle » : il aime l'autre et il faudrait que celui-ci soit dans son désir.
Il en résulte des alternatives d'espoir et de rejet difficiles à supporter pour lui. On assiste à un désir de possession, d'incorporation (stade oral). L'autre n'est pas un sujet en face d'un « moi » différencié. La vie affective de l'individu est toute centrée sur lui-même (égocentrisme).

Cet individu souffrant de carences peut refuser la relation comme s'il en craignait les conséquences. Il peut avoir un mode de relation d'amour très névrotique, car il a peur de vivre une situation abandonnique en rapport avec son passé.

Il est incapable de supporter les frustrations et interdictions qui sont vécues comme des agressions. Cette incapacité découle de l'égocentrisme qu'il éprouve par rapport à l'interdiction et aux règles. Elle entraîne une difficulté à s'adapter à la réalité qui se manifeste par une inadaptation à la vie quotidienne.

### L'agressivité

L'enfant est en état permanent de revendication : pour lui, rien n'est jamais satisfaisant, ni suffisant. Il adopte un comportement tyrannique vis-à-vis de l'objet aimé. Il est constamment en quête de relations et en même temps dans un état de méfiance.

### L'auto-dévalorisation

Cette attitude ou ce sentiment de non-valeur va s'exprimer de différentes manières : l'enfant émet des doutes envers lui-même et les autres (état latent de méfiance). Il s'agit d'une attitude masochiste puisqu'il méprise sa propre image.
Le travail de l'éducateur va consister à le valoriser par des paroles, mais aussi par des actes (par exemple, il va lui permettre de prendre des responsabilités au niveau de l'organisation de son temps).

### Les difficultés sexuelles

Le sujet souffre de frigidité, craint les rapports sexuels, tout en adoptant des attitudes provocantes (proches de l'hystérie et de la perversion).
Il adopte un comportement passif. Il est désorienté dans le temps et dans l'espace.

**Références**

Lemay M., *Psychopathologie juvénile*, Fleurus, 1973, t. I.
Malewska-Peyre H., Tap. P., *Marginalités et troubles de la socialisation*, PUF, 1993.

## g. L'adolescence

### Définition

L'adolescence se définit comme le passage, la phase de transition entre l'enfance et l'âge adulte.
La puberté survient accompagnée des marqueurs biologiques (caractères sexuels secondaires) : poussée du développement, taille, poids et apparition des signes de maturation sexuelle (pilosité, développement des seins, mue, masse musculaire plus importante, croissance de l'appareil génital, apparition du liquide séminal et début des règles).

L'adolescence commence de plus en plus tôt. En Europe, l'âge de la puberté s'est avancé d'environ trois ans depuis un siècle : entre 10 et 11 ans chez les filles, et 11 et 12 ans chez les garçons, mais cet âge est variable en fonction du climat, de l'appartenance ethnique, du milieu social, du régime alimentaire et de facteurs individuels. L'adolescence s'achève lorsque l'individu s'engage dans l'âge adulte. Mais à partir de quel moment peut-on être considéré comme adulte et quels sont les signes permettant de déclarer : voici un adolescent et voici un adulte ?
La maturité, l'état adulte tout comme l'adolescence ne peuvent être circonscrits de manière claire et tranchée ; ces notions s'entrecoupent et, selon les sphères comportementales, elles peuvent coexister chez le même individu. L'adolescence se poursuivra au-delà de la croissance, l'âge adulte s'inscrira dans une progression graduelle dans l'inscription sociale et avec l'abandon des postures infantiles. Partant de la maturation biologique, la loi reconnaîtra la majorité sexuelle (15 ans), la pleine majorité pénale à 16 ans, la majorité civile à 18 ans qui procure le droit et la responsabilité contractuelle. L'accès à l'état d'adulte se clôt par l'indépendance financière qui fournit alors le plein exercice de citoyenneté autonome, marquant ainsi une rupture avec l'adolescence.

Certains auteurs suppriment le terme d'adolescence en le remplaçant par celui de jeunesse : période de la vie entre l'enfance et la maturité. Ce dernier terme revêt un caractère plutôt social : la jeunesse se définit par rapport à la génération parvenue à la pleine maturité.

***L'adolescence n'est pas un phénomène universel***

En effet, il existe des sociétés où le passage de l'enfance à l'âge adulte se fait directement en passant par des rites initiatiques, au cours desquels les valeurs essentielles sont considérées acquises quand l'enfant se trouve inséré rapidement au monde de l'adulte, aussi bien au niveau de la division du travail que des pratiques sexuelles.

***Les trois périodes de l'adolescence***

Entre 11 et 20 ans, les individus évoluent. Les préoccupations et les interrogations ne sont pas les mêmes à 13 et à 18 ans. On estime (selon la Society for Research on Adolescence, 1991) que l'adolescence se répartit selon trois étapes :

- le début de l'adolescence (de 11 à 14 ans) est dominé par les changements pubertaires et constitue une période importante de transition dans l'existence ;
- l'adolescence moyenne (de 15 à 17 ans) est caractérisée par les modifications de la vie sociale : l'individu se détache de la zone d'influence familiale pour établir de nouveaux liens avec les pairs ;
- l'adolescence tardive (de 18 à 21 ans) est caractérisée par les consolidations de l'identité et l'engagement dans des perspectives.

## Adolescence et crise identitaire

Lors de l'adolescence, les transformations physiques sont prégnantes et visibles ; les autres, la famille et l'ensemble du réseau relationnel vont l'indiquer et le pointer ; l'adolescent découvre qu'il n'existe que vis-à-vis du regard extérieur. La puberté est un événement spectaculaire car c'est une période relativement courte, entre 11 et 16 ans ; le corps va connaître des transformations majeures. Le choc biologique s'accompagne d'une déstabilisation générale qui touche l'individu dans ses intérêts, ses investissements, son comportement, ses relations. L'image corporelle subit un réaménagement, une révolution, les repères antérieurs se désagrègent et doivent laisser la place à une transmutation, souvent difficile à assumer sans le soutien des pairs d'âge et des adultes proches.

L'abandon du statut d'enfant, l'incohérence de la posture entraînent l'adolescent à réactualiser et à revivre son histoire en un scénario dramatique où il va tenter d'en être l'auteur et l'acteur majeur.

L'image corporelle et le remaniement identitaire vont découler de trois dimensions interdépendantes : les réalités biologiques, l'histoire personnelle et les pressions sociales.

Les réalités biologiques : la date de la puberté, précoce ou tardive, ou encore « dans les temps » ; le poids objectif, la taille.

Ces réalités s'inscrivent dans une histoire psychologique dans laquelle l'estime de soi joue un rôle important.

Enfin, l'image corporelle se construit sous le jeu des pressions sociales qui définissent les canons de la beauté et les normes physiques idéales de minceur, de grandeur.

L'évolution et la croissance peuvent prendre des formes douloureuses et se traduire par des troubles du comportement, des symptômes passagers ou durables. La fragilisation et la détresse peuvent provoquer des dépressions et, dans les cas extrêmes, des troubles de la personnalité.

## Adolescence et comportements dangereux

L'exacerbation de la sensualité, la découverte des sensations fortes, la quête de l'altérité, la revendication d'autonomie exposent et fragilisent le sujet adolescent. C'est le moment où les carences éducatives, le défaut d'étayage, la dramaturgie familiale génèrent des symptômes extrêmes. L'adolescent peut adopter des conduites dangereuses. Parmi elles, nous pouvons citer la consommation de drogue ou d'alcool, l'anorexie et la boulimie, le suicide.

Les transgressions peuvent se multiplier et prendre une tonalité hétéro-agressive, et se manifester par :

- l'atteinte aux personnes (violences intra ou extrafamiliales) ;
- l'atteinte à la propriété (vols) ;
- l'atteinte aux mœurs (prostitution, viols).

L'ensemble des signes, des symptômes et des perturbations sont majoritairement passagers. Ils appellent vigilance, bienveillance et autorité, cela dans des dosages subtils et complexes : les apports éducatifs des professionnels qui auront à soutenir et à assister les adolescents et leur famille prennent alors toute leur importance.

**Références**


Anatrella T., *Interminables adolescences*, éditions du Cerf-Cujas, 1988.

Claes M., *L'Expérience adolescente* [1983], Mardaga, 1991.

Cloutier R., *Psychologie de l'adolescence* [1982], Gaëtan Morin, 1996.

Coslin P., *Les Adolescents devant les déviances* [1996], PUF, 1999.

Couette S., « La construction de l'identité sexuelle », *Le Journal des psychologues*, n° 195, mars 2002.
Despinoy M., *Psychopathologie de l'enfant et de l'adolescent* [1999], A. Colin, 2010.
Dolto F., *Paroles pour adolescents ou le complexe du homard* [1990], Gallimard, 2003.
Dubet F., Cousin O., Guillemet J.-P., « Sociologie de l'expérience lycéenne », *Revue française de pédagogie*, n° 94, janvier-mars 1991.
Lehalle H., *Psychologie des adolescents* [1985] PUF, 1999.

## h. Les grands courants pédagogiques et les théories de l'apprentissage

Depuis longtemps, ceux qui s'opposent à la pédagogie classique, où l'élève est passif, préconisent une pédagogie fondée sur une meilleure connaissance de l'élève et soulignent l'importance de la relation éducative. Les pédagogues du XXe siècle ont regroupé ces principes dans ce que l'on appelle « l'École nouvelle », où ils ont mis en pratique les méthodes actives. Les courants actuels basés sur le développement des recherches en psychologie en sont issus.

### Les méthodes traditionnelles

Les méthodes dites traditionnelles ont pour but de faire acquérir des connaissances entièrement définies à l'avance en fonction d'un programme précis. L'enseignement doit être clair, logique, et progresser du plus simple au plus complexe, de l'analyse à la synthèse. La méthode est tantôt expositive, lorsque l'enseignant fait un cours magistral, tantôt interrogative, lorsqu'il pose des questions aux élèves. L'apprentissage repose sur la mémorisation.
Ces méthodes sont fondées sur l'idée qu'il faut faire passer le savoir de celui qui sait à celui qui ignore. L'élève est passif pendant la phase d'entraînement. C'est ce qu'on appelle la pédagogie frontale dans laquelle l'enseignant est face à l'élève et dispense un cours magistral.
Elles consistent aussi à guider de l'extérieur l'activité intellectuelle de l'enfant, c'est-à-dire que les contenus sont formulés par l'élève mais qu'ils sont suggérés par les questions que pose l'enseignant. On retrouve aussi dans ces méthodes la méthode de Skinner (1904-1990), qui s'appuie sur la psychologie behavioriste, comportementale (stimulus-réponse).

### Les méthodes actives

Les méthodes actives considèrent au contraire l'initiative créatrice de l'apprenant comme la condition essentielle de l'apprentissage : c'est en faisant des découvertes à travers une activité concrète et motivante que l'enfant va se poser des questions et réussir à y répondre.
Les méthodes d'éducation active ont pour spécificité de faire de l'activité de l'enfant le moteur du processus éducatif. Elles se sont développées depuis le début du XXe siècle, à l'initiative des différents courants pédagogiques de l'Éducation nouvelle, en Europe et aux États-Unis.
Parmi leurs principaux promoteurs, on peut citer R. Cousinet et C. Freinet en France, O. Decroly en Belgique, M. Montessori en Italie. Elles se sont nourries des apports de psychologues tels que J. Piaget et H. Wallon.

Les méthodes actives s'opposent aux méthodes d'enseignement traditionnelles, centrées sur le savoir du maître, et à une école que Françoise Dolto a qualifiée de « digestive » car l'enfant se contente d'y absorber passivement ce qu'on lui inculque. Dans la méthode active, au contraire, l'initiative créatrice de l'enfant apparaît indispensable pour qu'il puisse s'approprier les connaissances en participant à leur élaboration. L'enfant apprend en agissant, en vivant des situations motivantes (enquêtes, classes-promenades, journal...) qui stimulent sa curiosité et l'incitent à résoudre lui-même les problèmes. C'est l'école qui doit s'adapter à l'enfant, en tenant compte de son développement affectif aussi bien qu'intellectuel, de ses centres d'intérêt, et en favorisant sa socialisation par une vie de groupe.

Ces méthodes sont donc fondées sur les besoins et les initiatives des élèves. Elles sont des instruments d'apprentissage et non d'enseignement, qui doivent être mis exclusivement dans les mains des élèves (Cousinet). L'appropriation des savoirs (concepts) et des savoir-faire (compétences) s'effectue au sein des pratiques sociales qui règlent les échanges avec autrui. Ainsi le cours magistral propre aux méthodes traditionnelles va laisser la place au travail de groupe ou au travail individualisé à partir de livres ou de fichiers vidéo mis à la disposition des élèves. À l'heure actuelle, la recherche pédagogique accorde moins d'importance que jadis aux méthodes d'enseignement, pour s'orienter davantage vers l'analyse du système didactique, c'est-à-dire la relation entre l'élève, le maître et le savoir. La prise en compte des différences entre les élèves conduit à mettre l'accent sur la spécificité des démarches individuelles d'apprentissage et à rechercher, plutôt que des méthodes, un aménagement des situations pédagogiques adapté à la diversité des besoins (*cf.* pédagogie différenciée).

## L'École nouvelle

Elle va regrouper l'ensemble des pédagogues novateurs qui ont expérimenté les méthodes actives d'enseignement.

John Dewey (1859-1952) est considéré comme le fondateur de la pédagogie du projet (dont on parlera plus loin). Dans son école, on enseigne à partir des besoins des enfants et les activités manuelles sont le support des activités intellectuelles.

Maria Montessori (1870-1952) est la grande inspiratrice de l'école maternelle française. Dans son école de Rome, elle élabore sa méthode avec des enfants autistes. Elle met au point un matériel éducatif (cubes, cylindres, lettres découpées) qui, utilisé librement, permet d'accéder à des compétences intellectuelles.

Ovide Decroly (1871-1952) a développé certains thèmes dont l'importance de la vie en plein air et l'organisation de l'enseignement en grands centres d'intérêt. Il est le précurseur de la méthode globale de lecture (reconnaissance globale des mots). La pédagogie est ici considérée comme un lieu d'expérimentation à partir de laquelle on peut faire de la psychologie de l'enfant.

Le plan Dalton, en 1917, dans une école du Massachusetts, a permis à des élèves de travailler à leur rythme et de répartir leurs tâches comme ils l'entendaient, à partir de contrats passés dans chaque discipline. L'enseignant venait en aide et contrôlait le travail individualisé.

Célestin Freinet (1896-1966) est considéré comme le véritable fondateur des méthodes actives pour les enfants des milieux populaires et des classes rurales où il a enseigné. Sa

psychologie s'appuie sur le dynamisme naturel de l'enfant (l'élan vital) et son « tâtonnement expérimental » qui lui permet de se développer : l'erreur est réhabilitée comme moyen d'accès à la connaissance. Au XX^e siècle, l'idée d'enseignement mutuel est reprise notamment par lui. Il fait de sa classe une collectivité vivant en coopérative : les travaux de groupe encouragent chaque enfant à collaborer à la réussite de tous. Il n'y a pas de hiérarchie entre les élèves, mais un partage des tâches en fonction des centres d'intérêt et des capacités de chacun.
Il existe aujourd'hui de nombreuses méthodes pédagogiques issues de ces courants : ces nouvelles méthodes reflètent les représentations et les conceptions de l'éducation et de l'apprentissage. Elle ont mis en évidence l'utilité d'une coopération entre élèves. J.-S. Bruner et L.-S. Vygotsky ont souligné le rôle fondamental des interactions dans la construction du sens et le développement des capacités intellectuelles. Il est démontré qu'une structure d'apprentissage coopérative permet de meilleures performances scolaires qu'une structure fondée sur la compétition. En effet, la confrontation des points de vue et le travail collectif au service d'un but commun stimulent les capacités de raisonnement et conduisent à une meilleure organisation des apprentissages. Dans certains établissements scolaires belges et français, on a proposé à des élèves volontaires d'aider régulièrement des enfants plus jeunes en difficulté. L'élève-tuteur perçoit souvent mieux qu'un adulte le mode de raisonnement d'un autre enfant et lui donne des explications plus simples. Les élèves-tuteurs se sentent valorisés. Le climat de confiance instauré entre les deux enfants, avec le soutien des enseignants, joue un rôle important dans l'amélioration des résultats des plus jeunes.

**Références**

*L'École des parents*, n° 7-8, juillet-août 1993 (sur M. Montessori).
*Sciences humaines*, hors-série, n° 12, février-mars 1996 (sur la pédagogie différenciée), n° 32, octobre 1993 (sur les approches de l'apprentissage), n° 34, décembre 1993 (sur Lev S. Vygotski), n° 45, décembre 1994 (sur C. Freinet), n° 60, avril 1996 (sur J. Piaget).

## i. Les méthodes pédagogiques actuelles

### Les différentes pédagogies

#### *La pédagogie différenciée*

Elle consiste à prendre en compte dans la demande pédagogique les spécificités des élèves. Elle transforme de ce fait la fonction et le statut de l'enseignant. L'hétérogénéité des élèves incite à leur proposer des stratégies d'apprentissage différentes. La pédagogie différenciée varie les démarches didactiques (ensemble de méthodes et techniques propres à l'enseignement d'une discipline ; exemple pour la lecture : la méthode globale), les formes de travail (en groupe ou individuel), les supports utilisés. En respectant la singularité de chacun, elle permet une forme d'individualisation des parcours des élèves. L'enseignant ne dispense plus ici le savoir, mais organise des situations d'apprentissage variées. Une diversité d'outils est mise à la disposition des élèves (textes, informatique, objets à manipuler), ainsi qu'une diversité de démarches (travaux de groupe, individuels, recherches en centres de documentation) ou une possibilité de choix dans les objectifs à atteindre.

Ainsi, on fait de la différenciation pédagogique en se centrant sur les processus d'apprentissage, c'est-à-dire qu'une fois les objectifs fixés, on laisse le choix aux élèves sur la façon de les atteindre (en mathématique par exemple, certains choisissent l'algèbre, d'autres l'arithmétique, pour résoudre un problème). On peut faire de la différenciation pédagogique en se centrant sur les contenus. En définitive, différencier ce n'est pas répéter d'une autre manière, mais bien plutôt varier le plus possible les actions des formateurs pour que chaque enfant puisse rencontrer à un moment des situations dans lesquelles il puisse réussir. Car, lorsque celui-ci arrive, l'élève prend conscience de sa valeur et trouve l'assurance qui lui permettra d'affronter des tâches plus difficiles.

***L'éducation cognitive (ou éducabilité cognitive)***

Elle a pour objectif d'apprendre à apprendre. Son postulat : il est possible de développer, au moyen de méthodes appropriées, des stratégies mentales permettant la réussite des apprentissages et l'adaptation à des situations nouvelles. Ce courant s'est développé en formation d'adultes, mais le fait de rechercher des solutions aux problèmes des élèves en difficulté a conduit à en adopter les outils en contexte scolaire.

Le but est de rechercher la possibilité d'accéder directement à des opérations mentales transversales (qui sont utiles pour plusieurs domaines) et cela grâce au PEI (projet d'enrichissement instrumental) ou aux ateliers de raisonnement logique. Partant du principe que les conduites intelligentes peuvent s'apprendre, l'éducation cognitive regroupe toutes les méthodes qui visent au développement du potentiel intellectuel grâce à des exercices de logique. Ces méthodes ont pour but de doter le sujet de démarches cognitives performantes. Le sujet doit donc acquérir des stratégies de résolution de problèmes. La médiation de l'éducateur a une importance déterminante. Les méthodes d'éducation cognitive valorisent les processus métacognitifs, c'est-à-dire les procédures de contrôle et de régulation que le sujet met en œuvre sur son propre fonctionnement mental et la connaissance qu'il a de ce fonctionnement.

***La pédagogie par objectifs***

Les objectifs pédagogiques permettent de définir une activité précise de celui qui apprend et quels seront les critères d'évaluation. C'est une méthode centrée sur l'apprenant.

***La pédagogie du projet***

Selon J.-P. Boutinet, la pédagogie du projet est « une anticipation opératoire, individuelle ou collective, d'un futur désiré ». L'individu ou le groupe est acteur de son propre projet dans sa construction et son élaboration. Le tiers est présent pour l'accompagner dans ce travail.

## Le soutien aux apprentissages

***Centration sur l'apprenant***

Depuis les années 1980, on se centre essentiellement sur l'apprenant et l'on insiste sur le fait que c'est l'individu qui est maître de ses acquisitions. Depuis la loi d'orientation de 1989, l'enfant est au centre du système éducatif ; il est acteur et construit lui-même ses savoirs, mais pas tout seul. Alors qu'auparavant on s'interrogeait surtout sur le formateur et la transmission des savoirs, aujourd'hui on s'interroge sur l'apprenant, sur sa capacité à

acquérir des savoirs et compétences. On juge désormais que le rôle du formateur est plutôt modeste, même s'il demeure toujours indispensable. Le savoir est donc conçu comme un processus dynamique qui est le résultat de l'activité d'apprentissage.
On pourrait résumer l'évolution de la réflexion pédagogique au cours du XX^e siècle à travers les termes qui ont marqué chaque époque. Par exemple, les termes maître/élève/instruction/programme ont dominé jusque dans les années 1960 avant d'être remplacés par formateur/enseignant/formation-éducation/enseignement-étudiant dans les années 1970. Aujourd'hui, on emploie les termes de cognition/apprenant/compétences/médiateur et on privilégie le processus d'apprentissage au détriment de celui d'enseignement.

***Apprendre à apprendre***
Au cours du XXe siècle, plusieurs courants de la psychologie ont fortement marqué et marquent encore l'éducation ou la formation. C'est la part de la psychologie qui est centrée sur les acquisitions et les apprentissages qui est la plus sollicitée. La vision behavioriste (comportementale), qui s'intéresse au fonctionnement du cerveau, à ses opérations mentales, a dominé en psychologie durant la première moitié du XXe siècle. Elle a été supplantée par la psychologie cognitive depuis les années 1960.

**Références**

Boutinet J.-P., *Anthropologie du projet* [1988], PUF, 2012.
La Garanderie A. (de), *Les Profils pédagogiques* [1980], Bayard, 1993.
Rosenthal R.-A., *Pygmalion à l'école* [1971], Casterman, 1983.

## i. La relation éducative

L'intervention de l'éducateur se fonde sur l'établissement d'une relation. L'attitude éducative se bâtit autour de plusieurs attitudes fondamentales.

1. L'écoute et la disponibilité à l'écoute (persévérance, patience).
2. La capacité à être contenant :
- accepter l'expression des manifestations émotives, explosives, accueillir des contenus apparemment insensés exprimés par les cris, les pleurs, la colère, la rage, l'angoisse ; métaboliser (et en faire restitution avec transformation). Ainsi, aider le sujet à préciser le sens et l'adresse profonde de l'expression émotive ;
- marquer des limites, des repères, des bornes, des interdits (dire non, être plus fort que la violence) ; énoncer la loi ; protéger par ces limites énoncées.

3. L'éducateur est un « moi auxiliaire » : il soutient, contribue à renforcer les mécanismes de défense du sujet, brise la spirale de l'autodépréciation, l'aide à réaliser son unité musculaire, à « ramasser ses forces ».
4. L'éducateur est un pôle identificatoire : présence/absence → idéalisation, « modèle » dont l'enfant a besoin pour se construire psychiquement.
5. L'éducateur est un pôle projectif : les phénomènes de « transfert » et image significative pour l'enfant qu'il renvoie le mettent en situation de vulnérabilité. Il réceptionne des manifestations adressées à autrui (parents, le plus fréquemment), et non à titre personnel.

L'accès thérapeutique se fait par la prise de conscience que l'éducateur est un « lieu projectif » (occasion de répétitions de scénarios où l'enfant était perdant, piégé, et où cette fois il peut s'extraire d'une position douloureuse).

6. L'éducateur est un tiers :

- entre l'enfant et sa famille ;
- par sa présence, ses actes et ses paroles.

À son tour, l'éducateur a besoin de tiers (notamment de l'équipe) pour sortir de l'illusion de la relation duale, duelle, mortifère, qu'elle soit fusionnelle ou destructrice.

7. L'éducateur est un transmetteur : précisément, il transmet la leçon de la perte (séparation de la mère, séparation symbolique, « différenciation subjective », triangulation avec les parents). Le prix de la vie, c'est la perte, forçage nécessaire. Transmettre cette leçon suppose de la part de l'éducateur qu'il ait pu en traverser l'expérience et qu'il ait renoncé à son statut d'enfant (d'adolescent), afin de poursuivre et de répéter le cycle : perte, rupture, affranchissement de la dépendance initiée, et ainsi de suite.

8. L'éducateur est un mentor : il contribue à l'apprentissage des règles, des valeurs et du code du jeu social. Les valeurs se transmettent par relation directe avec l'éducateur qui se doit d'assumer ses responsabilités symboliques occupées dans la situation.

L'éducation est un acte, une action, et passe par une co-naissance, une rencontre, un accompagnement, un partage, traduits par un « être avec », un « vivre avec ».

L'ensemble de ces attitudes et de ces comportements prend une tonalité professionnelle à partir d'une prise de conscience et d'un projet d'éducation (articulé et émis).

**Référence**

Capul M., Lemay M., *De l'éducation spécialisée*, Érès, 1997.

## k. Le groupe, ses caractéristiques et la place de la personne

### Les groupes primaires et secondaires

- **Le groupe primaire** : c'est un lieu où les relations entre les membres se structurent de telle sorte que cela doit aboutir à une fusion des individualités, c'est-à-dire à un passage du « je » au « nous » (ex. : famille, clan, village ou quartier avec des relations affectives très fortes).
- **Le groupe secondaire** : c'est un groupe où les rapports entre les individus sont plus « neutres » qu'affectifs.

Alors que pour le groupe primaire nous sommes dans une relation de communication favorisée par des rapports étroits de proximité, dans le groupe secondaire nous sommes dans une relation d'information où la communication passe par de multiples intermédiaires :

- dans le groupe primaire, nous sommes dans un groupe ;
- dans le groupe secondaire, nous sommes dans l'organisation (ex. : association, comité).

## Les caractéristiques du groupe

1. Les interactions : ce sont les échanges verbaux et de comportements entre les membres. Ces interactions ne sont pas uniquement l'émergence d'une expression individuelle, mais une expression induite par l'environnement, par une connaissance de la situation.
2. L'émergence de normes : on appelle « norme » toute règle de conduite. Les normes naissent dans un groupe et se constituent en code de valeur (qui varie d'un groupe à l'autre).
3. L'existence d'objectifs communs : la communauté des buts est le ciment du groupe et permet sa cohésion.
4. L'existence d'émotions et de sentiments collectifs : il y a dans tout groupe des réactions ou des émotions affectives et des actions collectives.
5. L'émergence d'une structure informelle : elle est différente de la structure formelle dans la mesure où celle-ci représente l'organisation officielle.

La structure informelle se réfère à l'affectivité et à la création d'un rapport : sympathie, antipathie, indifférence. Ce rapport va entraîner l'émergence des voies par lesquelles circule l'influence, et qui aboutissent à l'instauration d'un leader, d'un rejeté ou d'un bouc émissaire, à la constitution de sous-groupes et de pôles d'attraction-répulsion.

Cette structure est appelée informelle car elle est implicite, souvent inconsciente et en opposition avec la structure officielle qui, elle, est imposée de l'extérieur (ex. : le pouvoir n'est pas là où on le croit. Un cuisinier, s'il s'oppose à sa direction, a un certain pouvoir dans la structure où il travaille).

6. L'existence d'un inconscient collectif : il se nourrit de l'histoire vécue du groupe, des problèmes qu'il a rencontrés, qu'il a résolus ou pas.
7. L'établissement d'un équilibre interne et d'une stabilité relationnelle avec l'environnement : il est nécessaire pour le groupe d'entretenir un équilibre interne, mais aussi externe par rapport à son contexte environnemental.

En conclusion, le groupe est donc :

- un lieu d'intégration ;
- un lieu de différenciation ;
- un lieu où se produit une circulation d'éléments affectifs aboutissant à la constitution d'un statut de leader ou de bouc émissaire.

## La place de la personne

La personne accueillie dans un établissement spécialisé ne vit pas isolée du groupe. Celui-ci fonctionne selon un projet global validé par l'institution, l'équipe éducative. Ce projet s'élabore à partir des problématiques des usagers, eu égard aux missions de l'établissement.

Le moniteur-éducateur, avec les membres de l'équipe, participe de son application en l'adaptant en fonction des problématiques individuelles. Pour mener à bien son action, il ne doit pas perdre de vue le projet individualisé de chaque usager. L'efficience de cette adaptation fait l'objet d'un contrôle, d'une évaluation en équipe, d'un réajustement de l'action en fonction des objectifs et des moyens pédagogiques.

**Référence**

Mucchielli R., *La Dynamique des groupes* [1973], ESF Éditeur, 2000.

## l. La socialisation

La socialisation est le processus par lequel les individus apprennent et intériorisent les façons d'agir et de penser des groupes sociaux auxquels ils appartiennent. On distingue deux périodes de socialisation :

- la **socialisation primaire** est un processus d'apprentissage des conduites sociales qui s'effectue en interaction avec l'environnement proche, entre 0 et 3 ans ;
- la **socialisation secondaire** est un processus identique qui s'effectue à partir de 3 ans en interaction avec le monde extérieur, c'est-à-dire en relation avec les expériences sociales de l'enfant, complémentaires des expériences familiales.

Parler de socialisation chez l'enfant, c'est se référer à la psychologie génétique. Piaget aborde l'approche sociologique et les explications psychobiologiques de la socialisation : le développement mental de l'enfant est une construction continue, et non linéaire, par des processus d'équilibration qui se caractérisent par le « passage d'un état de moindre équilibre à un état d'équilibre supérieur ».

Les caractéristiques essentielles de ce processus résident dans les formes d'organisation de l'activité mentale qui sont soit cognitives, soit affectives, et dans un fonctionnement constant et non linéaire. L'équilibration se fait de deux manières : par assimilation (incorporation des choses et des personnes à des structures déjà construites) et par accommodation (réajustement des structures en fonction des transformations externes). Ce phénomène d'accommodation met en avant quatre composantes : les schèmes pratiques, l'espace, le temps et le rapport de causalité.

Pour Durkheim, l'éducation représente la socialisation méthodique de l'enfant. Il en appelle ainsi à un modèle culturel transmis par la génération précédente, alors que, pour Piaget, elle n'est pas une transmission par la contrainte de la part d'un groupe, mais une construction de nouvelles règles suivant une logique coopérative.

Le rapport de contrainte est fondé sur une autorité et un sentiment du sacré alors que la coopération fait référence au respect mutuel et à l'autonomie de la volonté : résultat d'une évolution intellectuelle et d'un développement moral d'une société.

Selon Piaget, la société est un ensemble de rapports sociaux qui inclut des règles (aspect cognitif), des valeurs (aspect affectif) et des signes (aspect expressif). Ce sont les éléments à partir desquels se construit la socialisation. Cela signifie une forte complémentarité entre structure mentale et structure sociale.

**Référence**

Durkheim E., *L'Éducation morale* [1925], PUF, 2012.

## m. La famille : son évolution et ses formes

Nous nous proposons d'aborder les transformations actuelles concernant la famille, le couple, le mariage, en nous référant aux notions et aux modèles issus de l'analyse sociologique de la famille.

Le discours sur la famille n'est pas récent, il a une longue histoire qui montre comment chaque époque, chaque civilisation a son ou ses modèles familiaux, comme elles ont leur manière d'être, de vivre et de mourir. Les modèles familiaux sont à étudier en fonction de l'histoire économique, sociale, morale et administrative des sociétés.
La famille est à considérer comme une société, c'est-à-dire une formation sociale « où sont définies de manière spécifique les relations existant entre les sujets sociaux et où les dépendances réciproques qui lient les individus les uns aux autres engendrent des codes et des comportements originaux ».
On peut dire que la famille organise l'ensemble des rapports sociaux.
Pour aborder la question de la transformation ou non de la famille, nous ne passerons pas en revue les divers types de famille qui ont existé à travers différentes structures sociales et différentes époques, mais nous prendrons comme référence le modèle de la famille française qui a dominé dans les années 1960, celui de la famille nucléaire.
La famille nucléaire comprend le père, la mère et les enfants vivant sous un même toit. La logique de ce modèle repose sur la complémentarité des fonctions de chaque conjoint : l'homme est chargé de subvenir aux besoins de la famille, la femme est garante de l'équilibre affectif.
Aujourd'hui, la question des transformations récentes de la famille concerne d'abord le couple, et plus particulièrement le mariage, remis en cause comme modèle « normatif » de constitution de la famille. Ces transformations, décrites par les démographes depuis le milieu des années 1960, ont de quoi alimenter les éternels discours sur la fin de la famille : moins de mariages, plus de divorces, plus de couples vivant sans lien matrimonial, moins de naissances, dont un plus grand nombre ont lieu hors mariage... Et, en conséquence, plus de familles monoparentales et plus de familles recomposées, c'est-à-dire, dans le cas de rupture d'union, le foyer d'origine divisé en deux « noyaux ». De nouveaux liens conjugaux peuvent voir le jour pour l'un et l'autre des ex-conjoints, que ce soit dans le cadre du mariage ou non. On assiste à l'émergence d'un réseau complexe de parenté.
On est alors devant un flou autour des notions de couple et de famille, alors que la connaissance précise des modes de vie familiaux est un enjeu de plus en plus important pour les politiques familiales (qui assurent la répartition entre les différentes catégories de ménages d'une partie de l'effort d'éducation et d'entretien des enfants).
Tout laisse donc penser qu'un certain modèle de famille est en crise. Pour la sociologie, outre la question de la gestion politique et sociale des familles, l'enjeu est la compréhension de l'évolution de la famille en tant qu'institution se situant aux fondements de l'ordre social (Durkheim) et participant à l'intériorisation des principales normes sociales. En se situant en dehors des discours qui utilisent uniquement les catégories de « nouvelle famille » et d'« ancienne famille », la sociologie s'interroge sur l'hypothétique déclin de l'institution du mariage au profit de nouvelles formes de conjugalité.
On constate une modification dans le calendrier d'accès au mariage. Cela peut être interprété comme le résultat de la prolongation de la scolarité et de l'entrée plus tardive des jeunes sur le marché du travail. De plus, la précarité des situations d'emploi des jeunes sur un marché du travail restreint rend plus incertaine leur insertion professionnelle et les incite à cohabiter le plus longtemps possible avec leur famille d'origine. Ainsi le report de l'entrée dans la vie active peut expliquer celui de l'âge du mariage.
La vie de couple peut prendre d'autres formes que celle du mariage, qualifiées de « nouvelles formes de conjugalité ». Les termes pour les désigner sont les suivants :

cohabitation juvénile, cohabitation prénuptiale, concubinage, union libre. Ce type d'union n'exclut pas la stabilité dans la durée. Le mariage n'est plus la première étape obligée de constitution du couple ni même de la famille, comme le montre l'importance des naissances hors mariage.

Ces transformations peuvent s'expliquer peut-être par le fait qu'un seul principe, celui de la « relation affective » entre deux sujets, semble désormais devoir régler les unions et que rien ne justifie qu'il ne prenne forme que dans l'institution du mariage. Celle-ci était longtemps considérée comme un élément clé des stratégies des familles pour la conservation et la valorisation de leur patrimoine. Aujourd'hui, le modèle du mariage se trouve concurrencé par d'autres formes de constitution de couples.

L'ampleur des ruptures des couples a pour conséquence l'augmentation du nombre de familles monoparentales et de familles recomposées.

Ce qui est nouveau dans le cas du modèle de « famille monoparentale », c'est le fait que cette situation est liée au divorce, à la séparation ou à la rupture d'unions libres, alors que cette même situation dans les années 1960 était liée au veuvage (10 % des familles en 1962).

En conclusion, on peut dire que désormais plusieurs types de famille coexistent sans qu'un nouveau modèle s'affirme réellement.

**Références**

Fournier P. (avec Anne-Marie Arborio), « Nouvelles pratiques conjugales, nouvelles formes de famille ? Un point de vue sociologique », *Cahiers français*, n° 259, 1993, p. 52-60.

Singly F. (de), *Sociologie de la famille contemporaine* [1993], A. Colin, 2010.

## n. Les conséquences de l'évolution de la famille sur le développement social et moral de l'enfant

### L'évolution de la famille

Les théories actuelles les plus intéressantes sur le développement social de l'enfant vont de pair avec l'évolution historique et culturelle de la famille, et en conséquence des institutions éducatives. Il faut savoir que, jusqu'au début des années 1950, les rapports les plus importants que l'enfant de moins de 5 ou 6 ans expérimentait étaient vécus avec sa famille (parents, frères et sœurs). C'était seulement à son entrée à l'école primaire que son expérience sociale s'élargissait.

À partir des années 1960, la femme ayant de plus en plus souvent une activité professionnelle, on a assisté à de profonds changements dans les rapports éducatifs. Les rôles du père et de la mère sont devenus de plus en plus interchangeables. Les deux participent à l'éducation. Aujourd'hui, l'enfant vit des expériences sociales précoces car, dès son plus jeune âge, il est confronté à des éducateurs variés et à des camarades, dans son expérience quotidienne hors famille. Par conséquent, il est nécessaire d'élaborer pour lui des règles de comportement précises qui constitueront son bagage personnel de normes et de valeurs.

## Le développement moral

C'est à travers le processus d'identification que sont assimilés les règles et les interdits et, par conséquent, le sens de la transgression. Selon Freud, la formation du surmoi, c'est-à-dire l'arbitre interne de la conduite, a lieu durant les cinq premières années de la vie. Elle se stabilise dans la période où l'enfant va à l'école primaire et entre en contact avec plusieurs figures adultes importantes, qui peuvent devenir de nouveaux modèles de conduite morale.

Pour d'autres chercheurs, le comportement moral constitue un ensemble de réponses conditionnées par les récompenses et les punitions : une conduite socialement positive est encouragée par des cadeaux, des caresses, tandis qu'une conduite répréhensible est sanctionnée par des silences, un comportement froid, des fessées.

D'autres auteurs pensent encore que l'individu se comporte moralement parce qu'il s'adapte aux modèles de comportement typiques de son milieu : modelage progressif de l'individu de la part de la société.

## L'entrée à la maternelle : l'école comme lieu de socialisation

Pour mieux comprendre le développement social et moral de l'enfant à l'école primaire, il faut tenir compte non seulement de la qualité des rapports qu'il entretient avec les adultes et ses camarades, mais aussi de sa confrontation avec le savoir. Les enseignants et les camarades deviennent alors des acteurs à part entière dans l'acquisition des savoirs de l'enfant, puisqu'ils sont les références (avec les parents) de l'enfant qui apprend.

L'enfant qui va à l'école amène en classe sa propre identification avec l'adulte (en général, le père si c'est un garçon et la mère si c'est une fille), ce dernier influençant le comportement de l'enfant par rapport au savoir. La famille a donc un rôle de médiateur en ce qui concerne le rapport de l'enfant avec l'école. Rappelons que si l'enfant de moins de 6 ans a besoin de chaleur affective par le biais de caresses, l'enfant plus âgé a également besoin de chaleur affective transmise par l'échange d'opinions. La confrontation d'opinions parents-enfant fait augmenter l'estime de soi et lui donne la possibilité d'affronter les programmes scolaires. Lorsque l'enfant entre à l'école, l'enseignant va représenter le nouveau modèle pour l'enfant qui n'idéalise plus son père ou sa mère (selon le sexe). De fait, pour remplir correctement son rôle, l'enseignant ne doit pas uniquement viser l'apprentissage des matières scolaires, mais favoriser aussi les échanges... L'expérience scolaire, avec toute la charge de vécus affectifs, cognitifs et sociaux qui lui est propre, donne à l'enfant la possibilité de faire partie d'une société miniature dans laquelle il doit trouver sa place parmi ses camarades concitoyens.

**Références**

Bruner J.-S., *Le Développement de l'enfant : savoir faire, savoir dire* [1966], PUF, 2010.
Singly F. (de), *Sociologie de la famille contemporaine* [1993], A. Colin, 2010.

# O. Déficience, incapacité et handicap

Définitions d'après la classification de l'OMS (Organisation mondiale de la santé) de 1980.

**Déficience :** perte ou anomalie d'une structure ou d'une fonction psychologique, physiologique ou anatomique. Elle peut être temporaire ou permanente. Elle inclut l'existence ou l'apparition d'une anomalie, d'un défaut ou d'une perte concernant un membre, un organe, un tissu ou une autre structure du corps ou d'un défaut dans un système fonctionnel ou un mécanisme du corps, y compris les systèmes de fonction mentale.
Avant 1980, la déficience était considérée comme une pure variation négative, quantifiable, irréductible, d'origine organique, qui incluait un pronostic généralement peu encourageant. Cette approche paraît aujourd'hui dépassée.

**Incapacité :** toute restriction ou absence d'aptitude résultant d'une déficience à exécuter une activité de la manière ou avec l'ampleur considérée comme normale pour un être humain. L'incapacité correspond à l'aspect fonctionnel du handicap.

**Handicap :** ce qui pour un individu donné, résultant d'une déficience ou d'une incapacité, limite et empêche l'accomplissement d'un rôle qui est normal pour cet individu, selon son sexe, son âge, son environnement social et culturel.

P. Wood, médecin consultant à l'OMS, a participé à la définition de ces concepts. Il a mis l'accent sur le fait que le handicap est une déficience entraînant une incapacité qui, à son tour, entraîne un désavantage social. On parlera plutôt de désavantage social que de handicap.

**Référence**

*Classification internationale des handicaps*, éditions du CTNERHI-INSERM,1988.

## p. Le polyhandicap

Le polyhandicap est un handicap « grave à expression multiple associant déficience motrice et déficience mentale sévère ou profonde et entraînant une restriction extrême de l'autonomie et des possibilités de perception, d'expression et de relation » (identification du polyhandicap : décret du 27 octobre 1989, annexe 24 *ter*).

Les caractéristiques fréquemment rencontrées sont les suivantes :
- attitude posturale, gestuelle rigide, motricité déficitaire ;
- difficultés d'expression mimique ;
- pensée symbolique absente ou non élaborée ;
- difficulté à trouver les mots appropriés pour décrire les sentiments ;
- nombreuses plaintes somatiques extériorisées.

Le moniteur-éducateur, avant d'agir, devra :
- accepter qu'il ne peut pas d'emblée donner un sens à ce que l'usager lui renvoie ;
- admettre que sa fonction est essentiellement une fonction « d'accompagnement » dans un quotidien parfois douloureux.

Les objectifs principaux de l'action du moniteur-éducateur auprès d'une personne porteuse de polyhandicap sont le développement des « envies » relationnelle et fonctionnelle du sujet, à travers la communication non verbale et des activités appropriées. La plupart se situent autour du sensoriel et du cognitif.
Le moniteur-éducateur devra adopter une attitude d'écoute et d'observation des signes parfois infiniment peu perceptibles. Par exemple, légère modification de tonalité de la voix de la personne polyhandicapée, frémissement de la peau, clignement de paupières...
Il devra aussi déceler ce qui stimule son désir (pour l'alimentation, les activités...).
La recherche des signes de confort physique, en respectant les positions et attitudes calmantes, sera une des priorités de l'équipe en général, et du moniteur-éducateur en particulier.

## q. Les troubles du comportement

Les troubles du comportement se manifestent par des conduites déviantes qui durent, limitent et perturbent les relations avec autrui et les processus éducatifs normatifs.
Ces troubles représentent un danger pour celui qui les présente et pour autrui.
Les représentations que l'entourage a de ces troubles ont une incidence sur les modes de réaction à l'égard de ceux qui les présentent.
On peut noter que les troubles les plus fréquemment rencontrés s'observent durant la période de l'enfance et l'adolescence.
Pendant l'enfance, ils apparaissent à travers :
- une attitude de refus systématique d'obéissance ;
- une instabilité psychomotrice ;
- un comportement sadique à l'égard des animaux.

Durant l'adolescence, ces troubles peuvent se manifester par une attitude :
- d'opposition ;
- de revendication ;
- de colère ;
- de provocation ;
- d'auto et d'hétéro-agressivité ;
- d'agression sexuelle, de fugue ;
- d'errance ;
- de vol ;
- de repli sur soi ;
- de difficultés de socialisation ;
- d'addictions, de troubles du comportement alimentaire ;
- des tentatives de suicide ;
- des conduites à risque.

L'enfant ou l'adolescent établit des relations sociales basées sur un rapport de force.
La non-reconnaissance par l'enfant du caractère inadapté ou dangereux du comportement, la difficulté à communiquer avec « l'autre », à se projeter, l'absence apparente d'angoisse sont des éléments qui doivent attirer l'attention du moniteur-éducateur et, *a fortiori*, de l'équipe : il faut éviter de minimiser ces troubles.

Le moniteur-éducateur attentif à leurs manifestations est amené à les décoder comme des difficultés de l'enfant ou de l'adolescent. Il transmet ses observations aux membres de l'équipe éducative, afin d'agir de façon adaptée.
Les interdits sont à poser, eu égard au danger pour le sujet ou pour autrui, et non en fonction de l'autorité de l'éducateur.
En établissant une relation de confiance avec l'enfant ou l'adolescent, en le sécurisant, le moniteur-éducateur peut lui permettre d'accéder progressivement à des conduites sociales normatives.
Il prendra en compte les potentialités du sujet, son dynamisme. Il devra s'appuyer sur ses aspects positifs et sur la famille pour permettre des ouvertures et faire émerger des capacités d'étayage et des centres d'intérêt.
Pour une relation éducative structurante, le moniteur-éducateur mettra en œuvre des actions en collaboration avec le sujet. Celles-ci seront en lien avec le projet individuel, le travail d'équipe et les missions de l'établissement spécialisé.

**Référence**

Marcelli D., *Enfance et psychopathologie* [1996], Elsevier-Masson, 2012.

## r. La maltraitance, l'enfant en danger, l'autorité parentale

1988 : la commission Barrot définit les enfants maltraités dans le cadre familial (brutalités volontaires, absence de soins entraînant des lésions physiques).

1989 : la convention internationale des droits de l'enfant définit également la maltraitance comme toute forme de violence physique, mentale, d'abandon, de négligences, de mauvais traitements, d'exploitation et de violence sexuelle. La France a mis du temps à ratifier cette convention en raison des dispositions réformant l'accouchement sous X.

1990 : création de l'ODAS (Observatoire décentralisé de l'action sociale). Sa mission est de donner des références statistiques afin de mettre en place des orientations. L'ODAS est financé par l'État et le département.

1998 : l'ODAS définit l'enfant maltraité comme un enfant ayant subi des violences physiques, de la cruauté mentale, des abus sexuels, des négligences lourdes, entraînant des conséquences graves sur son développement physique et psychique.

Les coups et les abus sexuels ne sont pas les seuls actes de maltraitance. La privation ou les mauvais soins, l'abandon psychologique ou les humiliations en font aussi partie.
On peut donc considérer que tout ce qui nuit gravement à la santé, à la sécurité ou à la moralité d'un enfant est une forme de maltraitance (article 375 du code civil). Les articles 227-18 et 227-19 du code pénal prévoient des peines de 2 à 7 ans d'emprisonnement et de 45 000 à 150 000 € d'amende pour ces délits, en fonction de leur gravité.

## Dispositions du code civil

**Art. 375** – Si la santé, la sécurité ou la moralité d'un mineur non émancipé sont en danger, ou si les conditions de son éducation sont gravement compromises, des mesures d'assistance éducative peuvent être ordonnées par justice à la requête des père et mère conjointement, ou de l'un d'eux, de la personne ou du service à qui l'enfant a été confié ou du tuteur, du mineur lui-même ou du ministère public. Le juge peut se saisir d'office à titre exceptionnel.
Elles peuvent être ordonnées en même temps pour plusieurs enfants relevant de la même autorité parentale.
La décision fixe la durée de la mesure sans que celle-ci puisse, lorsqu'il s'agit d'une mesure éducative exercée par un service ou une institution, excéder deux ans. La mesure peut être renouvelée par décision motivée (...).

**Art. 375-1** – Le juge des enfants est compétent, à charge d'appel, pour tout ce qui concerne l'assistance éducative.
Il doit toujours s'efforcer de recueillir l'adhésion de la famille à la mesure envisagée et se prononcer en stricte considération de l'intérêt de l'enfant.

**Art. 375-2** – Chaque fois qu'il est possible, le mineur doit être maintenu dans son milieu actuel. Dans ce cas, le juge désigne soit une personne qualifiée, soit un service d'observation, d'éducation ou de rééducation en milieu ouvert, en lui donnant mission d'apporter aide et conseil à la famille, afin de surmonter les difficultés matérielles ou morales qu'elle rencontre. Cette personne ou ce service est chargé de suivre le développement de l'enfant et d'en faire rapport au juge périodiquement.
(...)
Le juge peut aussi subordonner le maintien de l'enfant dans son milieu à des obligations particulières, telles que celle de fréquenter régulièrement un établissement sanitaire ou d'éducation, ordinaire ou spécialisé, ou d'exercer une activité professionnelle.

**Art. 375-3** – S'il est nécessaire de retirer l'enfant de son milieu actuel, le juge peut décider de le confier :
1° À l'autre parent ;
2° À un autre membre de la famille ou à un tiers digne de confiance ;
3° À un service ou à un établissement sanitaire ou d'éducation, ordinaire ou spécialisé ;
4° À un service départemental de l'aide sociale à l'enfance (...).

Les père et mère dont l'enfant a donné lieu à une mesure d'assistance éducative conservent sur lui leur **autorité parentale** et en exercent tous les attributs qui ne sont pas inconciliables avec l'application de la mesure. Ils ne peuvent émanciper l'enfant sans autorisation du juge des enfants, tant que la mesure d'assistance éducative reçoit application.
S'il a été nécessaire de placer l'enfant hors de chez ses parents, ceux-ci conservent un droit de correspondance et un droit de visite. Le juge en fixe les modalités et peut même, si

l'intérêt de l'enfant l'exige, décider que l'exercice de ces droits, ou de l'un d'eux, sera provisoirement suspendu. Le juge peut indiquer que le lieu de placement de l'enfant doit être recherché afin de faciliter, autant que possible, l'exercice du droit de visite par le ou les parents.

**Article 372 du code civil**

Les père et mère exercent en commun l'autorité parentale.

Toutefois, lorsque la filiation est établie à l'égard de l'un d'entre eux plus d'un an après la naissance d'un enfant dont la filiation est déjà établie à l'égard de l'autre, celui-ci reste seul investi de l'exercice de l'autorité parentale. Il en est de même lorsque la filiation est judiciairement déclarée à l'égard du second parent de l'enfant.

L'autorité parentale pourra néanmoins être exercée en commun en cas de déclaration conjointe des père et mère devant le greffier en chef du tribunal de grande instance ou sur décision du juge aux affaires familiales.

Le moniteur-éducateur, comme tout adulte, est tenu de dénoncer les sévices commis contre des enfants dont il aurait connaissance.

Le numéro vert 119 reçoit les appels des enfants victimes de mauvais traitements.

**Références**

« Les enfants maltraités seront-ils des parents maltraitants ? », *L'École des parents*, n° 11, novembre 1997.

Trémintin J., « La lutte contre la maltraitance : pour un recueil respectueux de la parole de l'enfant », *Lien social*, n° 678, 18 septembre 2003.

Vachon J., « Drames de la maltraitance : dépasser l'émotion », *Actualités sociales hebdomadaires-Magazine*, n° 5, septembre-octobre 2004.

## s. L'exclusion

Selon le sociologue Robert Castel, les mécanismes d'exclusion sont à considérer lorsque l'individu perd sa place dans le système social de production et subit, de ce fait, une perte progressive de ses relations sociales. La conjonction de ces deux états peut engendrer une perte identitaire accompagnée d'une souffrance morale importante.

La précarité du travail, dont la conséquence peut être le non-emploi, entraîne une fragilisation des supports traditionnels relationnels des modes de socialisation. Des individus extérieurs aux réseaux protégés émergent : ces individus ne sont pas assignés dans l'organisme social, ils ne sont pas intégrés au sens de Durkheim selon lequel « la société est un tout où les individus occupent des positions interdépendantes ».

La position est différente dans un système où l'individu est « de trop », où il est là comme échoué, sans attache. L'individu se trouve alors en situation de précarité et de vulnérabilité, dont la composante est l'exclusion de la société actuelle. En ce sens, **l'exclusion sociale est un processus de rupture du lien social plus qu'un état**. L'émergence de ce processus provoque une disqualification de l'homme.

Selon Serge Paugam, ce processus entraîne la plupart du temps un affaiblissement, voire une rupture des liens sociaux :

- liens de filiation ;
- liens de participation élective : socialisation extrafamiliale ;
- liens de participation organique : socialisation au travail ;
- liens de citoyenneté : sentiment d'appartenir à une nation.

Les liens sociaux ont deux fondements communs : ils apportent la protection et la reconnaissance à l'existence de la vie sociale, et constituent le tissu social.

Pour S. Paugam, des fonctionnements sociétaux modifient le processus de la pauvreté :

- le modèle public individualiste ;
- le modèle familialiste ;
- le modèle de responsabilité partagée.

Ce dernier est celui qui entraîne le plus grand risque de disqualification sociale.

On peut retenir trois facteurs explicatifs : économique, social et politique.

Il a ainsi identifié trois formes élémentaires de la pauvreté :

- la pauvreté intégrée, au sens classique de la question sociale de la pauvreté ;
- la pauvreté marginale, au sens traditionnel avec exclusion ;
- la pauvreté disqualifiante, qui pose la question sociale de l'exclusion.

## La pauvreté intégrée

Elle est plus souvent visible dans les pays où la solidarité familiale joue un rôle capital. Elle est intégrée au système social : il s'agit d'une forme d'organisation sociale. Les liens sociaux et familiaux qui ont une fonction vitale ne sont pas affaiblis.

## La pauvreté marginale

Elle est apparue en France au cours des années 1960 (période des trente glorieuses). C'est une forme de pauvreté peu visible dans les pays industrialisés, qui a posé la question des inégalités et du partage des bénéfices à un moment où le niveau de vie augmentait régulièrement.

La probabilité de pauvreté marginale est plus grande dans les sociétés postindustrielles qui connaissent un fort taux de chômage et des statuts précaires, comme le développe Robert Castel.

## La pauvreté disqualifiante

Elle est identifiée dans les années 1980, lorsque l'action sociale est confrontée au phénomène de la nouvelle pauvreté. Le chômage de masse fait son apparition dans la société française. À ce type de chômage s'ajoutent l'augmentation des emplois précaires et les modifications dans le fonctionnement politico-économique qui déstabilisent l'équilibre antérieur. Cette crise de la société salariale a créé un nouveau rapport social à la pauvreté, identifiée comme « disqualifiante » et générant une angoisse collective.

Cette forme d'exclusion peut entraîner une perte identitaire chez les personnes concernées. Celle-ci se manifeste par le développement de sentiments négatifs comme :

- la gêne : les individus doutent d'eux-mêmes, ne comptant pas sur les autres pour les aider à se faire une place dans la société, dans le système social. Ils éprouvent un sentiment d'impuissance et d'angoisse qui freine la rencontre avec « l'autre ». Ils s'isolent ;

- la honte : le sentiment pénible de leur infériorité, de leur indignité, de leur rejet dans l'opinion des autres. Ils pensent qu'ils sont abandonnés, ne se considèrent plus comme des citoyens à part entière ;
- le mépris : à travers la négation de soi ou la négation de l'autre. Ce qui risque d'entraîner des blessures narcissiques.

**Références**

Castel R., *Les Métamorphoses de la question sociale* [1995], Gallimard, 1999.
Paugam S., *Les Formes élémentaires de la pauvreté* [2005], PUF, 2013.
Paugam S., *L'Exclusion : l'état des savoirs*, La Découverte, 1996.

## t. Les médiations éducatives

Il s'agit de la mise en place, dans les dispositifs institutionnels, d'activités, de supports techniques à destination de personnes en difficulté. Ces activités peuvent se présenter sous plusieurs formes : activités sportives, soirées télévision, camp d'escalade, ateliers de poterie, d'informatique, d'expression corporelle, d'écriture, etc. Elles doivent faire apparaître une dimension pédagogique en termes de finalités éducatives. Il ne s'agit pas de faire de « l'occupationnel ».

Pour un moniteur-éducateur, s'intéresser professionnellement à l'aspect particulier de l'animation de la vie quotidienne qu'est le repas, c'est aussi s'intéresser à la nourriture, à la cuisine, aux aliments, et faire de cet intérêt un champ d'action, puisque c'est comprendre comment accompagner un enfant dans cet « art de vivre ».

Il ne s'agit pas de penser les médiations éducatives dans une acception restreinte autour d'un art ou d'une technique particulière, même si ceux-ci constituent un élément non négligeable de la formation qui se concrétise sous forme d'ateliers. Les formateurs qui les animent ne forment ni des peintres, ni des sportifs, ni des écrivains, ni des gens de théâtre, mais ils enseignent une technique pour la mettre au service d'une pédagogie de la vie quotidienne, tout en ouvrant à un nouveau regard, à des aspects culturels, à une réflexion sur l'esthétique. Ainsi le moniteur-éducateur animera ces activités auprès d'un usager ou d'un groupe d'usagers dans cette perspective.

Ces activités sportives ou de loisirs sont à envisager comme moyen, outil ou support au processus de socialisation, à l'apprentissage et à l'intégration des règles. Elles contribuent à la production du lien social et affectif dans un groupe.

Elles peuvent être un moyen de donner à l'usager une place dans le groupe, de le stimuler à travers un travail sur l'image de soi.

Le moniteur-éducateur utilise ces temps pour valoriser les potentialités des personnes en difficulté, les aider à dépasser l'idée d'incapacité.

Les activités sportives ou culturelles, pratiquées individuellement ou en groupe, sont donc bénéfiques pour la personne en difficulté. Il faudra bien sûr prendre en compte son degré d'autonomie. Le moniteur-éducateur devra adapter les activités en fonction du projet pédagogique de l'usager, en vue de son insertion (selon certaines situations).

Ces moments utilisés comme outil éducatif sont soumis à une évaluation en équipe. Il s'agit alors d'envisager un réajustement de la ou des médiations éducatives en fonction de l'usager, acteur de son projet, pour une action adaptée.

## U. L'activité sportive comme médiation éducative dans la fonction de moniteur-éducateur

Le sport occupe une place croissante dans notre société. Comment déployer ses apports dans la fonction éducative ? A-t-il pour fonction de libérer les tensions que créent les contraintes institutionnelles ?

Le code des comportements dans la pratique d'une activité sportive est censé imposer une diminution de la violence. D'autre part, le plaisir de la pratique tient à l'excitation que procurent les affrontements corporels qui ne sont qu'un simulacre. Ils peuvent permettre à chaque individu de relâcher ses émotions sans risques excessifs (contacts fusionnels, expression débridée, agressivité canalisée).

En étant porteur d'un projet éducatif prenant en compte la dimension sportive, le moniteur-éducateur, à travers les activités ludiques, peut favoriser les liens de sociabilité des personnes placées en institution spécialisée. Des activités ludiques, certes, mais aussi fortement organisées. On peut, selon l'expression de Norbert Elias, dire que l'« on est au cœur des activités et des expériences mimétiques "dé-routinisantes" et "dé-contrôlantes" à travers une carapace de contrôles et de routines volontairement acceptées et partagées ».

Cet affaiblissement des contraintes s'observera à travers des mouvements du corps et des membres, autrement dit par la motilité. Cette observation pourra alors apporter une plus grande précision des potentialités de l'usager à développer en équipe éducative, et à prendre en compte dans son projet individualisé.

Envisager la fonction du moniteur-éducateur sous la dimension sportive nous permet d'avancer l'idée selon laquelle les normes sont liées à la sphère d'activité, et d'affirmer que l'activité motrice est une activité sociale. La culture du sport et son exercice permettent la conjonction simultanée des objectifs pédagogiques majeurs (développement individuel et socialisation).

### La collaboration et l'émulation

Prenons l'exemple des sports d'équipe : les usagers vont développer deux fonctions, la participation et la coopération au sein du groupe et envers l'éducateur.

La confrontation à l'autre acquiert un aspect positif et, au lieu de se traduire par une rivalité destructrice, prend la forme d'une émulation (se dépasser soi-même et ainsi dépasser l'autre).

### Le jeu et la règle, le rôle et la place

L'utilitarisme cède la place aux aspects ludiques dans la pratique sportive ; cependant la règle du jeu s'impose dans la structuration des échanges, la dimension initiatrice au contrat social prend sa place.

De même, la répartition des places, l'assignation de tâches spécifiques au sein d'une équipe aux fins de coordination des actions introduit les notions de rôle et de fonction.

### L'exercice musculaire et l'apprentissage

La pratique sportive intégrée à un projet pédagogique procède à une mobilisation de la personne, dans sa globalité et dans son unité, mettant en jeu les aspects musculaires et, simultanément, les processus d'apprentissage.

### La connaissance et la proximité

Le jeu, le sport, dégagés des contraintes institutionnelles et disciplinaires habituelles, enrichissent la palette relationnelle des usagers et des moniteurs-éducateurs. Les échanges émotionnels, les décharges affectives, de part et d'autre, permettent un approfondissement de la connaissance mutuelle et favorisent le rapprochement et la proximité de l'ensemble des participants (usagers-usagers, usagers-éducateurs).
En outre, la pratique du sport ouvre un champ d'exploration et de recherche relativement vaste dans l'espace de l'éducation spécialisée.

**Référence**

Elias N., Dunning E., *Sport et civilisation* [1994], Pocket, 1998.

## V. Difficultés scolaires, motivation et informatique

Dans le champ éducatif, l'informatique envisagée comme moyen, outil ou support peut occuper une place privilégiée en tant que média dans le domaine des activités et des occupations sociales. L'ordinateur et ses « appendices » (écran, clavier, pointeurs, souris) recouvrent l'accès principal à l'univers numérique, dimension nouvelle ouvrant de nouveaux espaces de socialisation.
La juxtaposition des termes « informatique » et « motivation » peut apparaître paradoxale, voire antithétique : le produit d'une science strictement exacte au regard d'une considération longtemps qualifiée de préscientifique ou même relevant de la métaphysique ou de la philosophie, questionne l'éducateur en général, le moniteur-éducateur en particulier et le technicien. Méfiance et rejet des uns et des autres trouvent leur origine dans l'historicité même de leur confrontation : premières, les théories comportementalistes (stimuli-réponses-renforcements) adoptent la machine comme moyen d'apprentissage et excluent la notion de motivation considérée comme « non opératoire ». Le milieu éducatif réagit alors par une mise à distance des « machines à apprendre » qui excluent le sujet et le troisième terme : l'éducateur.
Posons dès lors ce qui peut être entendu dans la notion de motivation : motion et moteur d'une conduite, d'un comportement ; origine, raison, explication et relation étroite entre le mouvement et ses finalités, ensemble des facteurs conscients ou inconscients peuvent déterminer un acte, une action, une activité. Mobilisation de l'énergie en fonction d'un projet ou d'un objet-but convoité, imaginé ou à atteindre par et pour le sujet.
Les écoles scientistes ou scientifiques ont admis tardivement le concept de motivation, mais en lui conférant une dimension physiologique rattachée au besoin ; c'est notamment au constat d'insuffisance expérimentale que s'est imposée la dimension inconsciente introduite par la psychanalyse (désir et principe de plaisir).
La théorie des champs (inspirée par la relativité et la Gestalt) élaborée par Kurt Lewin concilie la majeure partie des approches dans une prise en compte de l'ensemble du champ psychosocial (lieu, temps, activité, acteurs). Pour notre propos, nous mettrons en avant une déduction qui apparaît essentielle : « La situation motivante modifie l'aptitude intellectuelle de l'individu. »

La psychologie cognitive nous offre un autre ordre de motivation : l'exercice irrépressible des canaux sensoriels et perceptifs liés à l'exploration et à la manipulation ; la curiosité et les tendances à la variation des stratégies d'approche dans la résolution de problèmes.
Prenons en compte la motivation négative qui se résout par la fuite, l'évitement, le conflit, la frustration, l'agressivité, la régression, la tension, les difficultés, l'échec et la répétition de l'échec. Que recouvrent l'échec et les difficultés scolaires ?
Essentiellement des aptitudes insuffisantes, un défaut de maîtrise des compétences instrumentales : la lecture, l'orthographe et le calcul ne sont pas bien acquis et les performances sont faibles ; ces résultats masquent une altération plus significative.
C'est un obstacle majeur de relation avec la pensée abstraite et symbolique, ce sont les difficultés à se mouvoir dans des concepts en apparence gratuits et inutiles, à anticiper ce qu'on va percevoir à partir de données actuelles.
Le maniement des symboles, le raisonnement et la résolution de problèmes sont compromis. Ces carences sont souvent associées à des difficultés à se situer dans l'espace et le temps, un schéma corporel et/ou une coordination motrice défaillants. Une histoire familiale ne permettant pas une identification adéquate de l'environnement proximal et social.
Dans les attitudes et le comportement scolaire – le rejet de l'école, l'instabilité et une faible faculté de concentration –, l'erreur est perçue comme une faute culpabilisante et l'enseignant comme un persécuteur et/ou un agresseur.
L'ordinateur et ses appendices télématiques (Internet) font partie du paysage familier des nouvelles générations et constituent de puissantes réponses aux « mass médias » comme la radio ou la télévision, où les canaux sensoriels sont mobilisés tels des réceptacles fascinant l'individu et le réduisant à l'état d'objet capté et passif.
Si l'ordinateur n'est pas réduit à une console de jeux (effets de répétitions compulsives), il peut être alors une « télévision interactive » où le sujet est le héros, l'acteur de la trame (film, histoire, dessin, animation, texte, exercice, pièce musicale, partie ou tout à la fois) à laquelle il participe ou qu'il compose.
L'interactivité de cette machine « conversationnelle » est mobilisatrice de l'attention et favorise les facultés de concentration, car elle requiert simultanément plusieurs organes relationnels : les yeux, les doigts, les mains, les oreilles. L'alternance des séquences faisant appel à l'activité du sujet induit progressivement un développement des capacités d'anticipation. En effet, à chaque échange, l'élève est amené à mémoriser et à mobiliser des séries d'informations dont la nature n'est pas uniquement ou strictement symbolique.
La redondance et le recouvrement dans le temps et l'espace des messages (dessins, images, icônes, bruits, sons), signes, indices ou symboles permettent une élaboration « douce » du sens et des représentations. Les frontières entre signe et symbole s'effritent, c'est ainsi que peut se reconstruire une genèse active de l'écriture et de la lecture.
La perception, l'action amènent ainsi le « concevoir », le passage du concret à l'abstrait est quasiment « automatique » : l'idée, le mot, le choix abstrait, entrés en machine par le clavier, prennent une forme sensible sur l'écran, se transformant en objets que le sujet peut encore traiter grâce aux messages de l'ordinateur.
L'aspect attrayant de l'écran (couleurs, images, dessin, musique) produit un effet ludique pour tout apprentissage, qui devient alors construction captivante et imagée de la connaissance. Les possibilités de simulation de la machine laissent la place à l'expression de l'imagination de l'élève ; l'initiative et la créativité sont stimulées.

L'allure et le rythme d'acquisition sont de la responsabilité de l'élève, il n'est plus dépendant d'une moyenne de temps perçue comme arbitraire. Confronté à une machine neutre, il ne craindra pas la remontrance ; l'erreur même répétée peut être féconde si elle est reconnue comme un incident de parcours. Les prémisses d'une auto-évaluation sont posées et chaque étape ou mini-étape où le succès (résultats immédiats), même limité, apparaît sera un encouragement à la poursuite de l'effort entrepris de manière autonome. Libre d'apprendre comme il le veut, l'élève perçoit l'enseignant comme un partenaire-guide qui peut l'aider personnellement et qu'il sollicitera plus facilement au travers d'un dialogue plus équilibré, moins vertical.

L'enseignant, l'éducateur instaure un accompagnement, une proximité relationnelle et devient, par sa disponibilité, une ressource majeure des apports pédagogiques visant l'essentiel : le sens des connaissances.

La pédagogie de projet nous enseigne que les productions matérialisées par les sujets (élèves, usagers...) confortent les acquisitions. Les matériels et les logiciels doivent répondre à cette nécessité. On peut citer parmi ces derniers :

- le traitement de texte : il s'agit d'un instrument d'aide à l'expression, avec la correction orthographique et disposant d'un dictionnaire de synonymes. Cet instrument peut désacraliser l'écriture, favoriser l'acquisition du langage et encourager un retour ou une initiation à la lecture ;
- les logiciels de création graphique, de publication assistée par ordinateur ;
- les logiciels de création musicale ;
- les logiciels d'écriture de scénario (personnages, actions, lieux, etc.), dont l'utilisateur dispose pour construire sa propre histoire.

La notion de sujet qui apprend à apprendre trace les contours d'une pédagogie de progrès, une conception où la science n'est plus une accumulation de savoirs, mais une découverte constante de l'apprentissage comme mode *sui generis*.

L'expansion des moteurs de recherche (ex. : Google) et la banalisation des outils digitaux transforment l'apprentissage et la découverte en un mouvement ludique où l'accès à l'information, au savoir et aux techniques les plus diverses est sans limites. Le village global ouvert par Internet induit une nouvelle dimension de la connaissance et des acquisitions.

**Références**

Depover C., *L'Ordinateur, média d'enseignement*, De Boeck université, 1987.
Durand J.-P., Lévy P., Weissberg J.-L., *Guide de l'informatisation*, Belin, 1987.
Fraisse P., Meili R., Nuttin J., « Motivation, émotion et personnalité », in *Traité de psychologie expérimentale*, PUF, 1968, vol. V.
Lewin K., *Psychologie dynamique*, PUF, 1959.
Piaget J., *La Psychologie de l'intelligence* [1947], A. Colin, 2012.
Papert S., *Jaillissement de l'esprit* [1981], Flammarion, 1989.
Schwartz B., *L'Informatique et l'Éducation. Rapport à la CEE*, La Documentation française, 1981.
Suissa D. (psychologue), Dossier CREAI, Marseille, novembre 1989.

## 3 La certification

### a. Épreuve n° 1 : présentation et soutenance d'une note de réflexion

- Oral : coefficient 1.
- Écrit : coefficient 1 (note attribuée avant l'audition du candidat).

Cette épreuve a lieu en centre d'examens ; elle est organisée par le recteur d'académie. Elle porte sur la soutenance orale d'une note de réflexion. Avant de répondre aux questions du jury, le candidat présente de manière synthétique (5 minutes environ) sa note de réflexion (d'une quinzaine de pages) sur l'accompagnement social et éducatif spécialisé de personnes ou de groupes.

#### Objectif de l'épreuve

Évaluer les capacités de réflexion du candidat sur l'accompagnement éducatif et social.

#### Compétences repérées

- Établir une relation.
- Aider à la construction de l'identité et au développement des capacités.
- Assurer une fonction de repère et d'étayage.

#### Modalités de l'épreuve

Épreuve orale d'une durée de 20 minutes.

#### Interrogateurs ou correcteurs

Deux interrogateurs (n'ayant pas de lien avec le candidat, notamment durant sa formation théorique ou pratique).

### b. Épreuve n° 2 : évaluation des capacités du candidat à conduire des activités à destination d'un groupe

Cette épreuve (coefficient 1) est organisée en cours de formation.
Elle porte sur :

- l'évaluation par le site de stage des capacités du candidat à conduire des activités à destination d'un groupe, sur la base des indicateurs des compétences « Animer la vie quotidienne de l'établissement ou du service » et « Concevoir et mener des activités de groupe » ;
- la détermination des notes effectuée à partir des évaluations, conjointement et paritairement, par des référents professionnels et des formateurs.

#### Objectif de l'épreuve

Évaluer les capacités d'animation du candidat.

### Compétences repérées

- Animer la vie quotidienne de l'établissement ou du service.
- Concevoir et mener des activités de groupe.

### Modalités de l'épreuve

Lors d'un entretien oral, une évaluation est réalisée sur le terrain. Elle porte sur des activités conduites par le stagiaire et sur la formalisation qu'il en fournit. Cette évaluation est réalisée à partir d'une grille fournie dans le livret de formation.

### Interrogateurs ou correcteurs

Le référent professionnel et le responsable hiérarchique.

## 4 Référentiel professionnel, indicateurs de compétences

- Savoir prendre en compte la situation de la personne ou du groupe.
- Savoir observer les attitudes et comportements des usagers.
- Savoir développer une écoute attentive et créer du lien.
- Savoir identifier et réguler son implication personnelle.
- Savoir repérer et mobiliser les potentialités de la personne ou du groupe.
- Savoir repérer et respecter les déficiences, incapacités, handicaps et les facteurs qui font obstacle au parcours individuel des personnes.
- Savoir proposer et mettre en œuvre des activités susceptibles de permettre la progression de la personne aidée dans le respect de ses droits et aspirations.
- Savoir s'interroger et interroger les dimensions éthiques ou déontologiques impliquées dans les pratiques.
- Savoir favoriser l'expression et la communication ;
- Savoir favoriser l'apprentissage des règles de vie collective.
- Savoir utiliser des techniques de gestion de conflits.
- Savoir se positionner auprès de la personne aidée en tant qu'adulte de référence.
- Savoir utiliser les actes de la vie quotidienne et de la vie collective comme supports des apprentissages.
- Savoir repérer, apprécier en équipe les indices inquiétants concernant la santé ou la mise en danger des personnes confiées.
- Savoir prévenir et repérer les situations de maltraitance.
- Savoir inscrire la vie quotidienne de l'individu ou du groupe dans une dimension citoyenne.
- Savoir inventer et organiser des activités dans une visée socio-éducative.
- Savoir analyser les besoins des personnes et les contraintes des activités.
- Savoir élaborer, gérer et rendre compte du budget des activités menées.
- Savoir respecter le cadre juridique des activités.

# 5 La note de réflexion

## a. Rédaction de la note de réflexion (d'une quinzaine de pages) (coefficient 1)

La méthode qui suit n'est pas la seule. Elle peut varier d'un centre de formation à un autre. Cependant on peut dire que globalement, il s'agit pour le moniteur-éducateur de s'attacher à l'élucidation des comportements significatifs pour retrouver derrière eux des modèles explicatifs, dans le but de mettre en œuvre une fonction d'accompagnement social et éducatif spécialisé, et ce en accord avec le projet éducatif de l'équipe éducative pour saisir la personne ou le groupe dans sa totalité, telle qu'elle se comporte (ou qu'il se comporte) dans la vie individuelle et collective.

Pour cela, le candidat peut s'appuyer sur une étude de cas ou de situation pour parvenir à une réflexion sur l'accompagnement social et éducatif spécialisé.

Il pourra formaliser cette note de réflexion de la façon suivante :

1. Définition du ou des problèmes à étudier, après un vécu prolongé dans la vie institutionnelle, après avoir observé une personne, un groupe.
2. Éléments à prendre en compte pour exposer ces observations :

Il est important de rappeler qu'une observation ne s'improvise pas, elle se construit.

Nous proposons le plan suivant : le lieu et le contexte dans lequel les observations émergent, les acteurs en présence, l'implication du ME stagiaire dans la relation à la personne ou au groupe observé : sa place, son rôle.

3. Traduction d'observations significatives, compte tenu du problème étudié.
4. Travail de réflexion sur la compréhension de ces observations, l'analyse qui peut s'en dégager avec l'équipe pluriprofessionnelle, la propre analyse du candidat.

Dans cette démarche, le candidat utilisera les notions théoriques abordées au cours de la formation du domaine de compétences 1.

Il devra adopter une attitude critique, de discernement par rapport à l'analyse (du problème étudié) que les différents intervenants de l'équipe éducative amènent, en précisant leur rôle, leur statut.

5. Comment il envisage la mise en œuvre d'un accompagnement social et éducatif de personnes ou de groupes :

Avec qui ? Auprès de qui ? Quand ? Comment ? Pour atteindre quel(s) objectif(s) ? Avec quel(s) moyen(s) ? Quelles sont les modalités d'évaluation de l'action ?

6. Mise en œuvre de l'accompagnement social et éducatif (en accord avec l'équipe) à travers deux ou trois exemples vécus. L'implication du candidat, en action et interaction avec les usagers et l'équipe éducative doit être visible.
7. Résultats, effets produits sur son processus de professionnalisation et sur les usagers par la mise en œuvre de l'accompagnement.

La bibliographie apparaît en annexe.

À travers cette note de réflexion, devront apparaître les éléments suivants :

- un questionnement sur la fonction d'accompagnement du moniteur-éducateur dans les actes de la vie quotidienne de personnes ou de groupes ;
- la reconsidération des idées du candidat, de ses représentations sociales ;
- leur examination ;
- leur modification à bon escient ;
- la distinction entre observations et interprétation de manière à éviter toute confusion ;

- le discernement de ses interprétations en s'appuyant sur les connaissances abordées au cours de la formation se rapportant à ce domaine de compétences 1.

## b. Soutenance de la note de réflexion (coefficient 1)

Il s'agit d'un entretien de 20 minutes devant un jury :
5 minutes pour la présentation synthétique par le candidat de la note de réflexion.
15 minutes pour l'interrogation du candidat par les examinateurs.

### Exemples de sujets à traiter dans la note de réflexion

- L'accompagnement éducatif auprès de personnes adultes handicapées mentales.
- Comment le moniteur-éducateur peut jouer le rôle de substitut parental pour atténuer la privation partielle ou totale des liens affectifs nécessaires à son développement ?
- Dans quelle mesure le moniteur-éducateur développe-t-il une forme de parentalité auprès d'enfants de six à huit ans accueillis en urgence ?
- Comment le moniteur-éducateur peut promouvoir un accompagnement individuel auprès d'enfants de dix à douze ans placés en « maisons d'enfants à caractère social » alors qu'ils évoluent le plus souvent en groupe à l'intérieur de l'institution ?
- Quels sont les éléments à prendre en compte au niveau de l'autorité pour permettre au moniteur-éducateur d'assurer un accompagnement social et éducatif auprès d'un adolescent de seize ans présentant des troubles du comportement ?
- De quelle manière, à travers des activités de groupe, le moniteur-éducateur peut faciliter à un enfant de huit ans présentant une déficience intellectuelle, son adhésion au processus de socialisation ?
- Peut-on parler du travail de moniteur-éducateur, auprès de personnes polyhandicapées, en termes de « prise en charge » ou « d'accompagnement » ?
- Comment la question de la sexualité des résidents peut-elle être prise en compte par le moniteur-éducateur dans une institution spécialisée recevant des personnes handicapées (MAS) ?
- En quoi les activités sportives ou de loisirs mises en œuvre dans des établissements accueillant des personnes handicapées adultes sont-elles bénéfiques ? Quelles en sont leurs limites ?
- Le cadre éducatif et la loi auprès d'adolescents placés en MECS.
- L'accompagnement socio-éducatif en CHRS.
- La communication avec des enfants de huit à dix ans présentant des troubles du comportement.
- Le travail éducatif avec les familles auprès d'enfants de douze à quatorze ans placés en IME.

**Conseils**

- Bien écouter les questions avant de répondre de manière précipitée.
- Vos réponses doivent être précises.
- Articulez votre discours de façon claire.
- Faites des phrases courtes pour ne pas perdre le fil de votre pensée.
- Appuyez vos raisonnements par des exemples tirés des actes de la vie quotidienne vécus lors de vos stages.
- Évoquez votre implication professionnelle dans le travail d'accompagnement social et éducatif.

# II Domaine de compétences 2 : participation à l'élaboration et à la conduite du projet éducatif spécialisé

Apport théorique : domaine de formation (300 heures).
Domaines de compétences visés :
- observer, rendre compte et contribuer à l'évaluation des situations éducatives ;
- participer à la mise en œuvre d'un projet éducatif.

## 1 Programme

- L'approche globale de la notion de projet.
- La construction des différents projets.
- L'accompagnement du projet éducatif de l'usager.
- Les supports et cadres de l'action éducative.
- La place des familles dans l'action éducative.
- L'accompagnement de l'élaboration d'une posture et d'une méthodologie professionnelles.

## 2 Fiches thématiques préparant au DEME

### a. Les besoins

Les besoins sont avant tout des besoins sociaux, ils sont le plus souvent ressentis par comparaison intersubjective ou de groupe à groupe. Satisfaire un besoin, c'est le plus souvent, selon Jean Baudrillard, acheter un signe d'appartenance à une catégorie sociale. On peut poser la question suivante : y a-t-il une hiérarchie des besoins ?

## Des classifications contestables

Les besoins peuvent correspondre à une culture, à des modèles et des niveaux de vie, à un bien-être, à un désir, à un manque.

De nombreux économistes (comme Keynes) ont tenté de présenter une hiérarchie des besoins :

- les besoins primaires sont indispensables à la vie : la nourriture, l'habillement... ;
- les besoins secondaires sont nécessaires, mais non indispensables à la survie : les loisirs, la lecture... ;
- les besoins tertiaires, enfin, comprennent le « superflu », c'est-à-dire les gadgets, les futilités.

La valeur opératoire d'une telle classification est cependant mince : « La civilisation, disait Mark Twain, est faite de la création indéfinie des besoins dont nous n'avons pas besoin. »

Individuellement, nous pouvons arbitrer entre nos préférences. Cependant la distinction entre besoins primaires, secondaires ou tertiaires ne nous est d'aucun recours pour séparer de manière certaine l'essentiel de l'accessoire.

Selon Freud, on distingue couramment deux grands types de besoins ou de pulsions : la **pulsion d'autoconservation** qui concerne la vie de l'individu (dont la faim et la soif sont les expressions majeures) et la **pulsion sexuelle** qui assure la survie de l'espèce.

Le sociologue Paul-Henry Chombard de Lauwe, quant à lui, fait une distinction entre les besoins obligations (qui recouvrent les besoins vitaux indispensables à satisfaire pour vivre physiquement ou pour être admis dans la société) et les besoins aspirations (qui correspondent à une volonté de mieux-être : mieux nourri, mieux logé, davantage considéré).

La théorie des motivations et des besoins est générale et synthétise bien l'idée de classification, de degrés dans les besoins. Vulgarisée par le psychosociologue Abraham Maslow (1954), on peut la résumer de la manière suivante : les besoins inhérents à l'individu s'imposent à lui de manière contraignante, ils sont d'origine instinctive et sociale, et sont hiérarchisés (un besoin supérieur ne peut vraiment être satisfait que dans la mesure où les précédents le sont). Ils engendrent les motivations, raisons que l'individu se donne d'agir.

Cette théorie s'est traduite par la **pyramide des besoins**.

Les besoins, selon Maslow, sont classés de la manière suivante : la réalisation de soi, l'estime, l'appartenance (à un groupe), la sécurité, les besoins organiques.

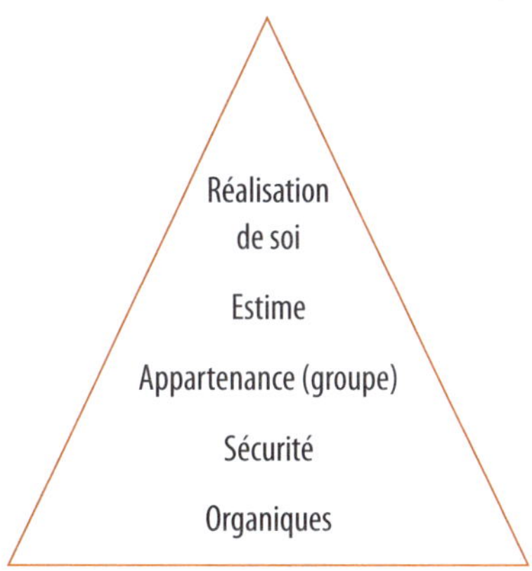

Cette classification doit poser le principe de hiérarchisation. L'économiste ou le sociologue peut avoir sa propre vision sur l'importance des différents besoins et sur l'opportunité de les satisfaire. Cependant, le jugement de valeur qu'il porte exprime ses préférences morales, il n'est donc pas neutre.

Le besoin existe socialement dès lors qu'il est reconnu, c'est-à-dire qu'il n'est plus seulement mon besoin, mais qu'il m'est représenté à travers le système global.
Les besoins sont donc une création permanente de l'histoire et des structures socioculturelles. Ainsi il est vain, au-delà de la sphère étroite des nécessités élémentaires, de vouloir définir objectivement les besoins et de les classer.
En fait, le comportement de consommation de l'individu est influencé par la société qui fait faire et désirer à l'individu ce qu'elle exige. En d'autres termes, l'individu consomme ce que le système lui propose, afin d'être socialement reconnu (« la consommation étant un acte social par lequel on s'identifie à quelque chose ou à quelqu'un », selon Robert Rochefort). De ce fait, on peut admettre que la liberté et la souveraineté du consommateur ne soient plus que mystifications. En raisonnant dans un système capitaliste de croissance, il n'y a que les besoins de la croissance. Ainsi le système des besoins est le produit du système de production (J.-K. Galbraith).
Les besoins ne sont plus définis comme une force innée et spontanée, mais comme une fonction induite dans les individus par la logique du système. C'est une fonction productive du système lui-même.
Nous venons de voir que les besoins ont toujours été largement créés par la société, c'est-à-dire qu'ils prennent naissance hors de l'individu et sont régis de l'extérieur. Nous ne définissons pas librement nos besoins, et nous sommes prisonniers de la satisfaction de ces besoins. Par conséquent, la souveraineté du consommateur dans la détermination de ses besoins dans la société n'est qu'une utopie.
On peut alors se demander pourquoi l'individu consomme ce que la production de masse lui propose.

## Le désir

Il semble que la croissance des besoins s'enracine dans la logique du désir, de son impossible satisfaction. En effet, pour désirer quelque chose, il faut ne pas le posséder et souffrir de son manque. C'est la logique du « toujours plus » : la prolifération des besoins. C'est la tentative infinie du désir pour se satisfaire, alors même qu'il place sa satisfaction toujours au-delà de ce qu'il peut posséder. C'est parce que la satisfaction est indéfiniment reculée que les besoins appellent à l'infini de nouveaux besoins. L'insatiabilité des besoins renvoie donc à l'indéfinition du désir. Mais n'oublions pas que le mode de production capitaliste, en réduisant le désir au besoin, tend à développer une stratégie selon laquelle le bonheur s'apparente à la simple possession de biens.

**Références**

Durand J.-P., Weil R., *Sociologie contemporaine* [1989], Vigot, 2006.
Maslow A.H., *Devenir le meilleur de soi-même. Besoins fondamentaux, motivation et personnalité* [1954], Eyrolles, 2008.

## b. Les lieux de l'action éducative

- Les établissements d'éducation spéciale pour enfants déficients intellectuels.
  Ils développent une prise en charge tendant à favoriser leur épanouissement, la réalisation de leurs potentialités intellectuelles, affectives et corporelles, leur autonomie maximale quotidienne, sociale et professionnelle.
- Les établissements pour enfants et adolescents polyhandicapés.
  Ils accueillent des jeunes atteints de handicaps graves à expressions multiples avec restriction extrême de l'autonomie ; la déficience mentale sévère est associée à une déficience motrice importante.
- Les instituts éducatifs, thérapeutiques et pédagogiques.
  Ils reçoivent des enfants présentant des troubles du caractère et du comportement qui rendent nécessaire, malgré des capacités intellectuelles normales ou approchant de la normale, la mise en œuvre de moyens médico-éducatifs pour le déroulement de leur scolarité.
- Les établissements d'éducation spéciale pour enfants déficients moteurs.
- Les instituts d'éducation sensorielle pour enfants, adolescents et jeunes majeurs déficients auditifs.
- Les services d'éducation spéciale et de soins à domicile.
  Services médico-sociaux autonomes ou rattachés aux établissements d'éducation spéciale et qui assurent le conseil, l'accompagnement de la famille et de l'entourage en général, l'aide au développement notamment psychomoteur, le soutien à l'intégration scolaire et sociale ainsi qu'à l'acquisition de l'autonomie.
- Les entreprises adaptées et les établissements et services d'aide par le travail pour travailleurs handicapés.
- Les maisons d'enfants à caractère social pour enfants, adolescents et jeunes majeurs se trouvant en situation familiale difficile.
- Les foyers, les centres d'hébergement et de réinsertion sociale pour personnes ou familles en grande difficulté, les foyers d'urgence pour SDF, les structures d'accueil d'urgence.
- Les centres sociaux équipés pour les habitants du quartier où ils sont installés, en vue de susciter une dynamique collective.
- Les centres médico-psycho-pédagogiques pour enfants et adolescents en difficulté scolaire, psychomotrice ou comportementale.
- Les maisons d'accueil spécialisées pour adultes handicapées.
  Ce sont des établissements médico-sociaux.
- Les foyers de personnes adultes handicapées mentales.
- Les maisons d'accueil pour personnes âgées dépendantes.

**Référence**

Jaeger M., *Guide du secteur social et médico-social* [1994], Dunod, 2011.

## c. L'approche globale du projet

### Définition

Littéralement, le projet, c'est l'« action de jeter en avant ou au dehors » *(Larousse)*.
Selon J.-M. Barbier, c'est la « transformation possible du réel qui prend en compte les conditions réelles de réalisation ».
Le projet est aussi « une façon de se représenter le monde (...) en vue de le changer ou de changer son propre positionnement par rapport au monde » (J.-P. Boutinet).
Le but de la démarche de projet est de combiner ce qui est possible et ce qui est souhaité, pour arriver à la meilleure décision possible. C'est pourquoi il se redéfinit constamment et progressivement.
Le terme a d'abord été employé en architecture. Il s'est ensuite étendu au domaine technique chaque fois que l'on se trouvait face à des situations complexes qui demandaient, pour les comprendre, une approche multidimensionnelle. Le projet vise à maîtriser, organiser, orienter une action en vue d'améliorer, de modifier la réalité. Il implique un va-et-vient entre le passé, le présent et l'avenir.

### Les éléments du projet

Le projet est élaboré par une personne ; cependant il s'inscrit dans un environnement social.
Selon A. Lhotellier, le projet s'articule autour de trois éléments : formulation, implication, trajet.

***La formulation***
Faire un projet revient à imaginer ce qu'on peut faire ; c'est aussi le formuler. Sa formulation même instaure une nouvelle relation entre le sujet porteur et acteur du projet et son environnement. La formulation du projet prépare « le faire ». Le langage a donc un rôle incitatif vis-à-vis de l'action.

***L'implication***
Il n'existe pas de projet sans acteur, c'est–à-dire sans activité personnelle de l'auteur du projet. L'implication personnelle, c'est un « ensemble d'attitudes et de croyances du sujet qui qualifient son rôle dans le processus d'orientation des directions qu'il va prendre ». L'implication donne sens au projet.

***Le trajet***
La dimension temporelle est une dimension importante du projet.
En effet, le projet se construit sur des possibles et, par là même, il y a projection dans l'avenir. Il s'agit de pouvoir s'imaginer dans des situations diversifiées, établir des plans d'action, planifier, choisir des stratégies, choisir des objectifs, et définir les étapes qui permettront de les atteindre.
Enfin, il faut préciser que le projet doit être réaliste pour pouvoir être réalisé en partie.

### Les étapes du projet

Selon Robert Pelletier, psychologue canadien, on peut différencier dans le projet quatre phases : l'exploration, la cristallisation, la spécification, la réalisation.

- **L'exploration** consiste à rechercher le maximum d'informations sur soi, son environnement, les professions... Cette phase a pour but d'aboutir à un choix.
- **La cristallisation** est la phase où le sujet hiérarchise un certain nombre de projets possibles pour lui. Cette opération se réalise en fonction de ses aspirations et des informations recueillies. Le sujet fait un premier bilan à partir de ces informations.
- **La spécification** est la phase au cours de laquelle le sujet va faire le choix d'un projet qui tient compte, d'une part, des souhaits et des possibilités que le sujet possède et, d'autre part, des ressources de l'environnement.
- **La réalisation** est la phase de mise en œuvre concrète du projet. Le sujet va être directement confronté avec l'environnement à travers des démarches concrètes. Compte tenu de ce qui existe dans telle ou telle institution, établissement ou environnement social, qu'est-ce que je souhaite réaliser au niveau d'une action éducative auprès d'un usager ou d'un groupe d'usagers ? Cette réalisation s'effectue dans le cadre de la fonction de moniteur-éducateur, eu égard au projet institutionnel, en cohérence avec celui-ci.

## Les différents projets

Sans prétendre à l'exhaustivité, on peut citer :

- le projet lié aux âges de la vie, par exemple le projet adolescent d'orientation, d'insertion de vie, le projet adulte (vocationnel, personnel), le projet de retraite ;
- le projet d'activité, par exemple le projet de formation, le projet de soin, le projet d'aménagement, le projet de développement, le projet de recherche ;
- le projet d'objets, par exemple le projet de loi, le projet d'édifice, le projet de dispositif technique ;
- le projet des organisations, par exemple le projet de référence, le projet participatif ;
- le projet de société, par exemple le projet réformiste, le projet révolutionnaire, le projet autogestionnaire, le projet alternatif ;
- le projet architectural, par exemple le projet d'architecture, le projet d'aménagement urbanistique ;
- le projet pédagogique, par exemple le projet éducatif, le projet pédagogique, le projet d'établissement, le projet de formation, la pédagogie du projet.

## Dans le champ de l'éducation spécialisée

On peut avancer l'idée selon laquelle le projet est un ensemble de modalités d'action qui permet de situer l'usager en tant qu'acteur de son devenir. Le projet éducatif participe de la construction du sujet, son émergence contribue à le forger.

La définition du projet éducatif donnée par J.-P. Boutinet semble une base à considérer pour le moniteur-éducateur :

> « Le projet éducatif est orienté vers le mode d'insertion qui permettra au jeune de se dire autonome : insertion sociale, culturelle, professionnelle ; dans la mesure où ce projet dépasse le cadre de l'école, l'institution scolaire et ses collaborateurs ne peuvent prétendre être seuls partie prenante d'un projet éducatif. Ce dernier implique l'association du plus grand nombre de partenaires intéressés par le projet, pour le moins la famille, l'école, l'environnement professionnel, la collectivité politique à travers les représentants qu'elle a choisis. »

On peut alors parler de processus permettant de mettre en œuvre une relation de partenariat. Celle-ci se concrétise par la mise en place de réunions régulières, dans le but d'atteindre des objectifs partagés. Il est nécessaire qu'il existe une reconnaissance réciproque des partenaires et la mise en forme des meilleures modalités de communication entre eux. L'objectif premier est de tout mettre en œuvre pour réussir un accompagnement socio-éducatif auprès des usagers en difficulté afin d'atteindre les objectifs visés.
Il est possible de compléter cette définition. La notion d'insertion est peut-être insuffisante ; la notion d'intégration n'apparaît pas, ni celle des liens, ni celle d'échange. Le « comment apprendre à vivre ensemble » est peut-être à souligner en ce qui concerne la fonction de moniteur-éducateur au niveau de sa responsabilité (animation de la vie quotidienne).

## Le projet éducatif individuel

Le projet individuel doit être construit avec l'usager et sa famille.
La notion de projet est à distinguer de celle de programme. Pour la première, les notions de mouvement, de création, d'adaptation et d'évaluation apparaissent comme essentielles, tandis que, pour la seconde, celle de statique prime.
La loi de janvier 2002 met l'usager, l'apprenant, au centre du dispositif. Il s'agit de prendre en compte :

- la demande de l'usager, ce qui induit le respect de sa parole (même s'il existe parfois des limites de faisabilité) et de le considérer comme un acteur à part entière ;
- le diagnostic de l'équipe à partir d'une recherche d'informations sur l'usager ;
- l'identification et l'évaluation des besoins de l'usager en distinguant demande et besoins ;
- la commande politique (à ne pas perdre de vue, en sachant cependant la pondérer en fonction des valeurs de l'établissement).

Il s'agit d'une rencontre entre l'éducateur et l'usager qui n'est pas une simple formalité. Elle constitue le socle d'une alliance avec l'usager où son implication dans son projet est réelle. Cependant il faut éviter de plonger dans le mythe du projet évoquant la toute-puissance du savoir et du pouvoir.

Le projet éducatif individuel se construit généralement de la manière suivante :

- il est formalisé en réunion pluridisciplinaire avec l'usager et la famille ;
- il est élaboré en « réunion de synthèse » ;
- il réunit tous les acteurs de l'action sociale qui présentent leurs bilans ;
- il définit des axes de travail ;
- il se recentre sur la réalité de l'usager, à partir d'observations construites, précises ;
- il inclut l'usager acteur de son projet, la famille et les professionnels de l'action sociale ;
- il pose les bases d'un partenariat ;
- il privilégie un projet transdisciplinaire ;
- une fois défini, il s'impose à tous les participants pour un temps déterminé car il doit être revu régulièrement pour un réajustement éventuel.

*N.B. :* il faut éviter de noter un nombre trop important d'axes de travail qui ressemblent à un listage d'objectifs.

La réalisation du projet intègre au fur et à mesure les transformations des conduites de l'usager et les ajustements nécessaires à cette évolution. Celle-ci doit toujours pouvoir donner lieu à une communication sous une forme adaptée aux différents interlocuteurs concernés par l'action sociale.

## L'accompagnement éducatif

Il est basé sur :

- le développement de la confiance en soi chez la personne en difficulté ;
- une attitude de non-assistanat ;
- le repérage, le soutien des capacités présentes et potentielles ;
- la valorisation des aptitudes à la résilience (Boris Cyrulnik) ;
- la confiance accordée dans la créativité de la personne, pour elle-même et pour son entourage.

Des activités autour des actes de la vie quotidienne peuvent servir de médiations éducatives à cet accompagnement.
Les dimensions du projet pédagogique de la personne en difficulté seront axées vers :

- la reconnaissance et l'acceptation de ses limites (principe de réalité) et des inévitables frustrations liées à celles-ci ;
- la restauration de l'estime de soi.

Le travail du moniteur-éducateur s'inscrit dans une équipe qui intervient alors auprès du sujet en difficulté et en collaboration avec la famille.

**Grille de travail pour l'élaboration d'un projet d'établissement (J.-P. Boutinet)**

**Phase I – Confrontation des données de la situation et des intentions en présence**

1.1 Analyse de la situation concrète avec ses contraintes et variables ; détermination des besoins prioritaires, des carences, incohérences observées, disponibilités identifiées, acteurs en présence.
1.2 Étude des intentions, des souhaits, au regard des valeurs éducatives de référence.

**Phase II - Détermination d'un objectif d'action négocié**

2.1 Détermination d'un certain nombre d'objectifs découlant de 1.1 et 1.2 et énumération des avantages et contraintes que leur réalisation entraîne.
2.2 Choix d'un objectif négocié à moyen (moins de 3 ans) ou long terme (+ de 3 ans) et fixation des procédures d'évaluation.
2.3 Détermination éventuelle des aspects intransitifs et des aspects transitifs (négociables avec d'autres parties prenantes non présentes) des objectifs.
2.4 Planification des objectifs intermédiaires (opérationnels et à court terme) du curriculum esquissé.

**Phase III – Méthodologie**

3.1 Inventaire des méthodes disponibles, avantages et inconvénients par rapport à l'objectif choisi.
3.2 Choix d'une méthodologie déterminée, explicitation de ses différents aspects pour sa mise en application.
3.3 Contraintes et obstacles à surmonter : organisationnels, institutionnels, situationnels.
3.4 Planification méthodologique pour la réalisation des objectifs à court terme – Mise en place du curriculum opératoire – Choix d'indicateurs d'évaluation ponctuelle et terminale.
3.5 Programmation dans le temps.

**Phase IV – Moyens**

4.1 Moyens humains.
4.2 Moyens financiers.
4.3 Moyens matériels.
4.4 Étude des solutions à trouver pour se donner les moyens de son projet.

**Phase V – Réalisation**

Des modalités d'évaluation sont à prévoir et à préciser. Ces évaluations sont nécessaires au cours de la mise en œuvre de tout projet, pour des réajustements éventuels.

**Références**

Barbier J.-M., *Élaboration de projets d'action et planification*, PUF, 1991.
Boutinet J.-P., « Les conduites à projet, avatars d'une préoccupation », in ROPS, *Le projet. Un défi nécessaire face à une société sans projet*, L'Harmattan, 1992.
Lhotellier A., « Le travail méthodique de projet », *Éducation permanente*, n° 86, 1986.

## d. Les différents types de famille et d'union

**La famille nucléaire** est définie par un ensemble de personnes qui sont : le père, la mère et les enfants vivant sous un même toit.

**La famille monoparentale** désigne une personne vivant sans conjoint, avec un ou plusieurs enfants.
Cette expression est apparue en France au milieu des années 1970, importée des pays anglo-saxons. Si auparavant, on devenait parent seul à la suite du décès du conjoint, aujourd'hui c'est principalement en raison de la séparation conjugale.

**La famille recomposée :** il s'agit de l'union de deux conjoints issus de la rupture d'un premier couple, avec garde totale ou partagée de l'ensemble ou d'une partie des fratries issues des premières unions.
Cette expression est devenue courante à partir des années 1990. Auparavant, il s'agissait principalement de « remariage » à la suite du décès du conjoint ; aujourd'hui la raison principale est la séparation conjugale.

**Le mariage :** il se caractérise en France par un acte civil selon le Code civil. C'est une institution qui lie deux personnes de même sexe ou de sexe différent dans le but de vivre en commun et de fonder une famille. Le mariage dicte les droits et les devoirs entre les membres du couple. Ceux-ci ne peuvent se marier avant l'âge de dix-huit ans révolus sans l'autorisation des parents.
Publiée au *Journal officiel* du samedi 18 mai 2013, la loi sur le mariage pour tous ouvre le mariage aux couples de personnes de même sexe. Elle permet donc aux couples homosexuels de se marier. Le mariage est célébré publiquement au cours d'une cérémonie républicaine.
Tous les couples mariés, qu'ils soient de même sexe ou de sexe différent, ont les mêmes droits et les mêmes devoirs.
La loi ouvre également la voie de l'adoption à ces couples mariés, qu'il s'agisse de l'adoption conjointe d'un enfant par les deux époux ou de l'adoption de l'enfant du conjoint.
En cas d'adoption simple de l'enfant du conjoint, l'autorité parentale sera exercée en commun de plein droit.
La procréation médicalement assistée (PMA) ainsi que la gestation pour autrui (GPA) ne figurent pas dans cette loi.

**Le pacte civil de solidarité (PACS) :** c'est une forme d'union civile comme l'indique l'article 515-1 du Code civil, « un contrat conclu par deux personnes physiques majeures de sexe différent ou de même sexe, pour organiser leur vie commune ». Les membres du couple s'engagent à vivre en commun et se donnent mutuellement une assistance matérielle.

**L'union libre ou le concubinage :** l'article 515-8 du Code civil définit cette forme d'union comme « une union de fait, caractérisée par une vie commune présentant un caractère de stabilité ou de continuité, entre deux personnes, de sexe différents ou de même sexe, qui vivent en couple ». Il n'existe pas de droits et de devoirs entre les membres du couple.

**Références**

De Singly F., *Sociologie de la famille contemporaine* [1993], A. Colin, 2010.
Fournier Pierre, « Nouvelles pratiques conjugales. Nouvelles formes de famille ? Un point de vue sociologique » (avec Anne-Marie Arborio), *Cahiers français*, n° 259, 1993 (1), p. 52-60.
Code civil : lois n° 99-944, n° 2006-399, art. 515-1, 515-8 et 144.

## e. L'autorité parentale

Selon le droit français, l'autorité parentale est définie comme « l'ensemble des droits et devoirs ayant pour finalité l'intérêt de l'enfant, que la loi attribue aux époux pour protéger

l'enfant dans sa sécurité, sa santé, sa moralité, pour assurer son éducation et permettre son développement dans le respect dû à sa personne » (article 371-1 du Code civil).
La loi du 4 mars 2002 précise que l'autorité parentale est exercée en commun par les deux parents, quelles que soient les formes de filiation et du statut des parents : mariés, vivant maritalement ou divorcés. Le divorce en effet ne fait pas disparaître l'autorité parentale. Bien au contraire, les deux parents, même séparés, en conservent l'exercice. Ce n'est que dans des cas extrêmes, par exemple lorsqu'il y a des mauvais traitements ou si l'un des parents se désintéresse totalement de l'enfant, que le juge aux affaires familiales peut décider de déchoir l'un des parents de son autorité parentale et l'attribuer exclusivement à l'autre parent.

L'autorité parentale dans le cas d'enfants naturels (l'enfant naturel est l'enfant dont le père et la mère ne sont pas mariés ensemble) appartient au père et à la mère de l'enfant et est exercée en commun par ces derniers. Le but est d'assurer sa protection.
Toutefois, lorsque la filiation est établie à l'égard de l'un d'entre eux plus d'un an après la naissance d'un enfant (la filiation est déjà établie à l'égard de l'autre), celui-ci reste seul investi de l'exercice de l'autorité parentale.
Il en est de même lorsque la filiation est judiciairement déclarée à l'égard du second parent de l'enfant. L'autorité parentale pourra néanmoins être exercée en commun en cas de déclaration conjointe des père et mère devant le greffier en chef du tribunal de grande instance ou sur décision du juge aux affaires familiales.
Si l'un des père ou mère décède ou est hors d'état de manifester sa volonté, en raison de son incapacité, de son absence ou de toute autre cause, l'autre exerce seul l'autorité parentale.
Dans tous les cas, le juge aux affaires familiales peut, à la demande du père, de la mère ou du ministère public (procureur de la République), modifier les conditions d'exercice de l'autorité parentale à l'égard de l'enfant naturel.

**Références**

Loi du 4 mars 2002, code de l'action sociale et de la famille.

## f. La place des familles dans l'action éducative

Rappelons que le sujet placé en institution spécialisée est un être qui a évolué au sein d'un environnement social familial et environnemental précis.
Son placement en institution éducative spécialisée entraîne une séparation avec son environnement familial.
La question du maintien ou non des relations avec son environnement familial se pose alors. Nous sommes en présence de deux éléments antagonistes : la protection du sujet et les droits des parents. Il ne s'agit pas de vouloir à tout prix que la relation se rétablisse entre parents et sujet placé, lorsque cela s'avère impossible, ni au contraire prôner la rupture des liens familiaux. Face à la complexité du problème, une réponse catégorique ne peut avoir lieu. Chaque cas doit être traité de manière systématique et unique, en équipe pluridisciplinaire.

Si le placement n'entraîne pas de rupture nette avec la famille, et que celle-ci est considérée apte à s'impliquer dans le projet éducatif individualisé du sujet, l'équipe pluridisciplinaire pourra alors envisager la place de la famille dans l'action éducative.
En général, dans un premier temps, l'équipe est en possession d'informations (par différents supports de communication) constituant l'histoire du sujet et les raisons de son placement. Dans un deuxième temps, au vu de ces éléments, l'équipe pluridisciplinaire envisagera alors d'élaborer un projet éducatif individuel avec la participation de la famille (ou de son représentant légal) et du sujet (en référence à la loi de janvier 2002). Cela devrait faciliter le maintien d'une cohérence pédagogique, éducative et éventuellement thérapeutique, base du projet individuel.
Cette coopération nécessite la désignation d'un éducateur référent identifié et identifiable par tous les acteurs inclus dans le projet. Il devra être nommé institutionnellement. En effet c'est autour de celui-ci que le sujet placé pourra se repérer. Il sera alors l'interlocuteur privilégié auprès de la famille et des différentes instances officielles (juge, école, partenaires sociaux, etc.). Il devra exercer cette fonction sous le contrôle de l'équipe éducative, afin de :

- s'assurer d'une certaine distance affective ;
- gérer les tensions et les angoisses éventuelles générées par cette fonction ;
- recadrer le projet.

Donner une place aux familles dans l'action éducative, c'est favoriser le dialogue, l'échange entre famille et sujet placé ; et ce, en organisant des rencontres régulières dans l'établissement d'accueil en concertation avec l'éducateur référent.
Ces rencontres sont l'occasion de faire le point sur l'évolution du sujet :

- au niveau de la vie quotidienne, de la santé, de la vie sociale et affective, éventuellement de la scolarité ou de la formation professionnelle ;
- au niveau psychologique, des rencontres avec le psychologue pourraient permettre de mieux saisir les difficultés relationnelles qui peuvent exister entre la famille et le sujet, afin d'adopter une action éducative efficace ;
- au niveau de difficultés sociales éventuelles, des rencontres avec l'assistant de service social de l'institution spécialisée ou du secteur pourraient aider la famille dans ses démarches auprès d'organismes sociaux.

Ce travail peut permettre au sujet de lui redonner une place au sein du cadre familial dans le but d'un retour en famille.
Dans cette démarche, le moniteur-éducateur devra aborder la famille sans jugement, sans perdre de vue que l'objectif de son travail est fondé essentiellement sur la revalorisation de la fonction parentale de la famille et de l'image du sujet placé, tout en étant attentif à la protection, la sécurité et le bien-être de celui-ci.

## g. L'accompagnement de l'élaboration d'une posture et d'une méthodologie professionnelles

Les questions à se poser dans le cadre de la fonction de moniteur-éducateur pour l'élaboration d'un projet éducatif sont les suivantes :

- Existe-t-il une cohérence dans la construction du projet ?
- Le sujet est-il au centre du dispositif ?

- Quels moyens utiliser pour gérer la complexité et l'incertitude de sa mise en œuvre ?
- Comment explorer des opportunités au-delà de l'environnement institutionnel ?
- Quels sont mes objectifs prioritaires ?
- Quelles sont les difficultés des « usagers », qui constitueraient des freins, des obstacles à la réalisation de ma mission ?
- Quelles sont les nouvelles attitudes ou dispositions à mettre en place prochainement ?

Dans un second temps, et après avoir relu les questions et leurs réponses :

- Quelles sont les autres dispositions à envisager pour une plus grande efficacité professionnelle ?

## 3 La certification

Ce domaine de certification (DC 2) ne comporte pas d'évaluation organisée en cours de formation.

Cependant, il comprend une épreuve orale intitulée « Participation à l'élaboration et à la conduite du projet éducatif spécialisé ».

Elle est constituée d'un entretien avec deux membres du jury portant sur la formation pratique.

Cette épreuve a lieu en centre d'examen ; elle est organisée par le recteur d'Académie.

Il s'agit d'un entretien avec deux membres du jury qui porte sur l'expérience de stage du moniteur-éducateur à partir du dossier de stages comprenant :

- les projets de stages du moniteur-éducateur ;
- les évaluations des stages réalisées sur les terrains de stage ;
- le compte-rendu de la visite de stage ;
- un écrit du moniteur-éducateur pour chaque stage rendant compte de sa participation à la mise en œuvre du projet éducatif (environ 5 pages).

### a. Objectif de l'épreuve

Déterminer si le candidat a su construire au cours de sa formation un positionnement professionnel.

### b. Compétences repérées

- Observer, rendre compte et contribuer à l'évaluation des situations éducatives.
- Participer à la mise en œuvre d'un projet éducatif.

### c. Modalités de l'épreuve

Entretien d'une durée de 20 minutes.

### d. Interrogateurs ou correcteurs

Deux interrogateurs (n'ayant pas de lien avec le candidat notamment durant sa formation théorique ou pratique).

# 4 Référentiel professionnel, indicateurs de compétences

- Savoir collecter des données et des observations.
- Savoir formaliser et restituer les éléments recueillis.
- Savoir évaluer ses actions dans le cadre du projet éducatif.
- Savoir réajuster son action en fonction de cette évaluation.
- Savoir faire des propositions pour l'élaboration du projet éducatif.
- Savoir mettre en œuvre des activités dans le respect du projet éducatif.
- Savoir prendre en compte les ressources, projets et réseaux internes et externes à l'institution.
- Savoir prendre en compte la place et le rôle des familles.
- Savoir anticiper les difficultés, ajuster et réguler les actions.

# 5 L'organisation des stages, propositions de contenu pour les projets de stages, le compte rendu de la visite de stage et l'écrit de stage

## L'organisation des stages

La formation de moniteur-éducateur se déroule en alternance. Elle s'articule avec des stages effectués sur des sites qualifiants.

- Les candidats qui suivent toute la formation en voie directe doivent effectuer sept mois de stage répartis sur deux ou trois stages d'une durée minimum de deux mois. Ils devront diversifier les publics et les modes d'interventions. Un de ces stages doit s'effectuer obligatoirement dans un établissement ou service en fonctionnement d'hébergement.
- Les candidats qui n'effectuent pas la formation dans sa totalité doivent effectuer un minimum de deux mois de stage par domaine de formation constitutif de leur parcours personnalisé.
- Les candidats qui sont en situation d'emploi de moniteur-éducateur doivent effectuer un minimum de deux mois de stage, en dehors de la structure de leur employeur.

## Le projet de stage

C'est à partir et autour de ce document que démarre le processus d'apprentissage du métier de moniteur-éducateur. C'est la mise en place par le stagiaire d'un projet négocié, rectifié, avalisé, signé, réajustable en partie si nécessaire.
Il s'agit de :

- faire le point sur les acquis professionnels antérieurs à la formation ;
- prendre connaissance du projet éducatif, de la place et des missions de l'établissement ou du service (lieu de stage) au sein du secteur socio-éducatif et/ou médico-social ;
- définir les objectifs de stage : compétences et connaissances à acquérir, à développer en rapport avec les indicateurs de compétences 2 ;
- faire l'inventaire des moyens, des modalités et des conditions que le lieu de stage offre pour réaliser, atteindre ces objectifs ;
- traduire ces objectifs de stage en termes d'initiatives, d'action, d'intervention, de mise en œuvre de savoir, savoir-faire et savoir être pour réaliser son projet de formation professionnel de moniteur-éducateur ; le tout descriptible et relié organiquement à l'ensemble des cadres de références (de son projet de stage, du projet éducatif de l'établissement où a lieu le stage, du projet pédagogique du centre de formation) ;
- définir les outils qui permettront de mesurer les écarts entre le projet de stage et le projet éducatif du lieu de stage, afin de réajuster si nécessaire le projet de stage en fonction de ce qui est réalisable ;
- préciser les étapes et actions de ce processus d'apprentissage professionnel pour atteindre ces objectifs ;
- définir les critères d'évaluation de ce processus.

## Le compte-rendu de la visite de stage

La visite de stage est effectuée et planifiée par un formateur du centre, en accord avec la direction de l'établissement d'accueil du stagiaire.
Elle a lieu en général au milieu de la période du stage, en présence du référent de stage, du stagiaire, des membres de l'équipe éducative travaillant avec lui et du responsable de stage.
Il s'agit de rendre compte de l'efficience du processus d'apprentissage du stagiaire.
À cette fin, nous proposons le guide suivant :

- le stagiaire reprécise ses objectifs de stage, les moyens pour les atteindre et montre comment son projet est intégré au projet d'établissement d'accueil ;
- il détermine la façon dont il envisage de réajuster les objectifs si cela s'avère nécessaire compte tenu de la réalité à laquelle il est confronté ;
- il fait savoir à quelle étape de son projet il se situe ;
- il fait part de ses difficultés, de ses appréhensions, de son implication.

Le formateur note s'il y a eu variation des tâches et/ou des activités du stagiaire par rapport à celles qui sont énoncées au début du stage, dans le but d'un recadrage de sa fonction à travers un processus d'apprentissage du métier.
Enfin, l'ensemble des participants, avec le stagiaire, proposent des pistes de travail estimées nécessaires à l'efficacité de la poursuite du stage, au regard des indicateurs de compétences 2.

### L'écrit de stage

***Première partie (une page): la présentation de l'institution***

- La catégorie de l'institution (MECS, IME, MAS, etc.), le public accueilli ;
- les missions de l'institution ;
- composition de l'équipe éducative ;
- le type d'agrément et le financement ;
- le fonctionnement (internat, semi-internat, externat).

***Deuxième partie (deux pages) : l'énoncé de sa participation à l'élaboration et à la conduite d'un projet éducatif***

En prenant appui sur des éléments du projet pédagogique de l'institution, et en faisant le choix de ceux qui lui paraissent les plus appropriés aux besoins des usagers, le stagiaire expose ses objectifs de stage, quant à sa participation à l'élaboration et à la conduite d'un projet éducatif.

Il devra alors :

- définir brièvement son projet éducatif ;
- décrire l'action et sa participation engagées, à court terme, à moyen terme, à long terme, en partenariat avec les différents acteurs intervenants de l'action éducative (au regard des projets et réseaux internes et externes à l'institution, et de la place et du rôle des familles) ;
- exposer les effets de ses actions et leur évaluation.

***Troisième partie (deux pages) : l'implication du stagiaire, son positionnement professionnel***

- Sa place dans l'équipe, son rôle, sa fonction de moniteur-éducateur ;
- sa participation aux différentes réunions, sa position dans les dynamiques institutionnelles ;
- comment il a anticipé les difficultés qu'il pouvait éventuellement rencontrer ;
- comment il a ajusté et régulé ses actions dans un travail d'équipe, à l'adresse de l'usager-acteur ;
- ses relations avec la hiérarchie institutionnelle, ses dépendances techniques dans l'équipe ;
- ses relations avec les différents acteurs de l'action éducative, dans l'institution, et hors institution ;
- son positionnement professionnel dans le domaine du partenariat ;
- qu'a-t-il fait ? quand ? par quel(s) moyen(s) ? avec qui et auprès de qui ? pour produire quoi ou quel(s) effet(s)?

## 6 Les évaluations des stages

Les stages placent le futur moniteur-éducateur en face des réalités entrevues du métier et des établissements dans lesquels il exercera. Ils le conduisent à considérer des pratiques institutionnelles en relation avec son projet de stage. Le stagiaire s'intéresse de plus près au sens qui est donné à l'éducation en considérant concrètement ce qu'est l'acte éducatif posé par les moniteurs-éducateurs rencontrés par exemple, en se posant les questions

suivantes : « Que font-ils et quel sens donnent-ils à cette pluralité d'actes, quels en sont les objectifs, comment ces actes sont intégrés dans le projet éducatif institutionnel ».
Le stagiaire n'est pas isolé, il s'inscrit dans un travail d'équipe.

Ce qui suppose donc qu'il devra :

- s'insérer dans une équipe de travail ;
- repérer les besoins des usagers du service et les demandes de l'institution ;
- élaborer et mener une action éducative en lien avec le projet de l'institution d'accueil ;
- évaluer l'action entreprise, ses actes professionnels ;
- développer une aptitude générale à l'analyse des situations ;
- communiquer le travail réalisé.

Les stages donnent lieu à une double évaluation (inscrites sur le livret de formation) : une évaluation faite par les responsables de stage et une faite par le candidat. Elles apparaissent dans le livret de formation du candidat au DEME.
Ce livret est construit de façon identique pour tous les centres de formation (moniteur-éducateur) sur un modèle agréé par le ministère et communiqué par ses Directions régionales de l'action sanitaire et sociale.
Il reproduit les éléments de formation suivis par le stagiaire moniteur-éducateur, il permet d'assurer le contrôle continu de la formation théorique et pratique. C'est à travers lui qu'apparaît l'évolution du processus de professionnalisation du candidat au cours de la formation.

**Pour les stages, ce livret comprend :**

## a. Une fiche intitulée « Évaluation du stage par le candidat »

Elle est rédigée et signée par le stagiaire moniteur-éducateur, à la fin de chaque période de stage.
Elle se présente de la manière suivante :
**a.** Un paragraphe se rapportant au **projet initial**
Le stagiaire pourra :

- énoncer brièvement son projet de stage initial ;
- sa mise en œuvre.

**b.** Un paragraphe se rapportant à **l'évaluation** du stage par le stagiaire
Il pourra faire apparaître les compétences professionnelles amorcées ou acquises à la suite du stage.

### Ce qu'est une évaluation de stage rédigée par le stagiaire

Il s'agit d'un bilan réalisé par le stagiaire, de son auto-évaluation sur l'ensemble du stage effectué en lien avec le référentiel professionnel moniteur-éducateur.
Cette évaluation est personnelle et doit être rédigée à la première personne.
C'est un compte-rendu synthétique de ce qui a été retenu de l'apprentissage dispensé par le site de stage et de ses effets produits sur tel ou tel aspect de ses pratiques de futur professionnel moniteur-éducateur, sur sa relation aux usagers, aux différents acteurs de

l'éducation spécialisée, ainsi que sur la relation qu'il entretient avec le Savoir.
Ce n'est donc pas un listing d'intitulés de cours ni un faire-part d'« impressions » floues.
À travers cet écrit, le stagiaire rend compte de son parcours de formation pratique en termes d'aptitudes, d'attitudes, d'acquis de savoirs.
À titre d'exemple et sans s'enfermer dans un type de rédaction figé, car chaque candidat personnalisera son écrit en y mettant de sa personne, nous pouvons suivre le plan suivant :

- faites apparaître vos acquis en termes de savoir, savoir-faire et savoir être, en lien avec les stages dans l'exercice de la fonction de moniteur-éducateur. Le discours ne doit pas être un discours rapporté, passe-partout, hermétique. Il doit avoir un contenu propre à votre expérience de stagiaire. Il vous appartient ;
- évoquez les difficultés que vous avez rencontrées, mentionnez si vous les avez surmontées et par quels moyens ;
- enfin, faites apparaître ce qui vous reste à travailler dans la continuité de votre processus de professionnalisation qui ne s'achève pas à la fin de votre cursus de formation pratique, qui reste en mouvement, en évolution.

## b. Une fiche intitulée « Évaluation du stage par le site de stage »

Elle est rédigée et signée par le référent professionnel du stagiaire et le responsable du lieu de stage.

### Ce qu'est une évaluation de stage rédigée par le site de stage

Nous pouvons proposer quelques pistes de contenu de cette évaluation, en mettant l'accent sur l'efficience (c'est-à-dire sur les résultats) de la fonction du candidat au regard de la mission de service dont il est chargé (en référence à son projet) et sur l'efficacité dont il a fait preuve dans le cadre d'un apprentissage professionnel.

Peuvent apparaître :

***1. Les aptitudes générales professionnelles et personnelles du moniteur-éducateur stagiaire***
Elles sont liées à la fonction qu'il occupe : ponctualité, respect des espaces, des lieux, des personnes, des règlements et des autres fonctions de coopération et de hiérarchie. Savoir informer, s'informer sur les rouages du service, recevoir des informations. Cerner le champ d'intervention et ses limites. Avoir intégré des connaissances socio-économiques et juridiques qui fondent le champ d'intervention du secteur social et médico-social.
Des qualités en lien avec celles qui sont requises par la fonction moniteur-éducateur peuvent être relevées : esprit d'initiative, créativité, contrôle émotionnel, contrôle du langage, dynamisme.

***2. Les relations du moniteur-éducateur stagiaire avec les usagers***
Relation d'autorité de groupe et individuelle. Écoute attentive. Vigilance quant à la sécurité corporelle et psychologique. « Distance » affective relative à la relation à l'usager dans la mission d'éducation. Relation de confiance : dire ce qu'on fait et faire ce qu'on dit. Compréhension des situations et des comportements, sans pour autant pratiquer le laxisme et le laisser faire. Savoir faire; faire faire; faire avec. Accompagner. Savoir se

positionner dans les médiations. Contrôler les jugements et les préjugés. Savoir animer, organiser, s'organiser ; projeter et anticiper, pour élaborer des stratégies pédagogiques adaptées.

***3. L'insertion du moniteur-éducateur stagiaire dans une équipe et dans un milieu professionnel***

Nous pouvons nous appuyer sur la « grille de Bales » (*cf.* Roger Mucchielli, *La Dynamique des groupes* [1973], ESF Éditeur, 2000) pour apprécier une coopération efficace selon qu'elle concerne les tâches à accomplir ou le climat de travail :

- montre de la solidarité, de l'estime, aide, gratifie ;
- soulage les tensions, crée la détente ;
- se montre d'accord, comprend ;
- donne des suggestions, des idées, tout en respectant celles des autres ;
- donne son avis, évalue, exprime des sentiments ;
- donne des orientations, formule, clarifie.

# 7 Méthodologie proposée pour cette épreuve

Le dossier de stages devra permettre au candidat de montrer qu'il a acquis des compétences professionnelles dans les domaines de l'observation et de l'évaluation de situations éducatives rencontrées au cours des stages. Il devra aussi faire apparaître sa participation à la mise en œuvre d'un projet éducatif.

- Le jury est sensible à la mise en page et à la structuration du dossier du candidat, cependant, il sera avant tout noté sur le fond et notamment sur la pertinence de ses écrits.
- Ne pas faire l'erreur qui consiste à recopier des parties d'ouvrages ou d'articles. Le jury s'en rendra compte très vite, surtout si le candidat n'est pas en mesure de lui expliquer les termes et concepts qu'il a mentionnés.
- Ne pas oublier que le dossier de stages sert de base à une interrogation sur la formation pratique. Le candidat doit être capable de se positionner professionnellement face à un jury. Il faut donc préparer son oral. L'épreuve se déroule sur 20 minutes et comporte généralement deux temps de parole : une introduction de cinq minutes environ, où seul le candidat prend la parole et quinze minutes d'échange avec le jury.

## a. Un exposé de cinq minutes

Au cours de cette partie, le candidat doit permettre au jury de redécouvrir l'ensemble de son travail réalisé au cours de ses stages en communiquant les grandes lignes de son dossier de stages.

Une bonne présentation ne doit pas dépasser les cinq minutes.

**Sachant que le jury** a lu au préalable le dossier, il présente simplement une synthèse des éléments essentiels :

- il précise en quoi le choix des stages correspond à une logique d'apprentissage du métier de moniteur-éducateur.

- il montre l'intérêt de la diversité de l'expérience des stages par rapport à son processus d'apprentissage du métier de moniteur-éducateur. Il est conseillé d'illustrer ses propos par des exemples de situations professionnelles rencontrées précises.
- il expose la démarche de sa participation à l'élaboration et à la mise en œuvre d'un projet éducatif, de son évaluation ;
- en fin d'exposé, il présente une synthèse de ce qu'il a retenu de cette participation-action, en mettant en valeur le positionnement professionnel auquel elle se rapporte (la prise en compte de l'usager acteur de son projet, l'écoute, le travail en équipe, l'adaptation, la communication, l'éthique professionnelle).

## b. Un échange avec le jury de quinze minutes

Au terme de l'exposé du candidat, le jury l'interroge.
La deuxième partie de l'oral consiste généralement en un échange avec le jury au cours duquel le candidat doit répondre à diverses questions qui portent sur le contenu de son dossier de stages.

- Le jury dirige l'interrogation.
- Il peut demander au candidat de développer un ou plusieurs thèmes, ou poser directement des questions sur le contenu de la mise en œuvre du projet éducatif.
- Il peut le questionner sur ses évaluations, celles des professionnels de stage.
- Il peut lui demander d'évaluer les effets de la formation pratique sur sa future fonction de moniteur-éducateur.

**Conseils**

- Bien écouter la question avant de répondre.
- Répondre de manière structurée, précise.
- Argumenter ses réponses.
- Illustrer ses propos, ses raisonnements, par des exemples provenant des stages et ne pas hésiter à faire référence à sa pratique.
- Utiliser le « je » pour marquer son implication dans l'exercice de la fonction de moniteur-éducateur. Il est important de signifier que celle-ci s'inscrit dans le projet pédagogique institutionnel, à travers un travail d'équipe, en lien avec le projet éducatif individuel de l'usager.
- Montrer que l'action suit le verbe, que la réflexion prend du sens avec la mise en œuvre d'actes éducatifs auprès et avec des personnes en difficulté.

# III Domaine de compétences 3 : travail en équipe pluriprofessionnelle

Apport théorique : domaine de formation (125 heures).
Domaines de compétences visés :
- s'inscrire dans un travail d'équipe ;
- élaborer, gérer et transmettre de l'information.

## 1 Programme

- Compréhension de l'organisation des établissements et services sociaux et médico-sociaux.
- Enjeux de la communication au sein de l'institution.
- Accompagnement de l'élaboration d'une posture et d'une méthodologie professionnelles.

## 2 Fiches thématiques préparant au DEME

### a. Le travail d'équipe

Une équipe est un ensemble de personnes appartenant à une organisation et ayant comme finalité d'accomplir une tâche commune.
Une équipe de travail existe lorsqu'il y a actions réciproques entre les membres qui la composent, des objectifs communs et une certaine organisation.
L'organisation permet alors l'attribution des rôles et fonctions de chaque membre du groupe. Elle comprend aussi les forces qui poussent les membres d'un groupe à former une unité dans le cadre formel autour d'une tâche. Cette organisation entraîne l'assimilation des buts de l'équipe de travail, la confiance envers les partenaires qui la composent et la coopération pour la réalisation d'une tâche.

Le travail d'équipe se situe dans un cadre formel, nécessitant la présence de l'ensemble des membres qui concourent à l'action éducative. Il a pour but de communiquer des informations, d'effectuer des mises au point techniques, des synthèses, de définir et redéfinir les objectifs et moyens de travail.
Le travail en équipe existe dans la mesure où il y a une participation de ses membres.
La participation à un travail d'équipe suppose l'assimilation des objectifs et des moyens à utiliser pour les atteindre.
Une équipe a un projet commun dans un cadre professionnel. Elle adopte une méthode de travail.

## Les conditions nécessaires au travail en équipe

- Le groupe se définit des objectifs précis (ex. : élaboration d'un projet pour un usager ou élaboration d'un règlement intérieur).
- Le groupe se fixe des règles de travail précises.
- La nature du travail de chacun doit être en cohérence avec les objectifs fixés par la répartition des tâches.
- La nature du travail de chacun doit être très peu modifiée pour atteindre les objectifs (sinon il n'y a pas d'esprit d'équipe).

*N.B.* : le terme d'« équipe pluriprofessionnelle » renvoie à la qualification officielle des membres qui la composent. Celui d'« équipe pluridisciplinaire » fait référence aux savoirs.

## Les difficultés du travail en équipe

L'équipe n'est pas une fin en soi, les difficultés se situent dans les domaines relationnel, humain et affectif. Elles proviennent aussi de nos croyances et de nos mythes : nous pensons qu'une bonne équipe doit durer, or il faut arrêter le travail en équipe quand les objectifs sont atteints.
L'aspiration au consensus est contraignante : nous nous imaginons qu'il faut absolument s'entendre pour travailler en équipe. Cela conduit au mythe de la ressemblance, de l'identique, et peut constituer un obstacle car ce qui est intéressant dans une équipe, ce sont précisément les différences.
La frustration peut se situer au niveau de l'acceptation des règles de travail. Quand on travaille en équipe, on s'expose, on parle de soi, de son travail, on est regardé et le groupe devient un miroir qui renvoie une image de soi, de l'autre, de chaque individu. Cela peut réactiver chez certains individus des problèmes personnels, qui peuvent être le manque de confiance en soi, la difficulté à gérer des conflits ou une attitude paranoïaque. Il peut donc y avoir résistance au travail en équipe.

**Références**

Anzieu D., Martin J.-Y., *La Dynamique des groupes restreints* [1968], PUF, 2007.
Mucchielli R., *Le Travail en équipe* [1975], ESF Éditeur, 2012.
Mucchielli R., *La Dynamique des groupes* [1973], ESF Éditeur, 2000.

## b. Comprendre l'organisation des établissements et services sociaux et médico-sociaux

### Définition de l'organisation

« Au sens dynamique, c'est l'action d'organiser, de s'organiser en vue de certains objectifs. En un sens apparemment plus statique, c'est le phénomène sociologique que constitue l'existence d'une organisation donnée devenue institution sociale. Dans les deux cas, il s'agit d'un arrangement de parties interdépendantes, chacune ayant ou devant avoir une fonction spéciale par rapport à un ensemble, ceci dans des conditions données et dans un but reconnu » (R. Mucchielli).

Avant d'aborder les premières théories sur les principes qui guident tel ou tel modèle d'organisation sociale, nous allons faire un bref rappel du contexte historique de leur émergence.

### Les premières organisations de la société industrielle

Des théories vont émerger au XIX^e^ siècle. La déstabilisation politique consécutive à la Révolution française et l'avènement d'un système industriel ont pour effet de favoriser les réflexions sur le nouvel ordre social à promouvoir et les mesures à prendre pour résoudre ses difficultés (passage d'un ordre divin à un ordre social, séparation entre la sphère du sacré et celle du profane, idée d'un contrat social chargé de définir des institutions réglant harmonieusement les rapports entre les citoyens de l'État, apparition de formes d'organisation de la classe ouvrière).

Le XIX^e^ siècle se caractérise donc par la nécessité de repenser une nouvelle société. La sociologie naît au cours cette période (1815-1918).

### Le contexte socio-économique et politique

La société industrielle donne naissance à un prolétariat urbain. Un véritable esprit industriel se propage et est symbolisé par la création de l'usine. En effet, l'usine et ses ateliers ne vont pas de soi. Ils supposent une discipline particulière, un changement de valeurs, une manière différente de voir les relations aux autres. Les organisations de nos sociétés actuelles ont hérité de ces changements.

On assiste alors à :

- une déqualification brutale du geste artisanal ;
- une division du travail ;
- une exploitation des travailleurs ;
- de très bas salaires qui obligent les familles ouvrières à faire travailler les enfants très tôt.

Les risques d'émeutes poussent les instances gouvernementales à établir une réglementation politique et sociale : le siècle de l'industrialisation est aussi celui des lois sociales.

En Europe, plusieurs associations sont créées dans le but de promouvoir une politique sociale. Le traitement de la question sociale interroge les intellectuels.

Le développement des sciences de la nature et de la culture secoue les bases des systèmes philosophiques. Ils proposent de nouveaux modèles qui vont être utilisés pour penser la société et permettre d'institutionnaliser de nouvelles disciplines.

C'est dans ce contexte que Marx, Weber et Durkheim élaborent leurs théories sur les principes qui guident tel ou tel modèle d'organisation sociale. Ces auteurs ont influencé très fortement le XXe siècle et ont contribué à façonner les fondements de la sociologie contemporaine.

Les organisations ne datent pas du début du XXe siècle (les grands empires babyloniens, chinois, aztèques ou romains, les cités grecques, les corporations médiévales, etc., ont été des modèles d'organisation), mais elles constituent dorénavant un objet d'étude spécifique.

## Les trois modèles : Marx, Durkheim et Weber

***Marx (1818-1883) : le travail, fondement des rapports sociaux***

Son œuvre s'étend sur trois champs : philosophique, économique et politique.

Face aux situations politiques et sociales de la seconde moitié du XIXe siècle, la question centrale que se pose Marx est : comment changer cette situation ? Pour y répondre, il analyse les mécanismes économiques (le capital) et politiques (les luttes de classes en France).

Selon lui, dans le travail, les hommes organisent leur collaboration dans des « rapports de production » qui sont à l'origine des « rapports sociaux de production ». Dans ces rapports sociaux, les hommes se répartissent inégalement : les uns dominent, les autres sont dominés. Cette relation dominant-dominé apparaît dès que la productivité du travail dépasse le seuil où elle ne suffit qu'à l'entretien du producteur.

Ce mécanisme est à l'origine de la division du travail, de la division de la société en classes et de la lutte des classes. Le but se situe dans l'acquisition du « surproduit social » qui résulte de la force de travail des salariés. Ce sont les possédants du capital qui consomment ce surproduit social.

La structure économique de la société est, dans la vision marxiste, la fondation sur laquelle se bâtissent les institutions juridico-politiques (l'État en particulier) et les « formes de la conscience sociale ».

***Émile Durkheim (1858-1917) : de la solidarité mécanique à la solidarité organique***

Philosophe tout d'abord, puis professeur de pédagogie et de sciences sociales à la faculté de Bordeaux, il est le premier à enseigner la sociologie dans un cadre universitaire en France.

Pour lui, la révolution industrielle pose le problème de la déstructuration des univers sociaux traditionnels (solidarité « mécanique ») et le passage nécessaire à la solidarité « organique » qui est la base du fonctionnement des sociétés modernes.

Les questions qu'il pose sont celles de l'intégration de l'individu dans la société, de l'existence d'un ordre social, de la cohérence et de la cohésion de la société.

La division du travail ne se réduit pas à un phénomène uniquement économique, mais « constitue principalement la solidarité sociale » : il s'agit pour les individus d'être solidaires d'un groupe.

Les sociétés modernes, individualistes, doivent maintenir le minimum de « conscience collective », autrement la solidarité organique entraînerait la désintégration sociale, l'anomie généralisée (absence de loi). C'est la société qui donne à ses membres cette « conscience collective », cet ensemble de croyances et de sentiments communs.

***Max Weber (1864-1920) : la bureaucratie***

Juriste, il porta un vif intérêt à l'économie politique, à l'histoire et à la sociologie.

C'est lui qui ouvrit la voie à la sociologie des organisations, sous l'aspect de leur rationalité, par ses travaux sur l'organisation bureaucratique.

Pour Weber, c'est l'individu qui donne sens et légitimité à ce que la société lui propose.

Observant la montée du phénomène de rationalisation (dans l'économie capitaliste) et de la bureaucratisation (dans la gestion de l'État), il se demande comment et pourquoi les individus acceptent la domination, le pouvoir de l'État. Comment ces mêmes individus construisent-ils alors des types d'action, de fonctionnement, de légitimation qui constituent des types de sociétés ?

Y a-t-il un modèle nouveau de légitimité ? Selon Weber, c'est la légitimité de type légal-rationnel, différente de celles de type traditionnel et de type charismatique.

À ce nouveau type de légitimité correspond une forme d'organisation spécifique à la société industrielle et qu'il nomme bureaucratie. La bureaucratie est faite de règles explicites, précises et surtout s'imposant à tous de manière égale.

Les trois concepts qui caractérisent la société industrielle sont la bureaucratie, la légitimité, l'organisation : c'est la naissance de la sociologie des organisations.

En conclusion, on peut considérer que l'institution se caractérise, en général, par les éléments suivants :

- une division des tâches ;
- une distribution des rôles ;
- un système d'autorité ;
- un système de communication ;
- un système de contribution-rétribution.


**Références**

Bernoux P., *La Sociologie des organisations* [1985], Le Seuil, 1999.

Crozier M., Friedberg E., *L'Acteur et le Système* [1981], Le Seuil, 1989.

Durand J.-P., Weil R., *Sociologie contemporaine* [1989], Vigot, 2006.

Mucchielli R., *Organigrammes et sociogrammes*, ESF Éditeur, 1973.


## C. Les enjeux de la communication au sein de l'institution

Une organisation est un ensemble d'éléments en interaction, regroupés au sein d'une structure régulée, ayant un système de communication pour faciliter la circulation de l'information, dans le but de répondre à des besoins et d'atteindre des objectifs déterminés. Après une définition de la communication, nous nous appuierons sur les trois concepts clés de l'analyse stratégique, développés par Michel Crozier dans *L'Acteur et le Système*, pour envisager les enjeux de la communication au sein de l'institution.

### La communication

« La communication est une opération mettant en relation des sujets humains et consistant à "faire passer" une connaissance, une information, une émotion. La communication est

un rapport interhumain, un "contact" ayant pour but de faire participer les individus ou les groupes. »
Le schéma de la communication développé par Harold Lasswell (1948) se décompose en cinq questions fondamentales :

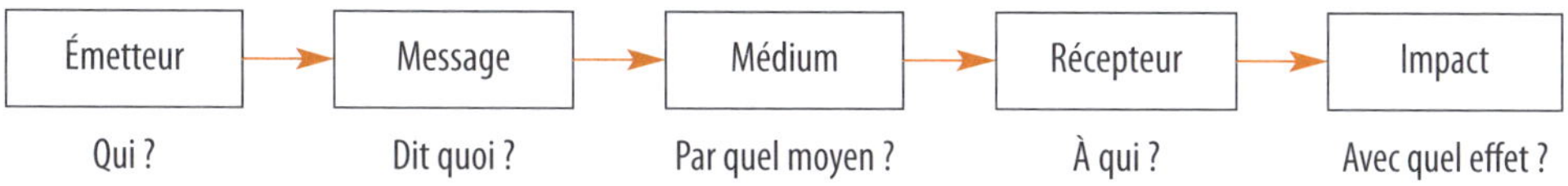


C'est Claude Shannon qui apportera les premiers éléments d'une théorisation de la communication. Norbert Wiener complétera ce schéma en lui rajoutant un élément de régulation : le *feed-back*, c'est-à-dire l'information en retour.
Dans ce schéma, on note la source d'information qui produit le message (la voix dans le téléphone) et l'émetteur qui transforme le message en signaux (le téléphone transforme la voix en oscillations électriques).

- Le canal est l'espace utilisé pour transporter les signaux (le câble).
- Le récepteur reconstruit le message à partir des signaux.
- La destination est la personne à qui s'adresse le message.

Durant la transmission, les signaux peuvent être perturbés par du bruit (grésillement) :

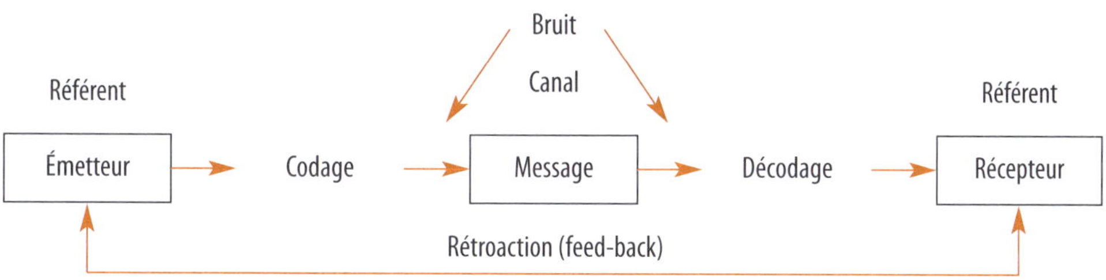


- L'émetteur est la source de l'émission.
- Le récepteur est le destinataire du message.
- Le message est le contenu de la communication. C'est un ensemble de signes perceptibles qui vont stimuler le récepteur et lui apporter de l'information.
- Le canal est l'élément qui permet la transmission de l'information de l'émetteur au récepteur. C'est la voie de circulation du message.
- Le code est le processus de transformation d'une information en signes repérables. Le processus de décodage n'est envisageable que si le récepteur perçoit, identifie les signes et comprend les règles qui les combinent. Si les répertoires des codes et les règles de décodage sont identiques, il y a possibilité de réception de l'information.
- Les bruits sont tous les phénomènes parasites qui vont dénaturer le message et rendre sa compréhension difficile.
- Le référent est l'élément se rapportant à tous les éléments de la situation et du contexte qui ont amené l'émetteur à formuler son message.

En montrant que l'information était quantifiable, cette théorie invitait à traiter de la même façon tout système de signes, plus précisément le signe linguistique.
Selon Ferdinand de Saussure, fondateur de la linguistique, le signe linguistique est l'association d'une image phonique (le signifiant) et d'un concept ou d'un contenu

sémantique (le signifié). Ainsi, pour reprendre cet auteur, « quand j'entends ou que je lis le mot table (signifiant), ce mot évoque en moi le concept table (signifié), c'est-à-dire un objet qui possède certaines caractéristiques qui lui sont particulières comme des pieds et un plateau ». Cependant, ce signe peut évoquer des réalités différentes selon les personnes ou le contexte. On nomme « référent » ce que le signe linguistique désigne.

## Les trois concepts clés de l'analyse stratégique selon Michel Crozier

### *Le pouvoir*

Dans toute institution, on note la présence de conflits de pouvoir. En effet, des personnes ou des groupes de personnes appartenant à une même institution ou organisation ont des objectifs qui ne sont pas toujours identiques. Cela peut alors avoir pour conséquence l'adoption de stratégies divergentes. Apparaissent alors des conflits de pouvoir, qui créent à leur tour le besoin d'un pouvoir officiel régulateur de ces conflits.

Le pouvoir est la capacité d'un acteur à faire agir un autre acteur. Le pouvoir n'est donc pas lié automatiquement aux ressources de contrainte que peut donner une position hiérarchique supérieure. Il y a des chefs sans pouvoirs réels et des individus ou groupes qui ont beaucoup de pouvoir sans avoir une position hiérarchique. Les ressources du pouvoir sont la compétence, la maîtrise des relations à l'environnement, la maîtrise des communications, les connaissances des règles de fonctionnement.

### *La zone d'incertitude*

Toute organisation est soumise en permanence à des masses d'incertitudes très élevées (techniques, commerciales, humaines, financières, etc.). La personne qui les maîtrise le mieux, par ses compétences et son réseau de relations-communications, et qui peut donc prévoir ces incertitudes, détient la plus grande ressource de pouvoir. Ses comportements sont alors imprévisibles.

L'incertitude existe toujours à tous les niveaux, conférant par là de l'autonomie aux acteurs. L'incertitude étant, par définition, mal définie, on préfère parler de zone d'incertitude pour délimiter les lieux où il va ou peut se passer quelque chose.

### *Le système d'action concret*

Le système d'action concret est un ensemble de relations qui se nouent entre les membres d'une organisation et qui servent à résoudre les problèmes concrets quotidiens. Ces relations ne sont pas prévues par l'organisation formelle (officielle) et les définitions de fonctions. Ces règles informelles (officieuses) sont nécessaires au fonctionnement de l'entreprise et sont généralement bien connues. Elles doivent absolument l'être par quiconque veut introduire des changements.

**Références**

Bernoux P., *La Sociologie des organisations* [1985], Le Seuil, 1999.
Crozier M., Friedberg E., *L'Acteur et le Système* [1981], Le Seuil, 1989.
Mucchielli R., *Organigrammes et sociogrammes*, ESF Éditeur, 1973.

## d. L'élaboration d'une posture et d'une méthodologie professionnelles

Les éléments fondamentaux qui suivent permettent de caractériser un processus de professionnalisation dans les domaines de la posture et de la méthodologie.

### Respecter

- La ponctualité : respecter les horaires de travail et les délais de mise en œuvre des tâches attendues.
- La présence : être présent au sein de l'équipe au moment d'événements clés.
- L'assiduité : être présent et ponctuel de façon régulière.
- La confidentialité : savoir ce qui doit être confidentiel vis-à-vis de l'extérieur.

### Cerner les attitudes d'écoute

- Accepter la personne telle qu'elle est.
- Être disponible.
- Porter une attention chaleureuse.
- Être soi-même.
- Comprendre l'autre.

Il s'agit de ne pas interpréter ce qui est dit, ne pas prendre la responsabilité du problème de l'autre. En d'autres termes, le professionnel adopte de la distance par rapport à son interlocuteur. Les échanges avec l'équipe jouent alors un rôle important dans l'élaboration d'une attitude distanciée.

**Les sept attitudes à adopter envers l'usager dans le cadre de la fonction éducative**

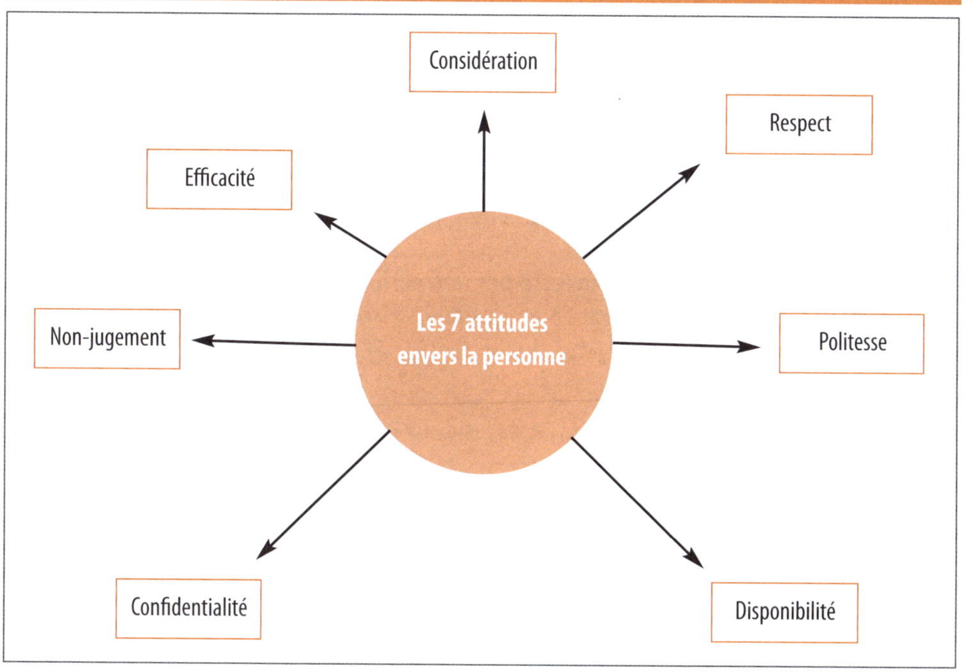

## Les attitudes préconisées par Porter

« Lorsque vous écoutez votre interlocuteur, et malgré votre souci de vous placer dans une "bienveillante neutralité", vous ne pouvez totalement effacer une certaine subjectivité.
C'est-à-dire que les propos de votre interlocuteur, selon leur contenu, selon leur forme et selon leur émetteur, vont éveiller en vous des réactions, des sentiments. Ainsi, lorsque vous cherchez à identifier – à comprendre – les sentiments de l'autre, cette identification va se faire à travers votre propre personnalité et votre perception sera quelque peu déformée par rapport aux sentiments exprimés par l'émetteur.
M.E. Porter s'est intéressé à ce problème et ses études ont permis d'identifier **six attitudes types qui interfèrent dans nos relations avec les autres** et dans la perception que nous avons de ce qu'ils expriment.
Aussi, lorsque quelqu'un nous parle au cours d'un entretien, nous pouvons l'écouter et reformuler des propos qui n'expriment pas exactement ses sentiments, mais davantage notre propre attitude et notre sentiment personnel vis-à-vis du sujet, par exemple.

***Première attitude : décision***
À titre d'exemple, votre interlocuteur dit : "Je suis très ennuyé, j'hésite entre acheter un appartement à crédit et continuer à louer cette splendide villa..."
Si vous répondez "Moi, à votre place, je n'hésiterais pas, vivre à la ville est plus agréable !", votre attitude est une attitude de décision. Vous proposez votre solution et ne prenez pas en compte le sentiment d'hésitation de l'autre. Vous voulez aller vite et vous négligez le sentiment ressenti par votre interlocuteur.
Votre reformulation (votre intervention) n'exprime pas le trouble qu'il vient d'éprouver et de vous communiquer. Votre partenaire n'aura pas l'impression que vous l'avez bien compris.

***Deuxième attitude : support***
À titre d'exemple, votre interlocuteur dit : "C'est terrible, depuis que nous sommes dans cette ville, j'ai l'impression que les gens nous ignorent. Il semble difficile de rencontrer des gens sympathiques..."
Si vous répondez "Ne vous en faites pas ! On a tous connu cela... Vous allez voir, ça ira mieux dans quelques semaines !", votre attitude est une attitude de support. Vous encouragez votre interlocuteur, vous le consolez, vous cherchez à compenser ce que vous croyez être sa peine.
Cette façon de venir en aide ne manifeste pas une véritable compréhension du problème de votre interlocuteur et ne présente aucune caractéristique de neutralité.

***Troisième attitude : enquête***
À titre d'exemple, votre interlocuteur dit : "Ces deux amies sont pour moi d'un grand réconfort... Je crois qu'elles m'aiment toutes les deux et je ne devrais pas les laisser se faire des illusions."
Si vous répondez "Pour laquelle de ces deux personnes éprouvez-vous le plus d'amitié ?", votre attitude est une attitude d'enquête. Vous interrogez pour en savoir plus et satisfaire votre curiosité. Vos investigations ne reflètent pas le sentiment exprimé par votre interlocuteur.
Votre tendance "inquisitoriale" ne donnera pas confiance et votre partenaire ne se sentira pas invité à poursuivre ses confidences.

***Quatrième attitude : interprétation***

À titre d'exemple, votre interlocuteur dit : "J'ai l'impression qu'il est difficile de se faire des relations dans cette entreprise. Les gens semblent très repliés sur eux-mêmes..."
Si vous répondez "Si je comprends bien, vous êtes très étonné de voir que les gens ne s'intéressent pas à vous !", votre attitude est une attitude d'interprétation. Vous déformez (certainement à votre insu) les sentiments de l'autre. Vous exprimez ce que vous avez compris et non ce que l'autre ressent. Cette distorsion démontrera à votre interlocuteur que vous vous "écoutez" plus que vous ne l'écoutez. Il arrêtera ses confidences.

***Cinquième attitude : évaluation***

À titre d'exemple, votre interlocuteur dit : "Notre quartier est sillonné par des bandes de jeunes sans emploi qui ne cherchent qu'à faire le mal !"
Si vous répondez "Vous avez raison de vous méfier des jeunes. Ils ne respectent plus rien... Je suis d'accord avec vous", votre attitude est une attitude d'évaluation. Vous ne cherchez pas à comprendre le sentiment éprouvé par l'autre au moment où il vous parle, mais vous portez un jugement sur la qualité de son appréciation. Vous vous introduisez dans le sujet en y apportant votre évaluation personnelle. Vous ne manifestez à cet égard aucune écoute ni aucun souci de compréhension.

***Sixième attitude : empathie***

À titre d'exemple, votre interlocuteur dit : "Les autres réussissent toujours mieux que moi, malgré les efforts que je fournis..."
Si vous répondez "Vous avez le sentiment que les autres font moins d'effort que vous et cela vous semble injuste", votre attitude est une attitude empathique. C'est-à-dire que votre reformulation manifeste le souci que vous avez de bien écouter votre interlocuteur et de comprendre ce qu'il vit.
Cette attitude empathique est, bien entendu, celle qui convient parfaitement pour reformuler et relancer l'expression de votre interlocuteur au cours d'un entretien, d'une relation de face-à-face.
Elle exprime le respect que vous avez de l'autre et de ses propos. Votre interlocuteur se retrouve dans votre reformulation. Il se sent compris et cela le met en confiance. Il peut donc sans crainte poursuivre ses confidences ou son intervention. Ainsi, vous entendrez d'autres informations, d'autres propos qui vous donneront de la situation une vision plus complète. Vous serez plus objectif.
L'attitude empathique ou l'empathie n'est pas une technique. C'est un état, une disposition de l'être qui se développe par un travail personnel de compréhension et de connaissance de soi. Comprendre les autres exige de se comprendre soi-même. Ce n'est donc pas la simple lecture de cet ouvrage qui vous transformera en auditeur empathique. Une longue et patiente évolution est peut-être nécessaire.
L'empathie est une attitude qui respecte l'autre et son expression. Elle favorise l'authenticité dans la relation interpersonnelle et concourt à l'épanouissement des individus. »

**Références**

Chevalier-Beaumel A., *Réussir la conduite d'un entretien* [1992], Éditions du Puits fleuri, 2002.
Porter M.E., *Choix stratégiques et concurrence* [1982], Economica, 2001.

## e. Les écrits professionnels dans le secteur social et médico-social

### Les écrits professionnels

Aujourd'hui, tous les travailleurs sociaux sont concernés par l'écriture dite « professionnelle ». L'écrit professionnel est à considérer ici comme un document où un individu en situation de fragilité et l'équipe éducative communiquent. Ce qui signifie que l'information et la relation constituent les éléments fondamentaux de l'écrit.
L'usager se situe au centre du dispositif institutionnel qui l'accueille ; il n'est plus passif mais acteur, comme l'atteste la loi du 2 janvier 2002. Elle indique que les établissements et services garantissent à l'usager « l'accès à toute information ou document relatif à sa prise en charge » (article 7 de la loi).
Les travailleurs sociaux sont donc dans l'obligation de l'informer et de bâtir des documents (projet individualisé, par exemple) avec lui.
Mais, au-delà de la loi, se pose pour le travailleur social en général, et le moniteur-éducateur en particulier, la question du positionnement éthique et de l'acceptation de sa propre subjectivité. C'est pourquoi les documents doivent être soumis à la réflexion, à la critique de l'équipe et à une évaluation de son contenu, dans la bienveillance et la rigueur. Ce travail ne se situe pas uniquement sur l'écrit lui-même, mais aussi sur l'écrit comme empreinte de pratiques.
Pour chaque écrit, il est impératif que le moniteur-éducateur ait une connaissance précise :

- du cadre juridique dans lequel s'inscrit son écrit ;
- de l'adresse et des places de l'émetteur et du récepteur auquel est destiné son écrit ;
- de sa propre subjectivité ;
- des fondements théoriques et idéologiques qui sous-tendent son écrit.

### Les différents types d'écrits dans le secteur social et médico-social

***Le projet***

- Le projet d'établissement ou de service.
- Le projet individualisé.

***Le contrat***

- Les contrats dans le cadre de l'aide sociale à l'enfance.
- Le contrat d'insertion pour le revenu minimum d'insertion.

***Le rapport***

- Le rapport dans le cadre d'une demande d'aide.
- Le rapport dans le cadre d'une procédure d'agrément.
- L'enquête sociale.
- L'information préoccupante.
- Le signalement.

***Le rapport d'évolution***

- Le rapport dans le cadre d'une ordonnance de placement provisoire.
- Le rapport dans le cadre d'une mesure de tutelle aux prestations sociales.
- Le rapport d'activité.

***Le compte rendu***

- La note de situation.
- La note de synthèse.

***Les documents garantissant les droits et les devoirs des usagers***

- Le livret d'accueil.
- Le règlement de fonctionnement.
- Le contrat de séjour ou document individuel.

***Le cahier de liaison***

**Conseils**

**S'organiser avant d'écrire**

- Repérer les différents écrits professionnels.
- Identifier les destinataires et leurs attentes, sa place dans l'institution, ses missions, celle de l'usager et les enjeux de l'écrit.
- Définir ses objectifs rédactionnels.

**Construire un plan**

- Établir un plan selon ses objectifs.
- Classer et hiérarchiser ses idées.
- Dégager les idées essentielles.
- Mettre en évidence les problèmes.

**Rédiger et présenter**

- Proposer des solutions argumentées.
- Rendre cohérentes les actions de l'institution.
- Appliquer les règles de lisibilité.
- Enchaîner ses propos de manière logique.
- Mettre les idées essentielles en valeur.
- Maîtriser l'orthographe, le vocabulaire et la ponctuation.

**Référence**

Ejzenberg E., *Les Écrits professionnels dans le secteur social et médico-social* [2007], Vuibert, 2010.

## Les différents types d'observation

*L'observation en retrait :* elle consiste à observer un environnement, un milieu, des pratiques de l'extérieur, de manière discrète.
*L'observation participante :* le stagiaire moniteur-éducateur devient partie prenante des pratiques observées.
*L'observation anonyme* qui reste ignorée de ceux qui en sont l'objet : situation idéale car elle élimine les effets induits par la présence d'un tiers reconnu comme observateur mais pose un problème déontologique (elle est à éliminer dans le cadre de vos fonctions).

**L'observation ne s'improvise pas**

Elle s'organise autour d'un plan d'observation. Le stagiaire moniteur-éducateur doit réfléchir à une manière de procéder, et progressivement il donnera un ordre logique à ce qu'il découvre au cours du stage. Il peut se munir d'un carnet de note appelé « cahier de bord ».

## 3 La certification

### a. Première épreuve : entretien à partir d'un dossier thématique

- Dossier support : coefficient 1 (note attribuée avant l'audition du candidat).
- Oral : coefficient 1.

Cette épreuve a lieu en centre d'examens ; elle est organisée par le recteur d'académie. Il s'agit d'un entretien à partir d'un dossier, élaboré par le candidat, se rapportant à un domaine professionnel abordé sous divers angles. Le dossier ne devra pas excéder 20 pages.

#### Objectif de l'épreuve

Évaluer les capacités du candidat à réunir des informations pertinentes sur un domaine professionnel donné et à les mettre en forme.

#### Compétences repérées

Élaborer, gérer et transmettre de l'information.

#### Modalités de l'épreuve

Épreuve orale d'une durée de 20 minutes.

#### Interrogateurs ou correcteurs

Deux interrogateurs (n'ayant pas de lien avec le candidat, notamment durant sa formation théorique ou pratique).

### b. Seconde épreuve : évaluation des capacités du candidat à travailler en équipe pluriprofessionnelle

Cette épreuve (coefficient 1) est organisée en cours de formation.
Elle porte sur :

- les évaluations faites par le site de stage des capacités du candidat à travailler en équipe pluriprofessionnelle sur la base des indicateurs de la compétence « S'inscrire dans un travail d'équipe » ;
- la détermination des notes effectuée à partir des évaluations, conjointement et paritairement, par des référents professionnels et des formateurs.

#### Objectif de l'épreuve

Évaluer les capacités du candidat à travailler en équipe pluriprofessionnelle.

#### Compétences repérées

S'inscrire dans un travail d'équipe.

### Modalités de l'épreuve

Lors d'un entretien oral, l'évaluation est réalisée sur le terrain. Elle porte sur des activités conduites par le stagiaire et sur la formalisation qu'il en fournit. Cette évaluation est réalisée à partir d'une grille fournie dans le livret de formation.

### Interrogateurs ou correcteurs

Le référent professionnel et le responsable hiérarchique.

## 4 Référentiel professionnel, indicateurs de compétences

- Savoir coopérer avec d'autres professionnels de son service, solliciter leur avis, leurs connaissances, leurs compétences.
- Savoir transmettre ses propres observations.
- Savoir confronter ses observations.
- Savoir sélectionner des informations pour les transmettre en protégeant la vie privée des personnes ou le caractère confidentiel des informations saisies.
- Savoir traiter et conserver des informations.
- Savoir donner du sens aux informations pour une aide à la décision.
- Savoir argumenter des propositions.
- Savoir utiliser les nouvelles technologies.
- Savoir rédiger les comptes rendus des situations éducatives.

## 5 Méthodologie du dossier thématique

La méthode qui suit n'est pas la seule. Elle peut varier d'un centre de formation à un autre. Cependant on peut dire que globalement, il s'agit d'aborder un thème rencontré dans le domaine de la pratique éducative du moniteur-éducateur, sous différents angles. Ce thème s'inscrit dans l'optique d'une réflexion étayée par une utilisation pertinente des informations recueillies auprès d'une équipe pluriprofessionnelle sur un domaine professionnel.

Le traitement d'un thème n'est pas un cours recopié, illustré par des exemples.

Il ne s'agit pas d'évaluer les pratiques des éducateurs ou autres professionnels relevant du secteur social.

Le candidat devra faire apparaître à travers son dossier thématique ses capacités à réunir de façon pertinente des informations sur un thème professionnel donné et à les mettre en forme : les élaborer, les gérer et les transmettre en vue d'une réflexion personnelle, d'une aide à la décision dans le cadre de sa future intervention en tant que moniteur-éducateur.

**Plan type**

**Introduction**

1. Thème posé clairement, en montrant, comment il s'inscrit dans le cadre de la mission de l'institution, de l'intervention du moniteur-éducateur auprès des usagers accueillis, à travers un travail d'équipe pluriprofessionnelle
2. Contexte institutionnel (type d'établissement(s), présentation des personnes accueillies).
3. Annonce des parties qui vont être développées (plan du document).

**I- Première partie**

1. Éclairage théorique du thème posé : définitions, références des auteurs. Il expose les différents points de vue selon la discipline (juridique, sociologique, psychologique, etc.). Le candidat met en valeur la diversité de son travail de lecture qu'il a fourni.
2. Diversification et citation des sources d'informations : observations dans l'environnement par rapport au thème abordé, entretiens avec les membres de l'équipe pluriprofessionnelle.

Dans ce dessein, le candidat devra :

- leur poser des questions sur le thème étudié à partir d'un plan de recueil de connaissances ;
- préciser la position qu'ils occupent dans l'organisation de l'établissement ;
- varier les points de vue sur le thème.

Le dossier thématique doit comporter des informations issues d'acteurs variés (qui interviennent à des titres différents), que le candidat rassemble de manière pertinente.

**II- Deuxième partie**

1. Le candidat sélectionne les informations recueillies dans la première partie par rapport au thème posé.
2. Il les met en forme, les explicite. Cette démarche consiste à montrer le caractère pluridimensionnel du thème et sa complexité.

Ce travail doit permettre l'émergence de dimensions significatives du thème pour une compréhension élargie.

**III- Troisième partie**

Le candidat fait apparaître les différents aspects du thème étudié, leur donne du sens en vue d'une transmission et d'une mise en discussion avec l'équipe.

Dans cette partie apparaissent des savoirs et des pratiques. En effet, prendre la parole dans une équipe et partager de l'information suppose une écoute attentive des membres qui la composent. Transmettre des informations demande de la part de l'émetteur un travail de mise en forme pertinent.

Il est important d'évoquer les limites de la communication.

Le candidat doit montrer comment les différents éclairages théoriques et l'apport de l'équipe pluriprofessionnelle pour son travail d'étude du thème posé, contribuent à l'approfondissement et au réajustement de ses pratiques éducatives.

**Conclusion**

En quoi ce travail de rédaction a permis au candidat de mieux comprendre le thème abordé se rapportant à un domaine professionnel, de cerner sa fonction éducative à travers la coopération avec une équipe pluriprofessionnelle. Comment l'accès à l'information émanant de différents professionnels est essentiel à la construction d'un savoir professionnel.

**Exemples de thèmes**

- La parentalité
- La séparation
- Le placement en institution
- L'adolescence

**Conseils**

- Le dossier thématique est composé de 15 à 20 pages (recto uniquement) sans compter la page de garde, la table des matières, la bibliographie et les annexes (éventuellement).
- Suivre absolument le plan annoncé en introduction dans le développement du dossier thématique.
- Respecter l'anonymat des personnes évoquées.
- Maîtriser le vocabulaire, les concepts et les théories utilisés.
- Indiquer les sources des citations (en bas de page).
- Utiliser les guillemets lorsque sont repris des propos d'un auteur ou d'une personne interrogée.
- La page de garde doit comporter : l'intitulé du centre où la formation a eu lieu, le titre du dossier thématique (accompagné parfois d'un sous-titre), l'appellation complète du diplôme présenté (diplôme d'État de moniteur-éducateur), le nom de naissance du candidat, suivi éventuellement du nom marital et du prénom.
- Indiquer dans la table des matières le titre des parties et des sous-titres, accompagné du numéro de page correspondant.
- Constituer une liste de sigles en fin de dossier, à classer par ordre alphabétique. Chaque sigle est suivi de sa signification complète.
- Ne pas inventer d'abréviations.

## 6 Entretien à partir du dossier thématique

Il s'agit d'un entretien avec deux membres du jury à partir du dossier thématique. L'épreuve se déroule sur 20 minutes et comporte généralement deux temps de parole : une introduction de dix minutes environ, où seulement le candidat prend la parole et dix minutes d'échange avec le jury.

## a. Premier temps : une introduction de cinq minutes

Au cours de cette partie introductive, le candidat doit permettre au jury de redécouvrir l'ensemble de son travail réalisé à travers son dossier thématique écrit en communiquant ses grandes lignes.
Une bonne présentation synthétique ne doit pas dépasser les dix minutes.
Le candidat n'a pas le temps de lire son dossier au cours de cette prestation (et ce n'est pas le but). Sachant que le jury l'a lu avant, il présente simplement une synthèse des éléments essentiels.

### Méthode

Il commence par indiquer le contenu de son dossier thématique.
Présentation du dossier thématique (environ 7 min).

- Il expose l'intérêt du thème choisi.

Cet intérêt doit se référer aux compétences professionnelles du candidat futur moniteur-éducateur et non à des épisodes de sa vie personnelle.

- Sa démarche de rédaction.

Il montre la diversité de ses sources d'information et met en valeur la gestion et la transmission de celle-ci.

À partir des informations qu'il a recueillies et élaborées dans son dossier sur un domaine professionnel dans le champ de l'éducation, il met en valeur la pertinence de son analyse et de sa réflexion.

- Il montre l'intérêt du travail en équipe pluriprofessionnelle dans le processus d'apprentissage du métier de moniteur-éducateur, en évoquant ses échanges, sa collaboration avec elle.
- Le candidat ne doit pas se laisser enfermer par le dossier, mais montrer un esprit critique.

En fin d'exposé, il présente une synthèse (environ 3 min).
Il s'agit d'une synthèse des savoirs associés aux pratiques professionnelles de moniteur-éducateur en mettant brièvement en valeur les concepts théoriques essentiels auxquels elles se rapportent (par exemples : L'écoute, le travail en équipe pluriprofessionnelle, l'adaptation).

## b. Deuxième temps : Un échange avec le jury d'une dizaine de minutes

Au terme de l'exposé introductif du candidat, le jury l'interroge.
La deuxième partie de l'oral consiste généralement en un échange avec le jury au cours duquel le candidat doit répondre à diverses questions qui portent sur le contenu de son dossier thématique en référence aux indicateurs du domaine de compétences 3 du référentiel professionnel.

Le jury dirige l'interrogation.

- Il peut demander au candidat de développer un ou plusieurs aspects du thème se rapportant au travail éducatif en équipe pluriprofessionnelle ou poser directement des questions sur le contenu de son dossier thématique, sur l'utilisation de ses connaissances en lien avec les indicateurs de compétences visées (DC 3) dans la compréhension de son travail présenté.
- Il peut le questionner et lui demander de développer les différents points de vue, sur le thème étudié, des différents professionnels qui concourent au travail éducatif.
- Il peut lui demander d'évaluer les effets de ce travail sur sa future fonction de moniteur-éducateur.

# IV Domaine de compétences 4 : implication dans les dynamiques institutionnelles

Apport théorique : domaine de formation (125 heures).
Domaines de compétences visés :
- établir une relation professionnelle avec les partenaires ;
- situer son action dans le cadre des missions de l'institution et de son projet ;
- veille professionnelle : s'informer et se former pour faire évoluer ses pratiques.

## 1 Programme

- Cadre institutionnel, administratif, juridique et politique des dispositifs éducatifs et d'action sociale.
- Approche des politiques sociales, médico-sociales, éducatives et d'insertion professionnelle.
- Approche des cadres juridiques.
- Approche du fonctionnement partenarial et en réseau.
- Accompagnement de l'élaboration d'une posture et d'une méthodologie professionnelles.

## 2 Fiches thématiques préparant au DEME

**Avertissement**

En raison de possibles réformes pour 2012-2013, il est vivement conseillé d'effectuer une veille attentive des textes réglementaires en vigueur.

## a. Fonctionnement et organisation de la protection sociale en France

La protection sociale est garantie par :

- la Sécurité sociale (maladie, vieillesse et famille) ;
- l'État ;
- les collectivités territoriales ;
- les administrations privées.

Aujourd'hui, la protection sociale dépend de l'État. Outre son exercice de tutelle sur la Sécurité sociale, celui-ci finance en partie la protection sociale par des impôts et taxes prélevés ou des subventions budgétaires.

La protection sociale est organisée selon quatre plans :

1. Les **régimes de Sécurité sociale**, créés par l'État en 1945, sont gérés par les partenaires sociaux (représentants des employeurs et des syndicats de salariés). Les ressources de la Sécurité sociale (cotisations sociales) et ses dépenses (prestations) sont déterminées depuis 1996 par les lois de financement de la Sécurité sociale, votées chaque année par le Parlement, comme le budget de l'État. La Sécurité sociale fournit la couverture de base de nombreux risques (maladie, maternité, invalidité, décès, accidents du travail, maladies professionnelles, vieillesse et famille) qui correspondent chacun à une « branche ».

On distingue différents régimes de Sécurité sociale qui varient suivant l'activité professionnelle de l'assuré :

- Le régime général : la majorité des salariés en bénéficient ainsi que les étudiants, les bénéficiaires de certaines prestations et les simples résidents.
- Les régimes spéciaux : ils concernent les fonctionnaires, les agents de la SNCF, d'EDF GDF.
- Les régimes des non-salariés non agricoles : ils se rapportent essentiellement aux artisans, commerçants, industriels et les professions libérales pour l'assurance vieillesse.
- Le régime agricole : il couvre la protection sociale des exploitants et des salariés agricoles. Il dépend du ministère de l'Agriculture.

2. Les **régimes complémentaires** : comme leur nom l'indique, ils complètent le régime général. Les régimes complémentaires de retraite des salariés du secteur privé sont obligatoires, tandis que les mutuelles de santé et les institutions de prévoyance sont facultatives.

3. L'**Unedic** (Union nationale pour l'emploi dans l'industrie et le commerce) gère le régime de l'assurance chômage.

4. L'**aide sociale** comprend des prestations définies par la loi. Celles-ci sont soumises à conditions. La gestion de l'aide sociale relève de la compétence des départements et de l'État. Ces prestations aident les personnes en grande difficulté socio-économique à travers, par exemple, le revenu de solidarité active (RSA) ou allocation aux adultes handicapés.

**Références bibliographiques**

Morvan P., *Droit de la protection sociale*, LexisNexis, 2011.

Parienty A., *Protection sociale. Le défi*, Gallimard, 2006.

## b. L'État

L'État désigne l'ensemble des services, des institutions politiques et juridiques d'un pays. Les éléments caractéristiques de l'existence d'un État sont :

- un territoire délimité et déterminé ;
- une population qui vit sur ce territoire ;
- un gouvernement constitué ;
- une capacité à établir des relations, des liens avec d'autres États.

Dans un État de droit (opposé à un État totalitaire), ce qui est le cas de la France, le pouvoir de l'État est limité par le droit constitutionnel. Il garantit l'intérêt général de sa société en le respectant. La France est un État indépendant.

Les lois sur la décentralisation ont permis de transférer des compétences de l'État vers les régions, les départements et les communes. Des moyens financiers et humains sont alloués par l'État vers ces institutions. Elles possèdent leur propre gestion locale.

## c. Le conseil régional

### La région est une collectivité infra-étatique

Tout comme le département et la commune, la région comprend une assemblée qui désigne son président. Un conseil économique et social lui est attribué. Il a pour fonction la représentation des milieux économiques et sociaux.

Les attributions de la région s'étendent dans les domaines suivants :

- l'aménagement du territoire ;
- le budget ;
- la gestion du personnel en exercice dans l'administration régionale ;
- l'action économique (qui est son champ principal d'intervention).

Les conseillers régionaux sont élus au suffrage universel.

### Les principales compétences du conseil régional

Les principales compétences du conseil régional se situent en matière de planification et d'intervention économique.

« Le plan de la région détermine les objectifs à moyen terme du développement économique, social et culturel de la région pour la période d'application du Plan de la nation. Il prévoit les programmes d'exécution mis en œuvre par la région, soit directement, soit par voie contractuelle avec l'État, d'autres régions, les départements ou les communes, les entreprises publiques ou privées ou toute autre personne morale » (loi du 2 mars 1982, article 14).

Des aides peuvent être allouées aux entreprises, sous forme de prêts et d'avances à des taux plus favorables à ceux du cours du marché. Des primes peuvent être accordées à la création d'entreprises ou d'emplois.

L'intervention de la région se situe également au niveau de la formation professionnelle et de l'apprentissage, de l'enseignement, de la culture, du logement et des transports.

## d. Les principales compétences du conseil général en matière d'action sociale

Le département est une collectivité territoriale. Il comprend une assemblée dont les deux organes essentiels sont le conseil général et son président. Les conseillers généraux sont élus au suffrage universel direct. Chaque canton élit un conseil général.
Depuis la loi du 31 janvier 2007 (n° 2007-128), qui stipule l'égal accès des femmes et des hommes aux mandats et fonctions électoraux, il est obligatoire que le candidat à l'élection du conseil général soit de sexe différent. Il en est de même pour son suppléant.
Les principales compétences du conseil général se situent au niveau de la décentralisation et des collectivités territoriales.
En matière d'action sociale, le département devient, avec la décentralisation, le véritable centre de gravité. Ceci se reconnaît notamment dans le fait qu'il peut élaborer un règlement départemental d'aide sociale et qu'il autorise la création d'établissements qui recevront les bénéficiaires. Il a en charge l'aide médicale, l'aide sociale à l'enfance, aux familles, aux personnes âgées et aux personnes handicapées, et le financement des services correspondants.
L'État conserve, pour sa part, un ensemble de prestations dites de subsistance : allocations aux personnes âgées ne bénéficiant pas du minimum vieillesse, allocations différentes versées aux personnes handicapées, allocations aux familles sans soutien, les prestations définies par les politiques nationales (couverture des frais en matière d'IVG ou de rééducation professionnelle), les dépenses sociales pour les personnes sans domicile de secours, l'aide sociale en matière de logement, d'hébergement et de réadaptation.
Le clivage redistribution-proximité se trouve au niveau :

- de la mise en œuvre de l'action sociale ;
- du département de la famille et des personnes âgées ;
- de l'État : les personnes handicapées et les groupes à risque.

Enfin, on peut dire qu'en la matière, la région n'est pas concernée et la commune très peu. La participation financière aux dépenses du département, l'instruction de dossiers d'aide sociale se font par le BAS (bureau d'aide sociale) et le CCAS (centre communal d'action sociale).

## e. La commune

Toutes les villes de France n'ont pas le même statut communal.
Les villes de Paris, Lyon et Marseille ont un statut différent des autres communes de France. Celui-ci est doté d'un échelon communal que l'on retrouve dans les autres communes et d'un échelon administratif comprenant des arrondissements. Dans chaque arrondissement, un conseil et un maire d'arrondissement sont élus.

### Le conseil municipal

- Il gère la commune.
- Il est élu au suffrage universel tous les six ans. En tant qu'assemblée communale, les attributions du conseil municipal sont identiques à celles d'un organe législatif. Il fonctionne de façon démocratique, avec des règles précises qui rendent son action transparente.

- Le maire représente à la fois l'État et la commune.
- Les adjoints du maire sont élus par le conseil municipal dès la première réunion, qui se tient après l'élection du maire.

### Les principales compétences de la commune

Elle intervient dans les domaines suivants:
- urbanisme ;
- aménagement du territoire ;
- économie ;
- ports et voies d'eau ;
- transport ;
- action culturelle.

### Participation

- l'aménagement de l'espace
- action sociale et de la santé
- formation professionnelle

Elle peut également compléter les aides accordées par la région.

## f. Les collectivités territoriales

Les collectivités territoriales, à travers les lois de décentralisation, ont une compétence essentielle en ce qui concerne l'équipement des écoles et des établissements.
La commune a la charge des écoles. À ce titre, elle en assure l'équipement et le fonctionnement.
Le département a la charge des collèges. Il en assume l'équipement et le fonctionnement, à l'exception des dépenses pédagogiques à la charge de l'État, dont la liste est fixée par décret, et des dépenses de personnels.
La région a la charge des lycées. Elle en assure l'équipement et le fonctionnement, à l'exception des dépenses pédagogiques à la charge de l'État, dont la liste est fixée par décret, et des dépenses de personnels.

**Dispositions du code général des collectivités territoriales**

**Art. L. 1111-1** – Les communes, les départements et les régions s'administrent librement par des conseils élus.
**Art. L. 1111-2** – Les communes, les départements et les régions règlent par leurs délibérations les affaires de leur compétence.
Ils concourent avec l'État à l'administration et à l'aménagement du territoire, au développement économique, social, sanitaire, culturel et scientifique, ainsi qu'à la protection de l'environnement (...) et à l'amélioration du cadre de vie.
(...) Les communes, les départements et les régions constituent le cadre institutionnel de la participation des citoyens à la vie locale et garantissent l'expression de sa diversité.

**Bref historique**

1977

- Lancement du programme « habitat et vie sociale ».

1981

- Juillet : événements de Vaulx-en-Velin.
- Octobre : création de la Commission nationale pour le développement social des quartiers.
- Décembre : circulaire du ministère de l'Éducation nationale instituant les zones d'éducation prioritaire (ZEP).

1983

- Juin : création du Conseil national de prévention de la délinquance.
- Novembre : installation de la mission « Banlieue 89 ».

1984

- Juin : mise en place des MOUS (maîtrises d'œuvre urbaine et sociale).
- Juin : création du CIV (comité interministériel des villes) et du FSU (fonds social urbain).

1988

- Octobre : création de la délégation interministérielle à la ville (DIV) et du Conseil national des villes (CNV) ; fusion de « Banlieue 89 » et de la DIV.

1989

- Démarrage du X$^{e}$ Plan : 400 quartiers bénéficient de contrats DSQ (développement social des quartiers) ou de procédures adjacentes (conventions de quartier, conventions « ville-habitat », contrats de ville expérimentaux).

1990

- Octobre : émeute du Mas-du-Taureau à Vaulx-en-Velin.
- Décembre : assises de « Banlieue 89 » et discours de François Mitterrand sur l'urgence de la politique de la ville ; création du ministère de la Ville.

1991

- Janvier : nomination de 13 sous-préfets à la ville.
- Mai-juin : émeutes du Val-Fourré à Mantes-la-Jolie.

1994

- Février : création du fonds d'intervention pour la ville (FIV) avec regroupement et globalisation des crédits.
- Mars : signature de 214 contrats de ville et choix définitif de 12 grands projets urbains (GPU).

1996

- Janvier : présentation du « pacte de relance pour la ville ».
- Avril : mise en œuvre d'une politique de prévention, la mission interministérielle de lutte contre la drogue et la toxicomanie (MILDT).

1999

- Octobre : signature du premier contrat de ville 2000-2006.
- Décembre : décision du CIV (comité interministériel des villes) fixant les modalités du « Programme national de renouvellement urbain ».

2000

- Lancement du programme relatif à la participation des habitants dans la politique de la ville.

2001

- Création d'une agence nationale de la rénovation urbaine (ANPU) pour financer les projets dans ce domaine.
- Lancement d'un programme de rénovation sur cinq ans dans les 751 zones urbaines sensibles (ZUS) recensées.
- Mandat et légitimation sont donnés aux chefs de projets ;
- Examen et interrogation sur l'évolution et les perspectives des métiers de développement social et des métiers de médiation.

2002

- Juillet : la Direction générale de l'urbanisme, de l'habitat et de la construction est placée sous l'autorité du ministre délégué à la Ville et à la Rénovation urbaine. Celui-ci est étroitement associé au ministre de l'Équipement, des Transports, du Logement, du Tourisme et de la Mer. Ils doivent définir et élaborer ensemble la politique du logement social.
- Décembre : réforme des finances locales.

2003

- Août : promulgation de la loi Borloo : les acteurs locaux sont dans l'obligation de produire des indicateurs de résultats dans le domaine des actions mises en œuvre dans les quartiers sensibles.

2005

- Après la crise des banlieues de l'automne 2005, les dispositifs promulgués par la loi Borloo (août 2003) sont renforcés.

2006

- Avril : promulgation de la loi sur l'égalité des chances pour les habitants des zones urbaines sensibles.

2007

- Septembre : la banque européenne d'investissement a accordé cinq cents millions d'euros au financement du logement social en France.
- Novembre : annonce de la ministre du Logement Christine Boutin de trois missions confiées à trois personnalités qui devront concourir à mettre en place un plan de valorisation des centres villes au niveau national, sur le plan social, économique, architectural.

2008

- Mai : vingt nouvelles entreprises s'engagent pour l'emploi des jeunes des quartiers.
- Juillet : présentation par Christine Boutin, ministre du Logement et de la Ville, du projet de loi pour le logement et la lutte contre l'exclusion.
- Septembre : signature des premiers contrats d'autonomie. C'est un contrat d'accompagnement intensif avec des droits et des devoirs pour les jeunes bénéficiaires.

2009

- Mise en place de huit unités territoriales de quartier et d'une compagnie de sécurisation.
- Mise en place d'un plan de vidéo protection dans cent vingt-six communes de banlieue.

2010

- Mars : loi sur « les violences en bande » : la loi crée un délit de participation à une « bande organisée », passible de un an de prison assorti de 15 000 euros d'amende ; crée un délit d'intrusion dans les établissements scolaires et prévoit des sanctions relatives à la violence dans les stades.
- Arrêté du 2 août 2010 portant nomination au Conseil national des villes : en qualité de représentants d'associations et d'organismes participant à la mise en œuvre de la politique de la ville, ainsi que de syndicats d'employeurs et de salariés : le Conseil national des villes (CNV), instance de concertation et de proposition, a pour mission de conseiller le gouvernement sur l'élaboration de la politique nationale des villes et du développement social urbain.
- Décret du 25 novembre relatif aux attributions du ministre de la Ville : il prépare et met en œuvre la politique du gouvernement dans le domaine de la ville et la politique relative aux quartiers en difficulté. Il a notamment la charge de la politique de rénovation urbaine, dans le but de réduire les inégalités sociales dans le cadre du programme national de rénovation urbaine. Il prépare les orientations stratégiques du gouvernement pour le développement économique durable de la région capitale et met en œuvre le projet du Grand Paris et les projets d'investissement d'intérêt national y concourant. Il exerce la tutelle des établissements publics créés à cet effet, dans les conditions prévues par les textes qui régissent ces établissements.

2011

- 1er juin 2011 : l'Observatoire national des zones urbaines sensibles (ONZUS) renforce son organisation. Son conseil d'orientation est rénové afin d'initier et d'évaluer plus efficacement les études de connaissance des quartiers. Il bénéficie également d'une représentation plus importante des administrations, des acteurs de la politique de la ville et des opérateurs.

2012

- Septembre : lancement des quinze premières zones de sécurité prioritaires (ZSP) par le ministre de l'Intérieur, Manuel Valls. Les deux premières ZSP sont installées à Saint-Ouen (Seine-Saint-Denis) et Saint-Gilles (Gard).

2013

- 1er mars 2013 : loi créant le contrat de génération.

Trois objectifs :
- favoriser l'insertion des jeunes dans le travail de façon constante à travers un contrat à durée indéterminé ;
- maintenir les séniors dans l'emploi et favoriser leur embauche ;
- garantir la transmission des savoirs et des compétences.

Ce contrat concerne aussi bien les employeurs du secteur privé que les établissements publics à vocation industrielle et commerciale.

## g. La politique de la ville

L'État engage des actions ayant pour objet la lutte contre l'exclusion qui se développe dans l'espace urbain et la réinsertion dans la ville des quartiers en voie de marginalisation.
Ces actions ont vu le jour à la fin des années 1980. À l'origine, elles étaient rassemblées sous le nom « d'actions pour le développement social des quartiers (DSQ) » ; elles constituent aujourd'hui les composantes de la « politique de la ville ».

### Les principes d'action

1. Modifier les rapports qui existent entre l'État et la commune, en particulier avec la mise en place des contrats d'objectifs visant à des projets locaux de développement. Qui dit contrat, dit négociation entre l'État, les différentes collectivités et la ville.
L'idée de partenariat est essentielle et la notion d'évaluation apparaît majeure.
2. Favoriser l'intervention des différents partenaires pour innover plutôt que de créer de nouvelles institutions.
3. Le citoyen a des droits et des devoirs, l'État doit garantir les moyens d'exercice de cette citoyenneté. L'habitant devient un acteur à part entière du développement de sa ville.

## h. La réforme territoriale

La loi du 16 décembre 2010 prévoit la réorganisation des collectivités territoriales.
Une catégorie nouvelle d'élus locaux fait son apparition : les conseillers généraux et les conseillers régionaux disparaissent au profit de conseillers territoriaux qui siègeraient à la fois dans les départements et dans les régions.
Leur première désignation aura lieu en mars 2014 (article 36).
Cette loi précise la répartition des compétences entre les divers niveaux de collectivités territoriales et devra faire disparaître l'imbroglio des responsabilités locales, en particulier au niveau des financements.

## i. La réforme de l'hôpital

La loi a été promulguée le 21 juillet 2009.
Cette loi porte sur la réforme de l'hôpital, des patients, de la santé et des territoires.
Il s'agit plus précisément de la réorganisation et de la modernisation du système de santé.

Quatre domaines caractérisent l'application de cette loi : l'hôpital, la médecine de ville, la santé publique et la prévention et la création d'agences régionales de santé (ARS).

- L'hôpital : le chef d'établissement hospitalier voit son rôle s'intensifier. Le président de la commission médicale d'établissement (CME) organise la politique médicale avec le directeur de l'établissement. Avant la réforme, celui-ci était sous l'autorité du président.
- La médecine de ville : amélioration de la répartition des médecins sur le territoire par la création d'une permanence des soins au niveau régional accompagnée de la mise en place d'un médecin de garde. Des « communautés hospitalières de territoire » seront créées à partir d'un centre de référence afin de regrouper les moyens de plusieurs établissements (ce qui risque de faire disparaître des petites structures hospitalières locales).
- La santé publique et la prévention : interdiction de la vente d'alcool et de cigarettes aux mineurs.
- La création d'agences régionales de santé (ARS) : elles ont pour mission de mettre en place les dispositifs dictés par la loi. Les moyens de l'État et ceux de l'assurance maladie seront centralisés par ces agences en une seule structure. Elles seront chargées d'appliquer la politique de santé, dictée au niveau national, à l'échelon régional.

## j. L'aide sociale à l'enfance (ASE)

C'est un ensemble de formes de protection de l'enfance au sein, en dehors ou sans la famille.

- 1984 : loi sur le droit des usagers et l'admission des pupilles de l'État.
- 1986 : application de la décentralisation de 1982 (législation sanitaire adaptée à chaque département).
- 2000 : l'apparition d'associations de parents d'enfants placés à l'Aide sociale à l'enfance, opère le passage de l'« usager » au « citoyen ».
- 2002 : la loi du 2 janvier 2002 va donner une assise à la citoyenneté de la personne. Elle va donner les moyens de garantir la mise en œuvre effective des droits des personnes (projets d'établissements, livret d'accueil, etc.).
- 2007 : la loi Bas (mars 2007) renforce les missions du service de l'aide sociale à l'enfance (ASE). Par la mise en œuvre des mesures prescrites par le juge dans la protection judiciaire des mineurs, les départements voient leur implication s'accroître dans ce domaine.
- 2010 : loi du 9 juillet 2010 relative aux violences faites spécifiquement aux femmes, aux violences au sein des couples et aux incidences de ces dernières sur les enfants.
- 2011 : arrêté du 25 février 2011 du ministère de la Justice relatif à la création de la « mesure judiciaire d'investigation éducative ».
- Décret du 28 février 2011 relatif à l'organisation de la transmission d'informations sous forme anonyme aux observatoires départementaux de la protection de l'enfance et à l'Observatoire national de l'enfance en danger.

  Le président du conseil général procède au recueil et à l'enregistrement des informations mentionnées à l'article D. 226-3-3 relatives aux mineurs :

  « 1° Ayant fait l'objet d'une information préoccupante, dès lors que cette information préoccupante est confirmée par la poursuite de la prestation ou de la mesure en cours, par la mise en œuvre d'une prestation d'aide sociale à l'enfance, hors aide financière, ou d'une mesure judiciaire de protection de l'enfance, ou par un signalement au procureur de la République,

2° Ayant fait l'objet d'un signalement direct auprès du procureur de la République ou d'une saisine directe du juge des enfants. »

### Le cadre institutionnel

L'ASE est financée par le département. Son rôle est d'aider les familles en difficulté matérielle et éducative.
Le règlement départemental du fonctionnement de l'ASE est une obligation de l'État. Chaque département détermine ses orientations.
Les dépenses de l'ASE ont un caractère obligatoire sur le budget prévisionnel du département. Outre les mineurs, l'ASE a également en charge les contrats jeunes majeurs qui vont de 18 à 21 ans.

### Les missions

- Apporter un soutien financier, éducatif.
- Organiser dans des lieux à risque la prévention spécialisée.
- Mener en urgence des actions de prévention contre l'enfance en danger.
- Pourvoir aux besoins des mineurs qui lui sont confiés (enfants placés en institutions, familles d'accueil...).
- Mener des actions de prévention contre les mauvais traitements des mineurs.
- Signaler au procureur de la République ou au juge les cas d'urgence dont il a connaissance et participer au recueil d'informations se rapportant aux enfants maltraités.

On peut dire que les nouvelles orientations tendent à mettre en place plus d'actions de prévention, alors qu'auparavant il ne s'agissait que de pourvoir à l'accueil d'enfants sans famille.

### Les moyens

- Aide financière, aide éducative à domicile et intervention des travailleuses familiales.
- Mise en place d'actions individuelles et collectives de prévention spécialisée.
- Mise en place d'actions avec les différents partenaires (Éducation nationale, hôpitaux...).

## k. Le tribunal pour enfants

En France, le tribunal pour enfants est une juridiction du tribunal de grande instance, qui juge les enfants (mineurs au moment des faits) à huis clos, pour des contraventions de cinquième classe (violences ou blessures légères...), des délits (vols, violences graves...) et des crimes (meurtres, viols...). Toutefois, s'agissant des crimes, les mineurs âgés de plus de 16 ans relèvent de la cour d'assises des mineurs.
Le tribunal pour enfants est composé du procureur de la République, d'un juge des enfants, de deux juges assesseurs, désignés par le garde des Sceaux. Magistrats non professionnels, ils sont issus de la société civile et nommés pour quatre ans. Le délibéré donne une voix égale à chacun pour le prononcé de la peine. Un greffier est également présent.
En application de l'ordonnance de 1945, le tribunal pour enfants peut :

- prononcer une admonestation ;
- décider de mesures éducatives ou non : placement, éloignement ;
- prononcer une peine à l'encontre des mineurs de plus de treize ans : emprisonnement, mesures substitutives à l'incarcération (le travail d'intérêt général, après accord de l'accusé, s'il a plus de 16 ans), mesures de réparation, assorties de suivis psychologiques et ou de soins et, parfois, obligation de travailler.

Les parents, civilement responsables, doivent régler les amendes éventuelles.
Il existe en France 145 tribunaux pour enfants.

## I. Le système de protection de la jeunesse

La loi du 4/06/70 sur l'autorité parentale règle les rapports entre les parents et les enfants. L'autorité parentale est une fonction complexe faite de droits et de devoirs conférés aux parents dans l'intérêt de l'enfant en vue d'assurer sa protection et son développement. Si cet intérêt apparaît compromis, le système français de protection de la jeunesse confie cette mission à deux autorités différentes :

- l'autorité administrative ;
- l'autorité judiciaire.

Cette dualité se justifie ainsi :

- à la protection administrative correspond un souci de prévention, elle est appliquée en accord avec les parents ;
- à la protection judiciaire correspond un souci de protection après constatation d'un état de danger ou de délinquance. Elle a un caractère obligatoire.

L'autorité administrative est exercée par :
1) Les présidents des conseils généraux et les services placés sous leur autorité (lois de décentralisation des 22/07/85 et 6/01/86) :

- PMI (protection maternelle et infantile) ;
- service social de secteur ;
- ASE (aide sociale à l'enfance).

2) Le préfet (État) :

- le service de psychiatrie infanto-juvénile ;
- le service de santé scolaire.

L'autorité judiciaire est représentée par :

- les juges des enfants ;
- le parquet des mineurs ;
- les personnes mandatées par les juges des enfants (éducateurs, assistants de service social...).

En outre, d'autres magistrats participent plus occasionnellement à la protection des mineurs :

- les juges des tutelles : par exemple, en cas de mise sous tutelle de l'État des mineurs n'ayant pas la présence de leurs parents auprès d'eux ;
- les juges des affaires familiales : par exemple, lors de divorces, ils fixent la garde du mineur ainsi que la pension alimentaire.

## m. Le partenariat

Selon le dictionnaire (*Le Petit Robert*), le partenariat « est une association d'entreprise, d'institutions en vue de mener une action commune ». On peut parler alors de processus permettant de mettre en œuvre une action commune.
Celle-ci se concrétise par la mise en place de réunions régulières, pour atteindre des objectifs bien définis et partagés. Il est nécessaire qu'il existe une reconnaissance réciproque des partenaires et une mise en forme des meilleures modalités de communication entre eux.
Le partenariat est formalisé, officialisé, concrétisé par des conventions signées par plusieurs instances. Les acteurs qui le composent sont des institutions. Il s'agit d'une approche transversale des situations des personnes en difficulté, autour de l'accompagnement éducatif. Les partenaires procèdent à une action sociale commune avec leurs différences professionnelles. C'est une démarche de co-construction autour du projet avec la participation de l'usager (loi du janvier 2002). Dans le champ social et médico-social, le partenariat est un des éléments constitutifs de l'accompagnement éducatif. L'objectif premier est de tout mettre en œuvre en commun pour un accompagnement socio-éducatif cohérent auprès des usagers en difficulté afin d'atteindre les objectifs visés.

## n. Responsabilité juridique et éthique du moniteur-éducateur

Être responsable juridiquement, c'est devoir répondre des conséquences dommageables de ses actes. C'est aussi supporter la sanction de la violation d'une règle juridique.
Dans le cadre de l'exercice de sa profession, le moniteur-éducateur peut engager sa responsabilité civile :

- de son fait personnel ;
- du fait des personnes dont il doit répondre (les usagers) ;
- du fait des choses dont il est propriétaire (son véhicule personnel, etc.) ou gardien (les biens de l'établissement, etc.).

Cependant, l'employeur est présumé responsable des dommages occasionnés par ses salariés dans l'exercice de leurs missions. Par conséquent, la victime se retournera plus vers ce dernier afin d'obtenir une indemnisation. L'employeur pourra alors, par une action récursive se retourner à son tour contre son employé, notamment en invoquant une faute professionnelle.
Le moniteur-éducateur peut également engager sa responsabilité pénale dès lors qu'il commet une infraction prévue par le Code Pénal. Il s'agit d'une responsabilité personnelle qui sera dans la majorité des cas sanctionnée plus sévèrement que celle encourue par un non professionnel.

La différence entre l'éthique et la responsabilité juridique :

- L'éthique peut être définie comme l'ensemble des valeurs personnelles qu'une personne entend défendre et revendiquer, y compris dans l'exercice de sa profession.
- La responsabilité juridique peut dès lors être engagée lorsque cette personne au nom de son éthique commet un acte qui cause à autrui un dommage.

La juste limite est souvent difficile à trouver entre ce que l'on doit ou ne doit pas faire (parce ce que prévu, codifié par des textes officiels) et entre ce que l'on pense devoir faire au regard de son éthique personnelle.

## o. Le secret professionnel

À l'origine de l'apparition des professions sociales, seule celle d'assistant de service social (habituellement dénommée « assistante sociale ») était soumise au secret professionnel. La note du ministère du Travail et des Affaires sociales du 21 juin 1996 énonce :

> « L'obligation de se taire à laquelle est tenue toute personne dépositaire d'un secret soit par état ou par profession, soit en raison d'une fonction ou d'une mission temporaire, est une garantie fondamentale donnée par le législateur aux usagers du travail social, et non une prérogative des travailleurs sociaux face à l'autorité judiciaire ou de contrôle. »

L'article 216 du code de la famille et de l'aide sociale précise que les personnes qui exercent leurs fonctions auprès de sujets séjournant dans des établissements spécialisés doivent protéger leur intimité et ne pas révéler leur identité. Les fonctions d'accompagnement éducatif, en général, soumettent le moniteur-éducateur à cette discrétion. Par exemple, s'il collabore avec l'aide sociale à l'enfance, il ne doit transmettre que des informations estimées nécessaires (par lui et l'équipe de l'institution où il travaille) au suivi éducatif de l'usager.

**Dispositions du code pénal**

**Art. 226-13** – La révélation d'une information à caractère secret par une personne qui en est dépositaire soit par état ou par profession, soit en raison d'une fonction ou d'une mission temporaire, est punie d'un an d'emprisonnement et de 15 000 € d'amende.
**Art. 226-14** *[Modifié par la loi du 2 janvier 2004]* – L'article 226-13 n'est pas applicable dans les cas où la loi impose ou autorise la révélation du secret. En outre, il n'est pas applicable :
1° À celui qui informe les autorités judiciaires, médicales ou administratives de privations ou de sévices, y compris lorsqu'il s'agit d'atteintes sexuelles dont il a eu connaissance et qui ont été infligées à un mineur ou à une personne qui n'est pas en mesure de se protéger en raison de son âge ou de son incapacité physique ou psychique.
2° Au médecin qui, avec l'accord de la victime, porte à la connaissance du procureur de la République les sévices ou privations qu'il a constatés sur le plan physique ou psychique dans l'exercice de sa profession et qui lui permettent de présumer que des violences physiques, sexuelles ou psychiques de toute nature ont été commises. Lorsque la victime est mineure, son accord n'est pas nécessaire.
3° Aux professionnels de la santé ou de l'action sociale qui informent le préfet et, à Paris, le préfet de police du caractère dangereux pour elles-mêmes ou pour autrui des personnes qui les consultent et dont ils savent qu'elles détiennent une arme ou qu'elles ont manifesté leur intention d'en acquérir une.

**Le signalement** aux autorités compétentes (médicales, judiciaires ou administratives) effectué dans les conditions prévues à l'article 226-14 ne peut faire l'objet d'aucune sanction disciplinaire. Au contraire, ne pas signaler serait considéré comme non-assistance à personne en danger (art. 443-3 du code civil).

**Références**

« Comportement violent et réponses administratives », *Lien social*, n° 615, 28 mars 2002.
Bourla D., « ASE : l'urgence d'une loi contre la sur-maltraitance », *Actualités sociales hebdomadaires*, n° 2373, septembre 2004.

## p. La loi du 2 janvier 2002 rénovant l'action sociale et médico-sociale

Concernant les droits des usagers du secteur social et médico-social, cette loi émet comme principe de garantir à toute personne prise en charge par des établissements et services sociaux et médico-sociaux :

- le respect de sa dignité et de sa liberté ;
- sa protection ;
- son autonomie ;
- l'affirmation de ses droits.

**Un accompagnement individualisé de qualité est mis en place auprès de l'usager**, avec son accord et sa participation, s'il est apte à le faire, à défaut avec le consentement de son représentant légal. L'usager devient acteur de son projet de vie.
La loi mentionne la mise en place d'un contrôle du fonctionnement de ces établissements par rapport à la qualité de leurs prestations. Le projet de l'établissement ou du service est établi pour une durée maximale de cinq ans.

**Code de l'action sociale et des familles**

**Art. L. 311-3** – L'exercice des droits et libertés individuels est garanti à toute personne prise en charge par des établissements et services sociaux et médico-sociaux. Dans le respect des dispositions législatives et réglementaires en vigueur, lui sont assurés :
1° Le respect de sa dignité, de son intégrité, de sa vie privée, de son intimité et de sa sécurité ;
2° Sous réserve des pouvoirs reconnus à l'autorité judiciaire et des nécessités liées à la protection des mineurs en danger, le libre choix entre les prestations adaptées qui lui sont offertes soit dans le cadre d'un service à son domicile, soit dans le cadre d'une admission au sein d'un établissement spécialisé ;
3° Une prise en charge et un accompagnement individualisé de qualité favorisant son développement, son autonomie et son insertion, adaptés à son âge et à ses besoins, respectant son consentement éclairé qui doit systématiquement être recherché lorsque la personne est apte à exprimer sa volonté et à participer à la décision. À défaut, le consentement de son représentant légal doit être recherché ;

4° La confidentialité des informations la concernant ;
5° L'accès à toute information ou document relatif à sa prise en charge, sauf dispositions législatives contraires ;
6° Une information sur ses droits fondamentaux et les protections particulières légales et contractuelles dont elle bénéficie, ainsi que sur les voies de recours à sa disposition ;
7° La participation directe ou avec l'aide de son représentant légal à la conception et à la mise en œuvre du projet d'accueil et d'accompagnement qui la concerne.
Les modalités de mise en œuvre du droit à communication prévue au 5° sont fixées par voie réglementaire.

**Art. L. 311-4** – Afin de garantir l'exercice effectif des droits mentionnés à l'article L. 311-3 et notamment de prévenir tout risque de maltraitance, lors de son accueil dans un établissement ou dans un service social ou médico-social, il est remis à la personne ou à son représentant légal un livret d'accueil auquel sont annexés :
a) Une charte des droits et libertés de la personne accueillie, arrêtée par les ministres compétents après consultation de la section sociale du Comité national de l'organisation sanitaire et sociale mentionné à l'article L. 6121-9 du code de la santé publique ;
b) Le règlement de fonctionnement défini à l'article L. 311-7.
Un contrat de séjour est conclu ou un document individuel de prise en charge est élaboré avec la participation de la personne accueillie ou de son représentant légal. Ce contrat ou document définit les objectifs et la nature de la prise en charge ou de l'accompagnement dans le respect des principes déontologiques et éthiques, des recommandations de bonnes pratiques professionnelles et du projet d'établissement. Il détaille la liste et la nature des prestations offertes ainsi que leur coût prévisionnel.
Le contenu minimal du contrat de séjour ou du document individuel de prise en charge est fixé par voie réglementaire selon les catégories d'établissements et de personnes accueillies.

**Art. L. 311-5** – Toute personne prise en charge par un établissement ou un service social ou médico-social ou son représentant légal peut faire appel, en vue de l'aider à faire valoir ses droits, à une personne qualifiée qu'elle choisit sur une liste établie conjointement par le représentant de l'État dans le département et le président du conseil général après avis de la commission départementale consultative mentionnée à l'article L. 312-5. La personne qualifiée rend compte de ses interventions aux autorités chargées du contrôle des établissements ou services concernés, à l'intéressé ou à son représentant légal dans des conditions fixées par décret en Conseil d'État.

**Art. L. 311-6** – Afin d'associer les personnes bénéficiaires des prestations au fonctionnement de l'établissement ou du service, il est institué soit un conseil de la vie sociale, soit d'autres formes de participation. Les catégories d'établissements ou de services qui doivent mettre en œuvre obligatoirement le conseil de la vie sociale sont précisées par décret. Ce décret précise également, d'une part, la composition et les compétences de ce conseil et, d'autre part, les autres formes de participation possibles.

**Art. L. 311-7** – Dans chaque établissement et service social ou médico-social, il est élaboré un règlement de fonctionnement qui définit les droits de la personne accueillie et les obligations et devoirs nécessaires au respect des règles de vie collective au sein de l'établissement ou du service.

Le règlement de fonctionnement est établi après consultation du conseil de la vie sociale ou, le cas échéant, après mise en œuvre d'une autre forme de participation.
Les dispositions minimales devant figurer dans ce règlement ainsi que les modalités de son établissement et de sa révision sont fixées par décret en Conseil d'État.

**Art. L. 311-8** – Pour chaque établissement ou service social ou médico-social, il est élaboré un projet d'établissement ou de service, qui définit ses objectifs, notamment en matière de coordination, de coopération et d'évaluation des activités et de la qualité des prestations, ainsi que ses modalités d'organisation et de fonctionnement. (...) Ce projet est établi pour une durée maximale de cinq ans après consultation du conseil de la vie sociale ou, le cas échéant, après mise en œuvre d'une autre forme de participation.

**Art. L. 311-9** – En vue d'assurer le respect du droit à une vie familiale des membres des familles accueillies dans les établissements ou services mentionnés aux 1° et 7° de l'article L. 312-1, ces établissements ou services doivent rechercher une solution évitant la séparation de ces personnes ou, si une telle solution ne peut être trouvée, établir, de concert avec les personnes accueillies, un projet propre à permettre leur réunion dans les plus brefs délais, et assurer le suivi de ce projet jusqu'à ce qu'il aboutisse.
Dans ce but, chaque schéma départemental des centres d'hébergement et de réinsertion sociale évalue les besoins en accueil familial du département et prévoit les moyens pour y répondre.

## q. La maison départementale des personnes handicapées (MDPH)

La loi du 11 février 2005 crée un lieu unique destiné à faciliter les démarches des personnes handicapées : la maison départementale des personnes handicapées (MDPH). Celle-ci offre, dans chaque département, un accès unifié aux droits et prestations prévus pour les personnes handicapées.
La MDPH « exerce une mission d'accueil, d'information, d'accompagnement et de conseil des personnes handicapées et de leur famille ainsi que de sensibilisation de tous les citoyens aux handicaps ». Mise en place et animée par le conseil général, les services de l'État, les organismes de protection sociale et les associations représentant les personnes handicapées, elle constitue un réseau local d'accès à tous les droits, prestations et aides, qu'ils soient antérieurs ou créés par la loi du 11 février 2005.
La maison départementale des personnes handicapées a **huit missions principales** :

- elle informe et accompagne les personnes handicapées et leur famille dès l'annonce du handicap et tout au long de son évolution ;
- elle met en place et organise l'équipe pluridisciplinaire qui évalue les besoins de la personne sur la base du projet de vie et propose un plan personnalisé de compensation du handicap ;
- elle assure l'organisation de la commission des droits et de l'autonomie des personnes handicapées (CDAPH) et le suivi de la mise en œuvre de ses décisions, ainsi que la gestion du fonds départemental de compensation du handicap ;
- elle reçoit toutes les demandes de droits ou prestations qui relèvent de la compétence de la commission des droits et de l'autonomie ;

- elle organise une mission de conciliation par des personnes qualifiées ;
- elle assure le suivi de la mise en œuvre des décisions prises ;
- elle organise des actions de coordination avec les dispositifs sanitaires et médico-sociaux et désigne en son sein un référent pour l'insertion professionnelle ;
- elle met en place un numéro téléphonique pour les appels d'urgence et une équipe de veille pour les soins infirmiers.

## r. La commission des droits et de l'autonomie des personnes handicapées (CDAPH)

Cette commission, instituée par la loi du 11 février 2005, a remplacé à partir de janvier 2006 :

- les commissions départementales de l'éducation spéciale (CDES), compétentes pour les demandes de prestations concernant des personnes handicapées jusqu'à 20 ans ;
- les commissions techniques d'orientation et de reclassement professionnel (COTOREP), compétentes pour les demandes de prestations concernant les adultes handicapés à partir de 20 ans.

La CDAPH prend les décisions relatives à l'ensemble des droits de la personne handicapée, notamment en matière de prestations et d'orientation.
Elle se base sur l'évaluation des besoins de compensation du handicap, réalisée par l'équipe pluridisciplinaire mise en place par la maison départementale des personnes handicapées (MDPH), et tient compte des souhaits exprimés par la personne handicapée, ou son représentant légal, dans son projet de vie.

**Référence**

Code de l'action sociale et des familles : articles L. 146-9, L. 241-5 à L. 241-11, R. 241-24 à R. 241-34.

## s. La mise en œuvre de la loi du 11 février 2005 pour l'égalité des droits et des chances, la participation et la citoyenneté des personnes handicapées

Cette loi apporte une reconnaissance des droits des personnes handicapées et de leur mise en œuvre.
Elle donne la définition suivante du handicap : « Toute limitation ou restriction de participation à la vie en société en raison d'une altération substantielle, durable ou définitive d'une ou plusieurs fonctions physiques, sensorielles, mentales, cognitives ou psychiques, d'un polyhandicap ou d'un trouble de santé invalidant ».
Les principales mesures relatives à la scolarisation des enfants handicapés, édictées par la loi du 11 février 2005, ont été mises en œuvre depuis le 1er janvier 2006. Les décrets d'application permettant la création des nouvelles instances – maisons départementales des personnes handicapées (MDPH), commissions des droits et de l'autonomie (CDA), équipes pluridisciplinaires d'évaluation (EPE) de la MDPH, équipes de suivi de la scolarisation (ESS) et

instauration du parcours de formation de l'élève handicapé – ont été publiés à la fin 2005 et sont désormais entrés en application.
La loi du 11 février 2005 repose sur un principe : **l'accueil des enfants handicapés se fait en priorité en milieu ordinaire**.
Chaque enfant doit donc être inscrit dans l'établissement qui correspond à son lieu de résidence (« son établissement de référence ») et bénéficie d'un projet personnalisé de scolarisation. Il appartient aux services déconcentrés du ministère de l'Éducation nationale, de l'Enseignement supérieur et de la Recherche, conjointement avec ceux du ministère délégué à la Sécurité sociale, aux Personnes âgées, à la Famille et aux Personnes handicapées, de s'assurer du caractère opérationnel de l'ensemble de ces nouveaux dispositifs. L'objectif prioritaire est de favoriser toutes les mesures propices à un accueil de qualité pour chaque jeune handicapé, enfant ou adolescent, en garantissant notamment à chacun une place et un projet de scolarisation adapté à ses besoins.
**Le projet personnalisé de scolarisation (PPS)** organise la scolarité de l'élève handicapé et assure la cohérence et la qualité des accompagnements et des aides éventuellement nécessaires à partir d'une évaluation globale de la situation et des besoins de l'élève (accompagnement thérapeutique ou rééducatif, attribution d'un auxiliaire de vie scolaire ou de matériels pédagogiques adaptés, aide aux équipes pédagogiques par un emploi vie scolaire). Dès la sortie du collège, l'actualisation des projets personnalisés de scolarisation doit prendre en considération la dimension de l'insertion sociale et professionnelle des parcours. On doit veiller notamment ici à ce que l'offre de formation soit conçue en cohérence avec la formation professionnelle accessible aux adolescents handicapés. Tout doit être mis en œuvre pour que la continuité des parcours scolaires de collégiens souffrant de troubles importants des fonctions cognitives vers les lycées professionnels soit assurée. L'obligation nouvelle qui est faite à l'institution de réunir au moins une fois par an l'équipe de suivi de la scolarisation pour faire le point sur le parcours de chaque élève doit se concrétiser dès le début de l'année scolaire, en fonction des besoins des élèves, mais en veillant à répartir ces réunions dans le temps afin qu'elles prennent tout leur caractère opératoire. Chaque parcours de formation doit faire l'objet d'un suivi attentif, particulièrement les transitions entre les niveaux d'enseignement : maternelle, élémentaire, collège, lycée et lycée professionnel.

**Références**

Loi n° 2005-102 du 11 février 2005 pour l'égalité des droits et des chances, la participation et la citoyenneté des personnes handicapées.
Circulaires interministérielles DGAS-SD 3C n° 2006-343 et MEN-DGESCO n° 2006-119 du 31 juillet 2006 relatives à la scolarisation des élèves handicapés – préparation de la rentrée scolaire 2006.

## t. La loi du 5 mars 2007 réformant la protection de l'enfance

Le chapitre II du titre Ier du livre Ier du code de l'action sociale et des familles est complété par deux articles L. 112-3 et L. 112-4 ainsi rédigés :

**Art. L. 112-3** – La protection de l'enfance a pour but de prévenir les difficultés auxquelles les parents peuvent être confrontés dans l'exercice de leurs responsabilités éducatives, d'accompagner les familles et d'assurer, le cas échéant, selon des modalités adaptées à leurs besoins, une prise en charge partielle ou totale des mineurs. Elle comporte à cet effet un ensemble d'interventions en faveur de ceux-ci et de leurs parents. Ces interventions peuvent également être destinées à des majeurs de moins de vingt et un ans connaissant des difficultés susceptibles de compromettre gravement leur équilibre. La protection de l'enfance a également pour but de prévenir les difficultés que peuvent rencontrer les mineurs privés temporairement ou définitivement de la protection de leur famille et d'assurer leur prise en charge.

**Art. L. 112-4** – L'intérêt de l'enfant, la prise en compte de ses besoins fondamentaux, physiques, intellectuels, sociaux et affectifs ainsi que le respect de ses droits doivent guider toutes décisions le concernant.

La loi n° 2007-293 relative à la protection de l'enfance se définit autour de trois grands axes : prévenir, accompagner, intervenir. Le travail éducatif préventif s'effectue en accompagnant des familles en difficulté et en intervenant (lorsque cela est nécessaire) auprès des enfants mineurs.

Cette loi introduit un nouveau vocabulaire. En effet, deux notions émergent au bénéfice du terme de « maltraitance » :

- la notion d'« enfance en danger » : « ensemble des enfants en risque et maltraités pris en charge par l'ASE ou par la justice » (définition donnée par l'Observatoire national de l'action sociale) ;
- la notion d'« enfance en risque de danger » : ensemble des enfants dont les conditions d'existence risquent de mettre en danger leur santé, leur sécurité, leur moralité ou leur éducation.

Le terme de « signalement » n'est plus utilisé systématiquement, sauf s'il s'effectue auprès du procureur de la République.

L'expression de « transmission d'information(s) préoccupante(s) » apparaît si celle-ci a lieu auprès de l'ASE (aide sociale à l'enfance). Il s'agit de « tout élément d'information, y compris médical, susceptible de laisser craindre qu'un enfant se trouve en situation de danger ou en risque de danger, puisse avoir besoin d'aide et faire l'objet d'une transmission ».

Dans cette loi, la notion de développement physique, affectif, intellectuel et social de l'enfant est mise en exergue.

Enfin, la durée de prise en charge en matière de protection administrative ne peut excéder à présent deux ans.

**Rappel**

- La protection administrative relève des mesures prises en accord avec la famille ou à sa demande.
- La protection judiciaire désigne les mesures prises par décision de justice.

**Référence**

Loi n° 2007-293 du 5 mars 2007 réformant la protection de l'enfance (*JO* n° 55 du 6 mars 2007, p. 4215, texte n° 7).

### u. La loi du 5 mars 2007 instituant le droit au logement opposable (« loi DALO »)

La loi désigne l'État comme le garant du droit au logement. La mise en œuvre de cette garantie s'appuie sur un recours amiable et un recours contentieux.

Le premier recours s'exerce devant une commission de médiation départementale qui, si elle juge la demande de logement urgente et prioritaire, demande au préfet de procurer un logement sur le contingent préfectoral. Si, malgré l'avis de la commission, le relogement n'a pas lieu, le demandeur peut engager un recours devant une juridiction administrative et l'État pourra être condamné à payer une astreinte.

Ce second recours est ouvert aux demandeurs prioritaires (personnes sans logement, menacées d'expulsion sans relogement, hébergées temporairement, etc.) au 1er décembre 2008. Il sera étendu, à partir du 1er janvier 2012, à tous les demandeurs de logement social qui n'ont pas reçu de réponse à leur demande après un délai anormalement long.

La loi reconnaît par ailleurs aux personnes accueillies dans un hébergement d'urgence le droit d'y rester jusqu'à ce qu'il leur soit proposé une place en hébergement stable ou un logement adapté à leur situation. Elle prévoit également la création d'un comité de suivi chargé d'évaluer la mise en œuvre du droit au logement.

Les autres dispositions de la « loi DALO » visent principalement à développer l'offre d'hébergements et de logements. Sont notamment prévus :

- l'augmentation du nombre de logements sociaux à construire sur la période 2005-2009 dans le cadre de la loi de cohésion sociale : il passe de 500 000 à 591 000, afin de rééquilibrer l'offre au profit des logements « très sociaux » ;
- l'augmentation des objectifs d'accroissement des capacités d'hébergement figurant dans la loi de cohésion sociale : il s'agit notamment de transformer 10 500 places d'hébergement d'urgence en places d'hébergement de stabilisation ou places de centres d'hébergement et de réinsertion sociale ;
- le renforcement des obligations fixées aux communes et groupements intercommunaux en matière de création de places d'hébergement d'urgence ;
- l'extension de l'obligation de 20 % de logements sociaux, concernant quelque 250 communes de plus.

## 3 La certification

### a. Première épreuve : les dynamiques institutionnelles

Cette épreuve écrite (coefficient 1) a lieu en centre d'examens ; elle est organisée par le recteur d'académie.

Il s'agit d'une étude de situation, proposée au candidat, relative aux politiques sociales et aux cadres juridiques et institutionnels (20 lignes maximum). Les principaux axes de réponses attendus sont indiqués au candidat (cadres réglementaires, partenaires identifiés, incidences financières, buts poursuivis, etc.).
Le candidat a le choix entre deux situations proposées.

### Objectif de l'épreuve

Évaluer les connaissances des politiques sociales, des cadres juridiques et institutionnels de l'action sociale.

### Compétences repérées

- Établir une relation professionnelle avec les partenaires.
- Établir une veille professionnelle : s'informer et se former pour faire évoluer ses pratiques.

### Modalités de l'épreuve

Épreuve écrite (1 h 30).

### Jury

Un correcteur.

## b. Seconde épreuve : composition sur le cadre institutionnel et la position du moniteur-éducateur

Cette épreuve (coefficient 1) est organisée en cours de formation.
Elle porte sur l'évaluation d'un écrit sur le repérage du cadre institutionnel et la position du moniteur-éducateur par rapport aux missions de l'institution, à partir d'une expérience de terrain (stage ou exercice professionnel).

### Objectif de l'épreuve

Vérifier les capacités du candidat à se déterminer et à se positionner de façon argumentée dans les dynamiques institutionnelles.

### Compétences repérées

- Situer son action dans le cadre des missions de l'institution et de son projet.
- Veille professionnelle : s'informer et se former pour faire évoluer ses pratiques.

### Modalités de l'épreuve

Épreuve organisée par l'établissement de formation en fonction de son projet pédagogique.

## 4 Référentiel professionnel, indicateurs de compétences

- Savoir se présenter et présenter son service.
- Savoir accueillir.
- Savoir adapter son mode de communication aux différents partenaires.
- Connaître le cadre juridique et les missions de l'institution.
- Connaître le projet institutionnel et/ou associatif.
- Savoir identifier les différents acteurs.
- Savoir établir avec ces acteurs les relations nécessaires et justifiées par la mission confiée.
- Savoir prendre en compte les évolutions des problèmes sociaux.
- Savoir capitaliser les expériences professionnelles.
- Savoir prendre de la distance par rapport à ses pratiques professionnelles.
- Savoir actualiser ses connaissances professionnelles.
- Savoir assurer une fonction de tutorat pour la formation de futurs professionnels.

## 5 Conseils

### a. Conseils pour l'épreuve écrite : les dynamiques institutionnelles DC 4

Durée : 1 h 30
Coefficient : 1

- Le candidat ayant le choix entre deux sujets, il est conseillé de décider rapidement celui qu'il va traiter. Ce choix doit être déterminé par la maîtrise des connaissances demandées (à travers le cadre législatif du secteur social et médico-social) et par la capacité à les mettre en œuvre dans le cadre de la fonction de moniteur-éducateur.
- Définir le ou les mots clés qui donnent du sens à la ou les questions.
- Identifier la nature du problème posé et la politique sociale en jeu.
- Élaborer des réponses éducatives ou d'accompagnement en précisant le positionnement du ME.
- Identifier les partenaires et justifier les actions concertées.
- Répondre de manière claire et précise à la ou aux questions posées.
- Faire des phrases courtes en utilisant un vocabulaire maîtrisé.
- Ne pas oublier que la copie ne doit pas dépasser vingt lignes. C'est la qualité de l'écrit, de son contenu qui est prise en compte pour l'attribution de la note et non sa longueur.

### b. Conseils pour l'épreuve effectuée en cours de formation : les dynamiques institutionnelles DC 4

Coefficient : 1

Cette épreuve est organisée par l'établissement de formation par rapport à son projet pédagogique.

Il est demandé au candidat de rédiger un document faisant apparaître à partir d'une expérience de stage : la connaissance du cadre institutionnel et la position du moniteur-éducateur dans le cadre des missions de l'institution.

Nous pouvons proposer le plan suivant :

- une présentation de l'institution, le public accueilli, les agréments ;
- les missions de l'institution ;
- le rôle et la fonction du moniteur-éducateur au sein de l'institution ;
- les axes principaux du projet institutionnel ;
- situer son action (en s'appuyant sur des exemples précis), sa participation dans les dynamiques institutionnelles à travers la fonction de moniteur-éducateur en lien avec les missions et le projet ;
- faire apparaître ses acquis, ses connaissances au niveau du cadre institutionnel, du rôle et de la fonction du moniteur-éducateur.

## 6 Exemple d'étude de situation pour l'épreuve écrite DC 4 : les dynamiques institutionnelles

*Vous procédez, dans le cadre de vos fonctions, à l'accueil des jeunes filles de votre groupe (dans une MECS), le dimanche soir.*

*Sylviane, âgée de 13 ans, vous révèle avec beaucoup d'émotion et de sanglots que son père, durant le week-end, a eu des gestes violents à son égard.*

*Quelles sont les dispositions juridiques essentielles qui guideront votre intervention ?*

Le candidat doit se référer au cadre juridique, aux articles du code civil.

Tout ce qui nuit gravement à la santé, à la sécurité ou à la moralité d'un enfant est une forme de maltraitance (article 375 du code civil).

Les articles 227-18 et 227-19 du code pénal prévoient des peines allant de 2 à 7 ans d'emprisonnement et de 45 000 à 150 000 € d'amende pour ces délits, en fonction de leur gravité.

**Art. 375 du code civil** – Si la santé, la sécurité ou la moralité d'un mineur non émancipé sont en danger, ou si les conditions de son éducation sont gravement compromises, des mesures d'assistance éducative peuvent être ordonnées par justice à la requête des père et mère conjointement, ou de l'un d'eux, de la personne ou du service à qui l'enfant a été confié ou du tuteur, du mineur lui-même ou du ministère public. (...) Le juge peut se saisir d'office à titre exceptionnel.

Elles peuvent être ordonnées en même temps pour plusieurs enfants relevant de la même autorité parentale.

La décision fixe la durée de la mesure sans que celle-ci puisse, lorsqu'il s'agit d'une mesure éducative exercée par un service ou une institution, excéder deux ans. La mesure peut être renouvelée par décision motivée.

Dans des situations de violences graves dont font l'objet des enfants, les dispositions juridiques essentielles qui guideront l'intervention du moniteur-éducateur sont les suivantes :

- obligation de signalement de mauvais traitement aux enfants (loi du 10 juillet 1989) ;
- signalement aux services médicaux, sociaux ;
- dénonciation auprès de la police, de la justice ;
- poursuite des auteurs : personnes privées ou institutions ;
- signalement, protection administrative et judiciaire (AEMO) ;
- prévention auprès des parents, accompagnement de la parentalité ;
- placement en institution, familles d'accueil ;
- association de la défense des droits de l'enfant ;
- numéro vert (119), campagne d'information ;
- politique privilégiant les actions de prévention dans les quartiers ;
- aide sociale à l'enfance (conseil général) ;
- protection juduciaire mise en œuvre par l'État, les départements, avec l'aide du secteur associatif (procureur de la République, juge pour enfants...).

La procédure de signalement des mauvais traitements sur personnes mineures doit s'effectuer auprès :

- des services sociaux ;
- des services de police : gendarmerie ;
- directement auprès du juge ou du procureur ;
- en composant le n° vert (119).

Le signalement est nécessaire pour protéger la personne des risques à venir. Chaque citoyen, chaque professionnel devient responsable et il a le devoir de signaler lorsqu'il a des informations ou des doutes concernant des mauvais traitements sur mineurs (violences physiques ou morales, inceste...).

Il ne faut donc pas attendre d'obtenir des preuves ni de craindre les conséquences, car le rôle du moniteur-éducateur est de protéger l'enfant ou l'adolescent (la police, les services sociaux spécialisés, puis le procureur et, enfin, le juge évalueront la situation dans sa globalité et décideront des mesures de protection et de sanction).

La parole de l'enfant doit être entendue : ne pas l'écouter, c'est être à nouveau violent envers lui. Il est important de dévoiler les choses, de les signaler.

Le moniteur-éducateur aide à la décision de la justice. Le signalement qu'il fait doit comporter des éléments clairs et précis : sentiments ou angoisses personnels du moniteur-éducateur (« j'ai l'impression que... », « je crains que... ») sont à bannir des rapports de signalement.

Il est nécessaire de clarifier le rôle de chacun (département, Éducation nationale, hôpital...) pour rendre plus efficace l'orientation à donner au signalement (administrative ou judiciaire).

Le candidat doit situer son action dans le cadre des missions de l'institution où se présente la situation et de son rôle. Il doit faire référence au nouveau vocabulaire introduit par la loi n° 2007-293 (*cf.* p. 163, loi du 5 mars 2007). Il fait apparaître l'évolution des pratiques éducatives compte tenu de cette loi et évoque que cette loi précise et institutionnalise le partage des informations à caractère secret « préoccupantes » entre professionnels, avec le président du conseil général et parfois avec le maire.

**Les questions à se poser avant de faire un signalement**

1. Qui doit signaler ? Le moniteur-éducateur travaille dans une institution en équipe. Il est tenu d'informer celle-ci et son directeur de ce qu'il sait, de ce qu'il a vu.
2. Qu'est-ce qui doit être signalé ? Le moniteur-éducateur, l'équipe et la direction envisagent les moyens d'évaluer le risque, le danger que présente la situation pour décider du contenu de son signalement.
3. Comment élaborer le signalement ? Il est indispensable de se renseigner sur le règlement de l'établissement où le moniteur-éducateur exerce, sur la procédure à appliquer.
4. Quel traitement « mon » signalement va-t-il avoir (que va-t-il entraîner) ? Nous pouvons avancer l'idée que la protection de l'enfant devra passer par une rupture des liens (familiaux, par exemple, dans le cas de violences sexuelles ou physiques par l'un des parents). Par conséquent, il est important d'anticiper sur les effets que cela va produire, sur le milieu familial, administratif et judiciaire.

Il faut retenir pour le moniteur-éducateur que :

- il est interdit de divulguer à l'extérieur des informations se rapportant à l'identité des personnes dont il s'occupe ;
- il est obligatoire de préserver l'anonymat des personnes figurant dans tous les documents, demandés au cours de la formation ou présentés (à l'oral et à l'écrit) à l'examen.

# 7 Deux sujets d'annales des épreuves écrites (juin 2012)

## Sujet 1

### Académie de Rennes

Vous travaillez comme ME dans un foyer occupationnel dont la population est mixte et se fait vieillissante. L'établissement accueille plus d'une cinquantaine d'usagers et l'hébergement se réalise en chambre individualisée. D'autre part, le foyer s'est engagé dans une démarche de qualité et tout le personnel est concerné par cette dernière.
Vous êtes délégué(e) du personnel et membre du conseil de vie sociale. Or, la direction vient vous interpeller car elle a reçu plusieurs plaintes des résidents et de leur famille concernant les repas en général, l'organisation des activités de jour, mais aussi le respect de leur intimité dans leur chambre. Elle vous demande de prendre en compte ces plaintes en lui proposant un plan d'actions sous la forme d'orientations éducatives ou de perspectives de fonctionnement sur lesquelles elle aura à trancher.

**1** Sur quel cadre légal et sur quels éléments principaux cette situation repose-t-elle ?

**2** Quelle analyse faites-vous des plaintes des usagers et quels enjeux représentent-elles pour un ME ?

**3** Quel plan d'actions allez-vous proposer ? Sur quelle éthique professionnelle reposera-t-il ?

**Mots clés :** participation des résidents au fonctionnement de l'établissement, conseil de la vie sociale, travail en équipe.

## Sujet 2

### Académie de Rennes

Vous êtes moniteur(trice)-éducateur(trice) en CHRS habilité à héberger des adultes hommes et femmes, en couple ou non, en formule conventionnelle (6 mois renouvelables). Frédéric est un homme de 41 ans hébergé depuis 8 mois. Il est arrivé au CHRS durant le mois de décembre. Il vient d'un accueil d'urgence où il logeait depuis 15 jours, orienté par le SIAO (service intégré d'accueil et d'orientation). Frédéric est très clair sur ce qu'il attend de l'équipe éducative. Sa demande récurrente est un logement autonome. Son projet personnalisé, à l'élaboration duquel il a participé, mentionne que les axes d'accompagnement sont l'insertion professionnelle, la santé et, à long terme, un logement autonome. En effet, Frédéric est sans travail, ni ressources (des demandes d'aides sont en cours).
Au cours d'un repas, Frédéric, qui est alcoolisé, s'énerve, revendique et insulte les éducateurs présents, dont vous faites partie, en vous accusant de l'empêcher d'avoir un logement alors qu'il « existe une loi qui donne un logement à tout le monde ».
Il est attendu un écrit structuré et argumenté autour des questions suivantes :

**1** À quelle loi peut-il être fait référence ? Que permet-elle ?

**2** Quel va être votre positionnement :
- face à cette situation ?
- à court terme ?
- à moyen terme ?

**3** Que peut proposer le CHRS au vu de ses missions, de ses statuts et du projet personnalisé de Frédéric ?

**Mots clés :** loi du 5 mars 2007 instituant le droit au logement opposable (loi DALO), travail en équipe pluri-professionnelle, autonomie, projet éducatif individuel.

# Partie 4

# L'analyse des pratiques professionnelles et l'étude de situation

# I L'analyse des pratiques professionnelles (APP)

Comme le référentiel de formation l'indique, « l'analyse des pratiques » apparaît dans les programmes des quatre domaines de formation du DEME.
Différentes formes d'analyse des pratiques professionnelles dans le champ social et médico-social se développent dans les différents centres de formation en France. Il ne s'agit pas de les énoncer, encore moins de les développer. Nous nous proposons d'aborder ce sujet à partir d'une méthodologie de travail. Il s'agit d'une méthode pédagogique qui, sans être unique, met l'accent sur une démarche dans un espace de réflexion dans le cadre de la formation de moniteurs-éducateurs.
En pratique, c'est un « atelier » composé de stagiaires moniteur-éducateur en formation (dont le nombre varie de 10 à 15) et d'un formateur. C'est un groupe structuré, formel, situé dans le temps et dans l'espace de la programmation de chaque domaine de formation. Il a un but commun aux membres qui le composent, des tâches concrètes communes, un système de participation et de direction, un ensemble de règles de procédure.
Nous nommerons ces séquences « ateliers » car ils permettent d'inscrire les stagiaires dans une démarche active et autoformatrice.
Le stagiaire n'est pas placé en situation de récepteur d'un apport préprogrammé. Cet atelier ne se limite pas à une accumulation de savoirs théoriques, il a pour objectif premier une ouverture à l'apprentissage des pratiques professionnelles. L'atelier invite à la contextualisation, à la référence, à la comparaison et à la critique.
Des éléments d'apprentissage se constituent sur le lieu de stage ou de travail. Ils vont être soumis à la réflexion dans le cadre de la formation, de manière spécifique lors de ces séquences, par rapport aux compétences visées :

- DC 1 : accompagnement social et éducatif spécialisé ;
- DC 2 : participation à l'élaboration et à la conduite du projet éducatif spécialisé ;
- DC 3 : travail en équipe pluridisciplinaire ;
- DC 4 : implication dans les dynamiques institutionnelles.

Il est ici question de l'apprentissage d'une démarche intellectuelle de type réflexif apte à conduire à l'action. Ce processus vise l'acquisition et le développement de compétences professionnelles dans le domaine social et médico-social.
Il est un lieu de construction de l'identité professionnelle, car il permet de faire des choix pédagogiques et de découvrir des postures professionnelles.
Il nous paraît important de souligner que cet atelier se fonde sur un vecteur fondamental : le propos oral. La visée pédagogique première tendra à en faire un « discours ». Le discours est soumis à des règles, à une syntaxe et à des modalités comportementales ; ce sont les premiers objets d'initiation, dévolus à l'atelier.

Il s'agit de concilier l'ensemble des éléments liés à la praxis (entendue comme théorie agie et action reliée à une théorie et, surtout, exprimée par un discours construit).

Ces ateliers « Analyse des pratiques professionnelles » (APP) sont complétés par :
- des connaissances théoriques abordées dans les différents domaines de compétences ;
- des cours ;
- des travaux pratiques se rapportant à ces cours ;
- un entraînement technique à l'observation, à l'entretien, à la dynamique de groupe, à l'expression orale et écrite ;
- des lectures personnelles ;
- des stages dans le secteur social et médico-social.

Chaque séance dure 3 heures avec une pause de 10 à 15 minutes. Tous les membres doivent être présents du début à la fin de la séance. Les formés et le formateur s'assoient en cercle devant leur table respective.

# 1 Méthode

La démarche se fonde sur l'analyse de situations professionnelles rencontrées par les stagiaires (*cf.* méthodologie de l'étude de situation, p. 167).
Chacun d'entre eux doit, dès le début du stage, constituer un cahier sur lequel il va inscrire presque quotidiennement ses réflexions sur les situations rencontrées, les événements qui le questionnent, en lien avec son projet de stage. Il peut aussi y mentionner les statuts, rôles et fonctions des différents acteurs, les différents types d'organisation et de modèles d'interventions éducatives, les notions théoriques qui émergent de celles-ci, un début d'analyse de ce qu'il a observé.
Ce travail de mise en forme de ce qu'il a observé et vécu doit permettre au stagiaire de se constituer un ensemble de connaissances dans le domaine de la profession de moniteur-éducateur.
Il devrait l'aider à faire émerger des éléments forts de son processus de professionnalisation de travailleur social et lui servir de support à la préparation de la situation qu'il exposera en séance APP.
Une situation professionnelle est préparée et rédigée avant la séance APP par chaque stagiaire. La situation est présentée par l'un d'entre eux. L'analyse est ensuite réalisée collectivement. Elle doit permettre aux membres du groupe d'échanger, de questionner leurs savoirs, leur pratique, leur posture, leurs méthodes, les représentations, les principes et les valeurs qui les fondent.

# 2 Spécificités du groupe de stagiaires

Nous citerons les plus importantes parmi celles que nous avons pu identifier.

- **L'égalité entre les membres du groupe** : chaque stagiaire se trouve dans la même situation de réflexion que le reste du groupe. Il a le même statut, il n'est pas seul en tant qu'apprenant. Cette égalité de statut devrait faciliter la construction de compétences professionnelles collectives.
- **L'échange** : le formé expose des situations qu'il rencontre sur son lieu de stage, il témoigne de son expérience et les autres en font de même. Le fait d'entendre ce que les autres expriment, la discussion, l'interprétation ou l'analyse agit comme un agent formateur faisant partie du processus d'apprentissage du métier sur celui qui expose et sur ceux qui l'écoutent.

  Par l'échange des situations exposées, la communication est rendue plus vivante ; la mise en commun d'expériences de stage est un moyen d'affronter de façon moins dramatique les situations rencontrées. Aussi, aborder ses propres difficultés et écouter celles des autres peuvent amener chaque stagiaire à relativiser, à modifier sa vision des choses, à adapter ses actes à des situations similaires ou autres.

  La connaissance se construit dans l'interaction avec les autres. En effet, les membres du groupe, agissant et interagissant les uns envers les autres, vont produire un savoir professionnel qui prend source dans la réflexion sur l'action et sa transformation. Le groupe devient alors sujet et objet de ce savoir.
- **La confiance** nécessaire à la réflexion implique pour chacun une règle de confidentialité des propos tenus à l'intérieur du groupe de travail.

## 3 Rôle du formateur

Le formateur intervient sur le processus d'apprentissage et sur le contenu. Il s'adresse au groupe et au stagiaire qui expose la « situation ». Il suscite la parole de ceux qui ne s'expriment pas sur ce qui a été exposé.

Le formateur est un membre du groupe (il est assis à une place dans le cercle), mais il a un rôle et un statut différents.

La fonction du formateur n'est pas de faire la théorie des réactions du groupe, mais de favoriser les processus d'apprentissage de professionnalisation dans chaque domaine de compétences visé, au niveau du groupe.

Le formateur ne donne pas une réponse, dans le cadre d'un modèle, à un problème posé par le stagiaire. Il a pour fonction de faciliter les échanges entre participants au niveau de l'écoute, de l'expression.

Il a aussi une fonction de régulation dans la dynamique du groupe. Il aide à l'analyse par la mise en relation des points de vue différents et pertinents des participants eu égard à la situation exposée.

Il éclaire les aspects de la situation par l'identification des dimensions absentes, par l'apport de concepts sociologiques, psychologiques et psychosociologiques.

Il formalise le discours des participants en savoir explicite.

Ainsi, le groupe procure à chacun des participants le soutien et la compréhension par le partage du questionnement, l'enrichissement de l'analyse par la comparaison des expériences, des situations et par la diversité des points de vue des participants.

## 4 Modalités d'évaluation

Elles peuvent renvoyer à la participation (présence active et régulière du stagiaire) et à la notation d'un travail écrit, de clôture (par exemple, étude d'une situation éducative rencontrée au cours d'un stage).
La démarche proposée peut être schématisée de la manière suivante :

**Analyse des pratiques professionnelles : approche pédagogique**

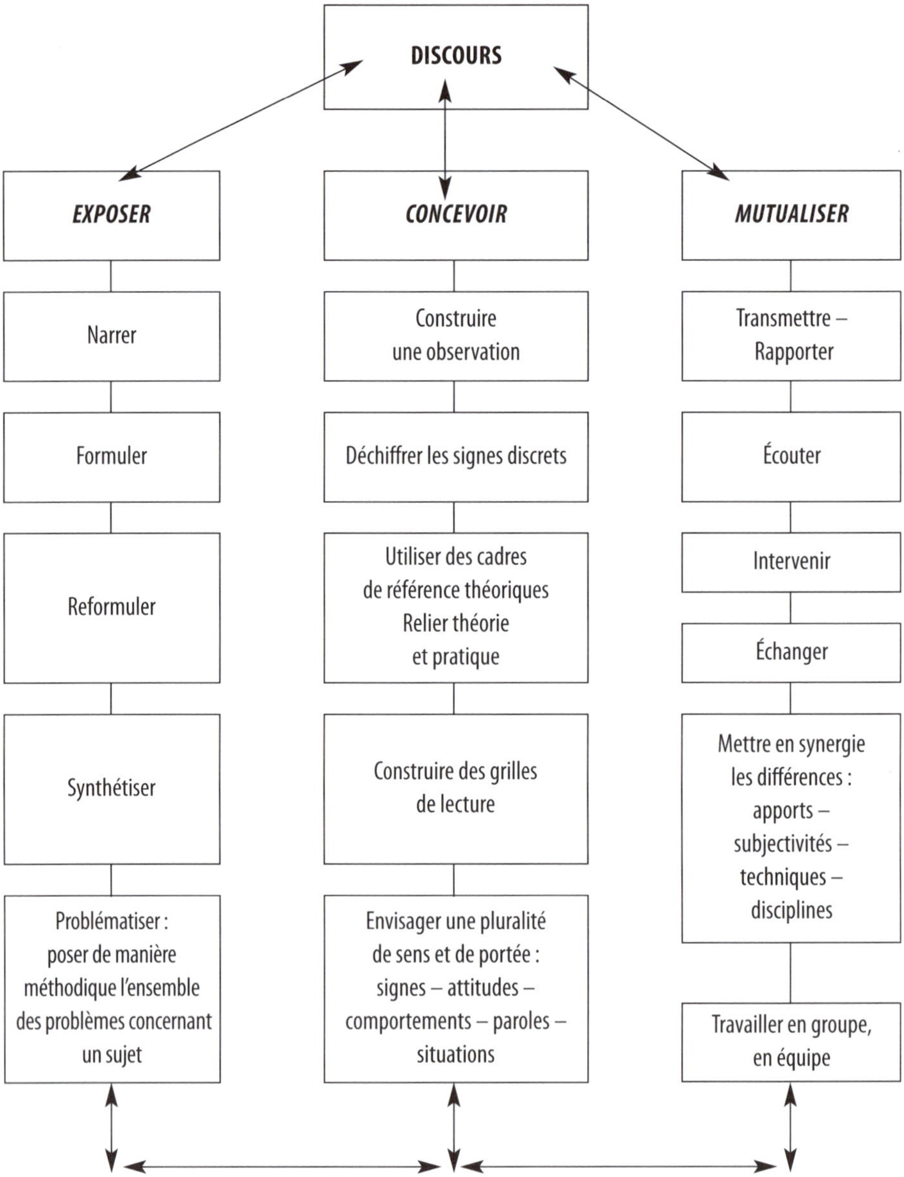

# II L'étude de situation

On peut définir une situation par la rencontre entre une ou plusieurs personnes à l'occasion d'un événement.

Il existe une grande variété de situations :

- situation concernant les effets d'une attitude éducative ;
- situation concernant la réponse à des attitudes d'un sujet ayant des troubles du comportement ;
- situation concernant la mise en place d'une activité ;
- situation concernant la mise en place d'une méthode ;
- situation concernant diverses pratiques d'entretien ;
- situation concernant une tentative de suicide ;
- situation concernant le remplacement au pied levé d'un titulaire par un stagiaire, etc.

Pour réaliser cet exercice, le moniteur-éducateur en formation peut se référer à la méthode suivante :

- construire des observations (faites par le moniteur-éducateur stagiaire) et recueillir des informations issues de l'équipe éducative (éducateurs, psychologue, psychiatre, assistante sociale, etc.) pour compléter et éclairer ces observations ;
- décrire le contexte dans lequel cette situation se présente, le lieu, les acteurs en présence. Expliciter les problèmes que cette situation pose ;
- expliciter, argumenter sur la teneur de l'implication dans cette situation ;
- exposer ce qui a été compris de cette situation compte tenu des informations collectées ci-dessus, comment elles ont été interprétées, comment elles pourront être analysées.

Il s'agit dans cette partie d'adopter une démarche d'analyse, c'est-à-dire de faire émerger les éléments significatifs, qui permettent une compréhension de la situation utilisant des notions théoriques des différentes disciplines abordées au cours de la formation de moniteur-éducateur.

Cette analyse va alors amener le moniteur-éducateur stagiaire à envisager, à proposer des actions pour élaborer un projet visant à améliorer la « situation » :

- définir le projet d'action ;
- décrire l'action éducative engagée, à court, moyen et long terme. Dans cette partie doivent apparaître la spécificité de l'action entreprise et l'implication professionnelle (utilisation du « je ») en partenariat avec les différents acteurs intervenants de l'action éducative ;
- analyser les résultats par rapport aux actions proposées.

# Partie 5

# L'accès au diplôme d'État de moniteur-éducateur et d'éducateur spécialisé par la VAE

# I La VAE et le diplôme d'État de moniteur-éducateur

## 1 Référentiel professionnel du moniteur-éducateur[1]

« Le moniteur-éducateur participe à l'action éducative, à l'animation et à l'organisation de la vie quotidienne de personnes en difficulté ou en situation de handicap, pour le développement de leurs capacités de socialisation, d'autonomie, d'intégration et d'insertion, en fonction de leur histoire et de leurs possibilités psychologiques, physiologiques, affectives, cognitives, sociales et culturelles.

Il élabore son intervention avec l'équipe de travail et son encadrement dans le cadre du projet institutionnel répondant à une commande sociale éducative exprimée par différents donneurs d'ordre et financeurs, en fonction de leurs champs de compétences : intervention individuelle (administrative ou judiciaire), collective ou territorialisée. Il intervient dans une démarche éthique qui contribue à créer les conditions pour que les enfants, adultes, familles et groupes avec lesquels ils travaillent aient les moyens d'être acteurs de leur développement et de renforcer les liens sociaux et les solidarités dans leurs lieux de vie.

Le moniteur-éducateur assure une relation éducative au sein d'espaces collectifs et favorise l'accès aux ressources de l'environnement (sportives, culturelles, citoyennes…). Il peut ainsi mettre en place et encadrer des médiations éducatives et des activités de soutien scolaire, d'insertion professionnelle ou de loisirs. Il veille à la qualité de l'animation des structures dans lesquelles les personnes vivent. Les actes de la vie quotidienne sont un support essentiel à son intervention. Il contribue, dans le cadre d'équipes pluriprofessionnelles, à la mise en œuvre au quotidien de projets personnalisés ou adaptés auprès des personnes accompagnées. Grâce à sa connaissance des situations individuelles, il contribue à l'élaboration de ces projets personnalisés et participe au dispositif institutionnel.

Le moniteur-éducateur intervient dans des contextes différents.

Il peut contribuer à l'éducation d'enfants ou d'adolescents ou au soutien d'adultes présentant des déficiences sensorielles, physiques ou psychiques ou des troubles du comportement. Dans ce contexte, il assure une relation éducative avec ces personnes, organise et anime leur quotidien, en les accompagnant dans l'exécution des tâches quotidiennes. Il contribue ainsi à instaurer, restaurer ou préserver leur autonomie.

1. *JO* n° 153 du 4 juillet 2007, p. 11363, texte n° 5.

Il peut également intervenir auprès d'enfants, d'adolescents ou d'adultes en difficulté d'insertion. Par son accompagnement quotidien conduit dans une visée de socialisation et d'intégration, le moniteur-éducateur aide à améliorer l'adaptation sociale de ces personnes. Les moniteurs-éducateurs interviennent, principalement, mais sans exclusive, dans le secteur du handicap, de la protection de l'enfance, de la santé et de l'insertion sociale assurant une prise en charge collective des publics. Il sont employés par les collectivités territoriales, la fonction publiques et des associations et structures privées. »

## 2 Informations générales

Le diplôme d'État de moniteur-éducateur est accessible par la validation des acquis de l'expérience (VAE).
Un référentiel professionnel du moniteur-éducateur est annexé à la réglementation générale du diplôme.
Il constitue pour vous un document de travail indispensable pour vous aider dans la constitution de votre dossier de demande de validation des acquis de l'expérience, notamment dans le choix des expériences et situations à décrire.
Il rend compte des principales fonctions que doivent être en capacité d'exercer les titulaires du diplôme d'État :

- Fonction 1 – Exercice d'une relation éducative au sein d'un espace collectif.
- Fonction 2 – Animation et organisation de la vie quotidienne dans une visée de socialisation et d'intégration.
- Fonction 3 – Participation au dispositif institutionnel.

Les compétences requises pour exercer ces fonctions sont déclinées en 4 domaines de compétences dont la maîtrise est exigée pour une pratique efficace comme moniteur-éducateur.

- Domaine de compétences 1 : Accompagnement social et éducatif spécialisé
  - Instaurer une relation
  - Aider à la construction de l'identité et au développement des capacités
  - Assurer une fonction de repère et d'étayage dans une démarche éthique
  - Animer la vie quotidienne au sein de l'établissement ou du service
  - Concevoir et mener des activités de groupe

- Domaine de compétences 2 : Participation à l'élaboration et à la conduite du projet éducatif spécialisé
  - Observer, rendre compte et contribuer à l'évaluation des situations éducatives
  - Participer à la mise en œuvre d'un projet éducatif

Domaine de compétences 3 : Travail en équipe pluri-professionnelle

- S'inscrire dans un travail d'équipe
- Élaborer, gérer et transmettre de l'information

Domaine de compétences 4 : Implication dans les dynamiques institutionnelles

- Établir une relation professionnelle avec les partenaires
- Situer son action dans le cadre des missions de l'institution et de son projet
- Veille professionnelle : s'informer et se former pour faire évoluer ses pratiques

C'est au regard de ces domaines de compétences que le jury procédera à la validation des acquis de l'expérience.

## 3 Qu'est-ce que la validation des acquis de l'expérience ?

La validation des acquis de l'expérience (VAE) est définie dans la loi 2002-73 du 17 janvier 2002 de modernisation sociale et ses décrets d'application :

> « Toute personne engagée dans la vie active est en droit de faire valider les acquis de son expérience, notamment professionnelle, en vue de l'acquisition d'un diplôme, d'un titre à finalité professionnelle ou d'un certificat de qualification (…) enregistrés dans le répertoire national des certifications professionnelles (…).
> « Peuvent être prises en compte, au titre de la validation, l'ensemble des compétences professionnelles acquises dans l'exercice d'une activité salariée, non salariée ou bénévole, en rapport direct avec le contenu du diplôme ou du titre. La durée minimale d'activité requise ne peut être inférieure à trois ans.
> « La validation est effectuée par un jury (…) qui peut attribuer la totalité du titre ou diplôme. À défaut, il se prononce (…) sur la nature des connaissances et aptitudes devant faire l'objet d'un contrôle complémentaire.
> « Le jury se prononce au vu d'un dossier constitué par le candidat, à l'issue d'un entretien (…).

## 4 Quelles sont les principales étapes d'une démarche de validation des acquis de l'expérience ?

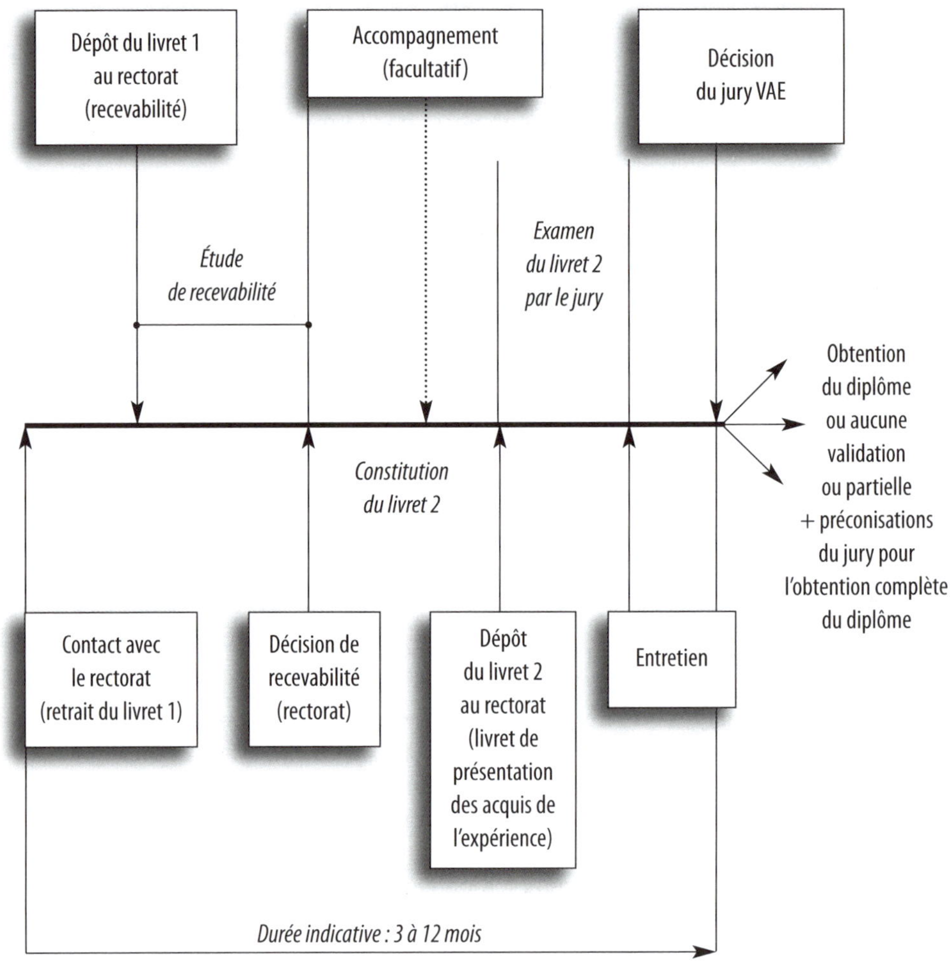


## 5 Quels en sont les principaux supports ?

Deux livrets constituent les supports principaux de votre demande de validation des acquis de l'expérience.

- Le livret 1, qui a pour objectif d'étudier la recevabilité de votre demande en regard des exigences réglementaires.

En effet, pour que votre demande de VAE en vue de l'obtention du diplôme d'État de moniteur-éducateur soit déclarée recevable par les services du rectorat, vous devez justifier de l'exercice d'une activité salariée, non salariée ou bénévole, en rapport direct avec le contenu du diplôme. La durée totale d'activité cumulée est de trois ans.

- Le livret 2, qui a pour objectif d'analyser votre expérience en regard des exigences du diplôme d'État de moniteur-éducateur.

Vous serez, sur la base de ce livret 2, convié à un entretien avec le jury. Cet entretien vous donnera notamment la possibilité d'approfondir des aspects de votre expérience qui n'auraient pas été suffisamment explicités dans votre écrit ou illustrés par des documents annexés.

# 6 Quelle exploitation fera le jury de votre livret 2 ?

Le jury procédera à un travail d'identification des compétences que vous maîtrisez à partir de l'exposé que vous aurez fait de votre expérience.
Votre livret 2 devra en conséquence fournir au jury une information suffisamment précise pour mettre votre expérience en regard du référentiel professionnel et pour procéder à un travail de repérage des compétences, aptitudes et connaissances que vous maîtrisez. Il sera également le support de votre entretien avec le jury.

# 7 Guide pratique pour renseigner votre livret 2

Nous vous proposons, pour renseigner efficacement votre livret 2, de suivre la démarche suivante.

## 1. Première étape – Appropriation du livret 2 et du référentiel professionnel

Lisez attentivement ce livret 2, afin d'en maîtriser la structure.
Lisez attentivement le référentiel professionnel du diplôme d'État de moniteur-éducateur, afin :

- de vous faire une représentation complète des fonctions et activités susceptibles d'être mises en œuvre par un moniteur-éducateur ;
- d'identifier les compétences nécessaires pour mener à bien ces fonctions.

## 2. Deuxième étape – L'analyse de votre expérience

Procédez à une première analyse de votre expérience dans sa globalité, afin de repérer les expériences les plus éclairantes dont vous rendrez compte dans votre livret 2.
Pour cela, nous vous suggérons la démarche qui suit.

- Mettre à plat votre expérience.

Lister les différents emplois (et fonctions bénévoles) que vous avez exercés jusqu'à ce jour, même s'ils n'ont pas de relations directes avec le diplôme d'État de moniteur-éducateur.

- Identifier vos expériences ayant un lien direct avec le diplôme d'État de moniteur-éducateur.

Ce premier travail de mise à plat doit vous permettre d'identifier, par comparaison avec le référentiel professionnel, les expériences (emploi ou fonction bénévole) pertinente(s) en regard du diplôme.

## 3. Troisième étape - Constitution de votre livret 2

Ce livret 2 comporte 5 chapitres.

***Vos motivations (page 5)***

L'expression de vos motivations devra permettre au jury de comprendre les raisons de votre démarche et de votre choix pour ce diplôme, en les référant à votre projet professionnel ou personnel.

***Vos expériences (pages 7 et 8)***

Il s'agira de fournir un aperçu de vos expériences, en distinguant, dans les tableaux proposés, votre parcours professionnel et les activités bénévoles éventuellement exercées.

***Votre parcours de formation (page 9)***

Vous devrez également fournir au jury un aperçu des différentes formations que vous avez pu suivre, en mentionnant notamment le(s) diplôme(s) obtenu(s) et en fournissant les justificatifs nécessaires.

Certains diplômes vous permettent de bénéficier de la validation automatique d'un ou de plusieurs domaines de compétences. Un tableau (livret 2) énumère, pour chaque diplôme, la ou les validations accordées automatiquement. Seuls les diplômes énumérés ouvrent ce droit.

La rédaction de votre livret 2 peut être manuscrite.

Toutefois, si vous choisissez d'utiliser l'outil informatique, vous veillerez à vous rapprocher de la mise en page proposée dans le livret original afin d'en faciliter l'appropriation par le jury.

Quelle que soit la forme choisie, nous vous invitons à respecter les consignes suivantes :

– Insistez sur votre implication personnelle (vous pouvez vous aider d'une rédaction à la première personne du singulier).

– Mettez en avant votre contribution personnelle dans le cadre d'activités menées collectivement.

– Utilisez de préférence le temps présent : je réalise, plutôt que j'ai réalisé.

– Décrivez votre activité dans le détail, de manière la plus précise possible (en rajoutant, le cas échéant, des pages libres au livret).

– Choisissez, à chaque fois que la situation s'y prête, un mode de description chronologique, du début à la fin de l'activité, sans oublier l'évaluation.

Évitez absolument les fiches d'activités ou de projets anonymes, les listes de tâches

Attention : si les pièces à joindre sont rédigées dans une langue autre que le français, vous devrez procéder à leur traduction par un traducteur assermenté avant l'envoi de votre demande.

*Références : ministère chargé des Affaires Sociales, ministère chargé de l'Éducation nationale.*

# II La VAE et le diplôme d'État d'éducateur spécialisé

## 1 Généralités

Le diplôme d'éducateur spécialisé est accessible par la VAE selon l'arrêté du 12 mars 2004 (*JO* du 1er avril 2004).
La VAE permet à toute personne engagée dans la vie active depuis au moins trois ans de faire reconnaître officiellement ses compétences professionnelles par l'obtention d'un titre, d'un diplôme à finalité professionnelle ou d'un certificat de qualification.
Il faut justifier d'une expérience d'au moins trois ans (voire plus dans certains cas) :

- en continu ou en discontinu ;
- dans une activité salariée, non salariée ou bénévole justifiée ;
- en rapport direct avec le contenu du titre ou diplôme visé.

**À savoir**

Les périodes de formation initiale ou continue ainsi que les stages et les périodes de formation en milieu professionnel effectués pour la préparation d'un titre ou d'un diplôme ne sont pas pris en compte.

## 2 Référentiel professionnel de l'éducateur spécialisé

Un référentiel professionnel de l'éducateur spécialisé est annexé à la réglementation générale du diplôme (*cf. Bulletin officiel santé social*, n° 2004/17).
C'est un document de travail indispensable pour vous aider à constituer votre dossier de demande de VAE, notamment dans le choix des expériences et des situations à décrire.
Il rend compte des principales fonctions que doivent être en capacité d'exercer les titulaires du diplôme d'État d'éducateur spécialisé :

- fonction 1 : établissement d'une relation, diagnostic éducatif ;
- fonction 2 : accompagnement éducatif de la personne ou du groupe ;
- fonction 3 : conception et conduite d'une action socio-éducative au sein d'une équipe ;
- fonction 4 : construction d'un cadre d'analyse et d'une expertise des pratiques éducatives et sociales.

Chaque fonction est déclinée en un ensemble de compétences. Pour chacune de ces compétences sont notamment précisés les savoir-faire et savoirs de référence dont la maîtrise est exigée pour une pratique efficace du métier d'éducateur spécialisé.
Il s'agira pour vous de rendre compte de votre expérience en prenant appui régulièrement sur ce référentiel et ses exigences.

**Référentiel professionnel de l'éducateur spécialisé**

**Fonction 1 – Établissement d'une relation, diagnostic éducatif**
1.1 – Appropriation et analyse d'informations concernant la commande sociale et la situation de la personne ou du groupe.
1.2 – Établissement d'une relation éducative avec la personne, la famille ou le groupe.
1.3 – Élaboration d'un diagnostic éducatif, d'une hypothèse d'intervention socio-éducative et préfiguration d'un projet individuel adapté à la situation de la personne (ou du groupe) et en cohérence avec le projet institutionnel ou le mandat.

**Fonction 2 – Accompagnement éducatif de la personne ou du groupe**
2.1 – Mobilisation des ressources de l'environnement de la personne ou du groupe.
2.2 – Mobilisation des ressources de la personne ou du groupe et développement de ses capacités.
2.3 – Exercice d'une fonction symbolique permettant la distinction des rôles et places dans une société. Position de rappel des lois et règles sociales permettant à la personne ou au groupe de s'y inscrire en tant que citoyen.
2.4 – Accompagnement de la personne ou du groupe dans la construction de son identité et de sa singularité dans le respect le plus large possible de ses choix et de son intimité.

**Fonction 3 – Conception et conduite d'une action socio-éducative au sein d'une équipe**
3.1 – Coconstruction d'une intervention adaptée aux attentes et/ou aux besoins de la personne (ou du groupe) en cohérence avec la commande sociale et le projet institutionnel.
3.2 – Réalisation et ajustement de projets sociaux et éducatifs dans un système d'acteurs multiples.
3.3 – Intervention en qualité de « référent » de la personne ou du groupe vis-à-vis de l'institution dans un rôle de régulation.
3.4 – Contribution à la mise en œuvre du projet : gestion logistique et financière d'activités, ou de séquences collectives, de nature socio-éducative.
3.5 – Évaluation des actions menées dans le cadre du projet social, ou éducatif, ou des mesures individuelles assurées.

**Fonction 4 – Construction d'un cadre d'analyse et d'une expertise des pratiques éducatives et sociales**
4.1 – Implication dans une structure sociale ou au sein d'une équipe éducative et dans un travail pluridisciplinaire et coopératif de personnes relevant de professionnalités différentes.

4.2 – Échange d'informations nécessaires aux besoins d'un milieu professionnel au sein duquel la communication est à la fois institutionnelle et informelle.
4.3 – Veille et attention permanentes par rapport à l'évolution des connaissances techniques et théoriques du champ social ou éducatif afin de maintenir une pratique adaptée à ces évolutions.
4.4 – Capitalisation permanente des acquis de l'expérience individuelle et collective par une formalisation de ceux-ci en vue de faire progresser et de faire partager son propre savoir professionnel.

# Annexes

# Le vocabulaire à retenir

**Accompagnement social**
Relation contractuelle d'insertion entre un agent spécialisé et un usager d'un service d'action sociale.
Les situations qui peuvent solliciter un accompagnement sont multiples : revenu minimum d'insertion, surendettement, accession ou maintien dans un logement.
Étymologiquement, le compagnon est celui avec qui l'on partage le pain. Cette dimension est présente au moins comme symbole. L'acte de comprendre et de faire comprendre exige des relations de proximité, un « moment vécu en commun ». Il demande un accord formalisé ou implicite entre l'accompagné et l'accompagnateur.

**Action éducative en milieu ouvert (AEMO)**
Action exercée par un travailleur social auprès d'un mineur dont le comportement ou la situation vécue nécessite une mesure de suivi, sans qu'il y ait pour autant retrait du milieu de vie social et familial.
La mesure d'AEMO peut être administrative : elle émane alors de l'aide sociale à l'enfance, chargée de la protection de l'enfance. Elle peut être judiciaire : elle émane alors d'un juge qui donne mandat au travailleur social, mandat qui s'impose au mineur et à sa famille. Dans tous les cas, la coopération des intéressés doit être recherchée.

**Action sociale**
Ensemble des moyens par lesquels une société agit sur elle-même pour préserver sa cohésion, notamment par des dispositifs législatifs ou réglementaires et par des actions visant à aider les personnes ou les groupes les plus fragiles à mieux vivre, à acquérir ou à préserver leur autonomie et à s'adapter au milieu social environnant.
Tout en continuant à s'adresser à des catégories de population définies (personnes handicapées, personnes âgées, enfants en danger...), l'action sociale vise prioritairement à lutter contre des situations d'exclusion caractérisées par des problèmes multiples et complexes (d'emploi, de santé, de logement, d'éducation...).

**Aide à domicile**
Mode d'intervention et métier de l'action sociale.
D'une part, c'est une intervention auprès de familles, de personnes âgées, de personnes handicapées ou de malades afin de les aider dans les tâches quotidiennes et leur permettre de rester dans leur milieu de vie habituel. D'autre part, c'est un métier exercé par les aides à domicile, personnes qualifiées ayant reçu une formation spécifique.
L'aide à domicile se développe fortement. Elle crée de nombreux emplois encouragés par la politique sociale : aides ménagères, auxiliaires familiales et auxiliaires de vie. Plus de 150 000 personnes exercent aujourd'hui des professions d'aide à domicile. Le secteur privé à but non lucratif gère les deux tiers des services d'aide à domicile, des services marchands existant également.

**Aide sociale**

Ensemble de prestations constituant une obligation mise à la charge des collectivités publiques par la loi et destinées à faire face à un état de besoin pour des bénéficiaires dans l'impossibilité d'y pourvoir.

L'aide sociale s'est substituée en 1953 à l'Assistance publique. L'accès aux prestations d'aide sociale est fondé sur l'appréciation de la situation personnelle du demandeur et s'avère subsidiaire, c'est-à-dire qu'il n'intervient que si les autres solidarités se révèlent défaillantes.

L'aide sociale a été largement décentralisée, les départements ayant compétence pour l'enfance, les personnes âgées ainsi que pour une grande partie de l'aide aux personnes handicapées. L'instauration de la couverture maladie universelle a supprimé l'aide médicale départementale.

**Allocation aux adultes handicapés (AAH)**

Allocation visant à assurer l'autonomie financière de personnes handicapées n'ayant exercé auparavant aucune activité professionnelle ou ne pouvant prétendre aux prestations d'invalidité de la Sécurité sociale.

Le bénéfice de cette allocation, financée par l'État et versée par les caisses d'allocations familiales, est fonction d'un taux d'incapacité apprécié par la commission des droits et de l'autonomie des personnes handicapées (CDAPH).

Celle-ci se prononce, outre sur l'aide financière, sur l'orientation professionnelle et en matière d'hébergement. Le fonctionnement de ce dispositif est confronté à l'accroissement continu des demandes et aux difficultés liées au marché de l'emploi.

**Allocation compensatrice**

Allocation servie, au titre de l'aide sociale départementale, aux personnes handicapées dans le but de compenser les dépenses résultant du recours à une tierce personne et/ou de l'exercice d'une profession.

Le bénéfice de cette allocation est soumis à conditions, notamment de ressources et d'incapacité.

**Allocation d'éducation spéciale (AES)**

Allocation destinée à compenser les surcoûts entraînés par l'éducation d'enfants ou d'adolescents handicapés.

Le bénéfice de cette allocation, financée par l'État et versée par les caisses d'allocations familiales, est fonction d'un taux d'incapacité apprécié par la commission des droits et de l'autonomie des personnes handicapées (CDAPH).

Celle-ci se prononce également sur l'orientation vers des établissements et services de l'éducation spéciale.

**Allocation de parent isolé (API)**

Prestation visant à apporter une aide temporaire aux personnes veuves, divorcées, séparées ou célibataires qui assument seules la charge d'au moins un enfant. Ce droit est également ouvert pour la femme seule enceinte.

Cette prestation familiale est attribuée sous condition de ressources.

**Amendement Creton (loi du 13 janvier 1989)**
Après 20 ans, l'usager bénéficie d'une prolongation en institut médico-éducatif (IME) jusqu'à ce qu'une place se libère dans un établissement différent, un foyer.
Ce sont les ateliers d'instituts médico-professionnels (IMPRO) qui donnent les notions de travail, d'apprentissage des règles et de l'autonomie (déplacement en bus...), afin de pouvoir envisager un travail en milieu ordinaire ou en centre d'aide par le travail (CAT) selon les capacités de la personne concernée.

**Assistante maternelle**
Personne agréée qui accueille habituellement à son domicile des enfants, moyennant rémunération.
La procédure d'agrément qui conditionne l'accès à cette profession relève du conseil général, au titre de la protection maternelle et infantile.
Les assistantes maternelles remplacent les nourrices. Leur professionnalisation s'est fortement développée ces dix dernières années et un statut professionnel leur a été accordé (agrément, rémunération, formation).

**Association**
Structure constituée sans but lucratif par des hommes et femmes qui se regroupent pour défendre des droits, des intérêts, réaliser un projet, répandre des idées.
La loi du 1er juillet 1901, qui reconnaît la liberté de s'associer, donne à cette structure une personnalité juridique, bâtie sur un modèle démocratique. À ce titre, elle est considérée comme une loi fondamentale de la République.
L'action sociale est souvent mise en œuvre par le secteur associatif.

**Autisme**
Trouble global et précoce du développement, apparaissant dès le plus jeune âge.
Il est caractérisé par un fonctionnement déviant et/ou retardé dans les domaines de la communication, verbale et non verbale, et du comportement.
Il existe de très nombreuses formes d'autisme, ce qui rend difficiles sa compréhension et son traitement.

**Centre d'action médico-sociale précoce (CAMSP)**
Structure d'accueil pour enfants handicapés (de 0 à 6 ans) sans notification de la commission des droits et de l'autonomie des personnes handicapées. Le diagnostic et la prise en charge individualisée sont financés par la Sécurité sociale.

**Centre pour déficient auditif et visuel (CDAV)**
Établissement doté d'un service de suite éducatif intervenant ponctuellement en milieu ordinaire.

**Citoyenneté**
Lien social établi entre une personne et l'État qui la rend apte à exercer librement l'ensemble des droits politiques attachés à cette qualité, sous réserve qu'elle ne se trouve pas privée de tout ou partie de cet exercice par une condamnation pénale (privation de droits civiques).

En démocratie, l'exercice des droits ne va pas sans le respect également légitime d'obligations (respect des lois, respect des us et coutumes du pays, obligations fiscales...).
La citoyenneté revêt d'autres aspects :

- la citoyenneté économique et la citoyenneté sociale concernent la participation directe et personnelle de l'individu au fonctionnement de son propre espace social (travail, habitat, quartier, loisirs, etc.) ;
- la citoyenneté symbolique manifeste le partage d'un ensemble de valeurs, de croyances communes, et forge le sentiment identitaire.

**Contrat**
Rapport interpersonnel juridique, moral, social qui marque un engagement de deux parties, librement consenti.
Le contrat est particulièrement utilisé dans l'action sociale avec le RSA et le logement social, mais il existe dans l'action sociale depuis plus longtemps, notamment dans la méthodologie d'intervention des travailleurs sociaux ou de certaines associations.
Le contrat dans l'action sociale s'éloigne de l'assistance. Il comporte une double facette éthique et technique et signifie des engagements réciproques, reposant sur un accord mutuel. De ce fait, il institue les contractants comme acteurs et permet le débat contradictoire.

**Curatelle**
Régime de protection judiciaire sous lequel peut être placé un majeur lorsque, sans être hors d'état d'agir lui-même, il a besoin d'être conseillé et contrôlé dans les actes les plus graves de la vie civile, soit en raison d'une altération de ses facultés personnelles, soit à cause de sa prodigalité, de son intempérance ou de son oisiveté.
C'est un régime d'incapacité partielle, le majeur protégé pouvant notamment utiliser ses revenus ou voter.

**Commission des droits et de l'autonomie des personnes handicapées**
C'est une commission prévue par la loi du 11 février 2005. Elle remplace la commission départementale de l'éducation spécialisée (CDES) et la commission technique d'orientation et de reclassement professionnel (COTOREP).
Ses compétences se situent au niveau de :

- l'orientation de la personne handicapée vers un établissement ou un service ;
- le maintien de la personne handicapée dans l'établissement ou le service ;
- l'attribution de l'allocation d'éducation de l'enfant handicapé (AEEH) et l'allocation pour adulte handicapé (AAH).

**Décentralisation**
Transfert des compétences de l'État vers les collectivités territoriales (communes, départements, régions), issu notamment des lois des 7 janvier et 22 juillet 1983 dans le champ de l'action sociale.
La décentralisation, dans ses dispositions principales, entraîne des modifications des conditions de création, de transformation, d'extension et de financement des établissements et des services. Elle répartit les compétences du préfet et du président du conseil général ; elle place notamment le service social sous la responsabilité de ce dernier, ainsi que l'aide à l'enfance,

l'insertion des bénéficiaires du RSA, l'aide aux handicapés, la prestation spécifique dépendance des personnes âgées...
La décentralisation de l'aide sociale a été instaurée plus particulièrement par la loi du 6 janvier 1986 qui adapte la législation sanitaire et sociale aux transferts de compétences en matière d'aide sociale et de santé. Cependant, des efforts restent à faire pour que la décentralisation ne provoque pas des disparités excessives selon la population et les départements.

**Dépendance**
Incapacité d'effectuer seul les actes essentiels de la vie quotidienne, qui entraîne la nécessité de recourir à une tierce personne pour les tâches élémentaires.
Ce terme est utilisé essentiellement dans les domaines du handicap physique et de la gérontologie.
On dénombre aujourd'hui plus de 650 000 personnes âgées dépendantes. Des grilles de dépendance ont été élaborées pour mesurer le type et la quantité de services à prévoir dans une institution ou à domicile.

**Enquête sociale**
Enquête effectuée dans le cadre de procédures judiciaires civiles et pénales précises.
Par exemple, en cas de divorce, elle peut être demandée avant toute décision fixant les modalités de l'exercice de l'autorité parentale et du droit de visite. De plus, dans l'action sociale, on nomme également enquête sociale toute investigation menée par un travailleur social pour recueillir des éléments sur une situation sociale et éclairer la décision des services administratifs (aide financière, logement, etc.).

**Établissement régional d'enseignement adapté (EREA)**
Structure qui accueille des personnes présentant un handicap léger et ayant la possibilité d'obtenir un diplôme qualifiant. C'est une structure d'éducation spéciale de l'Éducation nationale. La prise en charge est assurée par des éducateurs.

**Exclusion**
Ensemble de mécanismes de rupture, tant sur le plan symbolique (stigmates ou attributs négatifs) que sur le plan des relations sociales (rupture des différents liens sociaux qui agrègent les hommes entre eux).
L'exclusion est à la fois un processus (produit par un défaut de la cohésion sociale) et un état (résultat d'un défaut d'insertion).
Le concept d'exclusion sociale est caractérisé par trois grandes dimensions. La première est celle de la sphère économique, incluant les formes de précarité vis-à-vis de l'emploi et l'insuffisance chronique ou répétée de ressources, marque classique de la pauvreté. La deuxième dimension est celle de la non-reconnaissance ou du non-usage des droits sociaux, mais aussi des droits civils et politiques. La troisième est celle des relations sociales : elle représente les formes aiguës de déstructuration sociale et psychologique que la crise économique et les situations de non-droit engendrent chez les individus, familles ou groupes sociaux.

**Famille monoparentale**

Personne vivant sans conjoint, avec un ou plusieurs enfants.

Cette expression est apparue en France au milieu des années 1970, importée des pays anglo-saxons. Si, auparavant, on devenait parent seul à la suite du décès du conjoint, aujourd'hui c'est principalement en raison de la séparation conjugale. 85 % des foyers monoparentaux sont féminins et se caractérisent par un niveau de vie plus faible.

**Famille recomposée**

Union de deux conjoints issus de la rupture d'un premier couple, avec garde totale ou partagée de l'ensemble ou d'une partie des fratries issues des premières unions.

Cette expression est devenue courante à partir des années 1990. Auparavant, il s'agissait principalement de « remariage » à la suite du décès du conjoint ; aujourd'hui, la raison principale est la séparation conjugale.

**Garantie de ressources**

Complément de rémunération versé à des travailleurs handicapés exerçant une activité professionnelle afin d'assurer un revenu minimum.

Son montant varie selon le type d'emploi, en milieu protégé ou en entreprise. L'État assure également la compensation de cotisations sociales patronales correspondantes.

**Gérontologie**

Étude des processus du vieillissement humain. Cette discipline se développe en raison du vieillissement de la population et de l'allongement de la durée de la vie.

La gérontologie se distingue de la gériatrie qui concerne l'approche médicale, c'est-à-dire l'étude des maladies du vieillissement.

**Hôtel social**

Structure, appelée parfois résidence sociale, destinée à accueillir d'une manière temporaire des personnes ou des familles en difficulté sociale, notamment de logement.

Des travailleurs sociaux mènent auprès de ces personnes des actions d'accompagnement social, permettant d'envisager leur réinsertion.

**Inadaptation**

Incapacité ou difficulté d'accomplir une tâche ou encore d'assumer un rôle, tel que la société le prescrit et/ou l'attend. C'est donc un état général qui handicape l'être humain dans ses rapports avec les autres et avec la société.

Le terme d'inadaptation a été lié très tôt au champ de l'éducation spécialisée, mais il est de moins en moins utilisé. On lui préfère la notion de handicap, plus large et plus universelle, ou encore celles de marginalité, de délinquance, voire d'exclusion, plus à même de préciser la nature des situations conduisant à l'inadaptation.

**Infirmité**

Affection particulière qui atteint d'une manière chronique une partie du corps.

L'infirme peut se trouver privé d'une certaine capacité d'action. Le désavantage qui en résulte à ses yeux ou aux yeux des autres peut constituer un handicap.

Ce terme est de moins en moins utilisé dans le langage courant, au profit du mot handicap. Il n'en sert pas moins à désigner spécifiquement certaines maladies : infirmité motrice, infirmité motrice cérébrale...

**Infirmité motrice-cérébrale**
C'est une infirmité qui résulte de lésions cérébrales entraînant un handicap moteur.

**Insertion**
Processus qui conduit une personne à trouver une place reconnue dans la société. L'insertion peut prendre plusieurs formes : insertion professionnelle, sociale, globale. L'insertion professionnelle est la remise en contact avec le milieu de travail ou la réadaptation au marché du travail. L'insertion sociale concerne l'accompagnement social de la personne. L'insertion sociale globale désigne un ensemble d'actions d'accompagnement personnalisé visant un effet global d'interventions croisées (emploi, soins, logement, culture, éducation).

**Intégration**
Processus qui conduit une personne à adopter les valeurs et les normes du système social. Il suppose, d'une part, une volonté et une démarche individuelles (intégrabilité de la personne) et, d'autre part, une aptitude de la société (capacité intégratrice).

**Majeur protégé**
Personne placée par décision judiciaire sous l'un des régimes de protection prévus par la loi (tutelle, curatelle, sauvegarde de justice).

**Maternage**
Action d'accompagnement, dans les actes de la vie quotidienne, de personnes dont l'état physique ou psychique nécessite une attention particulière, par extension de l'attention naturelle portée par les parents à leurs enfants.

**Médiation**
Intervention d'un tiers entre des personnes ou des groupes, pour prévenir un conflit ou trouver des solutions avec l'accord et la participation des parties en présence.
Venant du latin *mediare* (s'interposer), ce terme a d'abord servi dans les rapports entre deux belligérants puis s'est étendu aux domaines de la vie sociale, du travail, de la famille.
On en distingue de multiples formes : médiation familiale, médiation pénale, médiation administrative...

**Minima sociaux**
Dispositifs définis par la loi visant à garantir un montant minimum de revenus, à travers des allocations sous conditions de ressources, à des personnes ne pouvant pas tirer de leur activité, présente ou passée, des ressources suffisantes.
En France, environ 6 millions de personnes (directement ou au sein de leur famille) sont concernées par les minima sociaux. Chaque minima a sa logique et ses conditions d'attribution propres, et s'adresse à des bénéficiaires spécifiques. On peut citer : minimum vieillesse, minimum invalidité, allocation aux adultes handicapés, allocation de solidarité spécifique, allocation d'insertion, revenu de solidarité active, allocation de parent isolé et assurance veuvage.

**Mission locale**
Structure d'accueil des jeunes de 16 à 25 ans sans emploi ni qualification, pour une aide au parcours d'insertion.

Elle a un rôle d'écoute, d'information, d'orientation, d'accompagnement et de soutien en matière d'emploi, de formation, de santé, de logement, de loisirs.
Créées en 1982, les missions locales jouent un rôle important dans l'insertion professionnelle des jeunes, en liaison avec les permanences d'accueil, d'information et d'orientation (PAIO).

**Parentalité**
La notion de parentalité, bien que largement utilisée par les travailleurs sociaux, demeure relativement indéfinie.
Cependant, selon le *Dictionnaire critique de l'action sociale* : « La parentalité apparaît comme un terme spécifique du vocabulaire médico-psycho-social qui désigne de façon très large la fonction "d'être parent" en y incluant à la fois les responsabilités juridiques telles que la loi les définit, des responsabilités morales telles que la socio-culture les impose et des responsabilités éducatives ».

**Parrainage**
Forme de soutien et de protection bénévolement accordée à une personne en raison d'une situation particulière ou en prévision d'une situation difficile.
Il existe deux grandes formes de parrainage social : la première, organisée par des associations notamment dans le cadre d'échanges internationaux, concerne des enfants du tiers monde et consiste en une aide financière continue pour couvrir les besoins alimentaires, sanitaires et éducatifs ; la seconde concerne les enfants et adolescents relevant de l'aide sociale et consiste en un soutien affectif et un accueil pendant les week-ends et les vacances.

**Partenariat**
Coopération entre des personnes ou des institutions généralement différentes par leur nature et leurs activités.
L'apport de contributions mutuelles différentes (financement, personnel...) permet de réaliser un projet commun.
Dans l'action sociale, depuis la décentralisation qui a donné compétence à plusieurs collectivités territoriales, et en raison de la montée de l'exclusion qui nécessite la mobilisation de ressources complémentaires, le partenariat a pris un essor tout particulier afin de se donner plus de moyens pour faire face à ces situations.

**Pauvreté**
État d'une personne, d'une famille ou d'un groupe qui dispose de faibles ressources. Toutefois la pauvreté n'est pas réductible au seul indicateur de type monétaire, mais concerne également d'autres aspects du quotidien comme le logement, la santé, la formation, le travail, la vie familiale.
La notion de pauvreté est relative et le seuil de pauvreté est apprécié de façon variable selon l'histoire, les cultures, le niveau de vie moyen du groupe.
Les seuils de pauvreté et de grande pauvreté sont déterminés par l'INSEE. Il est fait également référence à une pauvreté absolue fondée sur des besoins minimaux et des consommations incompressibles (consommation alimentaire, habillement...). Cette conception incite à concevoir un seuil de pauvreté universel, indépendant des conditions sociales, économiques, culturelles et politiques des personnes.

Les sociétés démocratiques considèrent que la pauvreté doit être combattue. Cet objectif a été mis en relief dans le traité d'Amsterdam de l'Union européenne et dans la charte sociale du Conseil de l'Europe.

**Permanence d'accueil, d'information et d'orientation (PAIO)**
Structure consacrée à l'insertion des jeunes par la formation.
Au sein du réseau d'accueil mis en place en matière d'insertion sociale et professionnelle des jeunes, les PAIO complètent l'action plus globale des missions locales.

**Placement**
Mesure prise à propos d'un mineur ou d'un adulte jugé provisoirement irresponsable, le confiant à un service ou à une structure d'accueil, de traitement ou de protection, de quelque nature qu'elle soit (famille ou institution), et pour une durée déterminée, renouvelable.
Cette mesure peut être concertée ou autoritaire par décision de justice, selon la nature des situations qui l'ont entraînée, et dans les conditions régies par les textes : placement familial, placement thérapeutique, placement social, placement judiciaire...
De plus en plus de précautions sont à prendre aujourd'hui à propos des mesures de placement, tant il est vrai que la rupture avec le milieu de vie n'est pas forcément une bonne solution, mais ces mesures n'en sont pas moins nombreuses et, malgré le développement des services ouverts, à cause de la convergence des problèmes qui se posent aux personnes concernées, elles restent bien souvent la solution préconisée la plus favorable.

**Politique sociale**
La politique sociale désigne un ensemble de mesures élaborées et appliquées par les pouvoirs publics dans le but d'améliorer les conditions de vie des personnes, de réduire les conflits sociaux et de maintenir le lien social.

**Polyhandicapé**
Personne atteinte le plus souvent d'une déficience première ayant entraîné une gêne dans différents aspects de son développement.
Cette combinaison de handicaps a besoin d'être appréhendée globalement, ce qui nécessite un lent travail de coopération des techniciens concernés, en même temps qu'une mise en commun permanente.

**Précarité**
Absence des conditions élémentaires permettant aux personnes et aux familles d'assumer normalement leurs responsabilités et de jouir de leurs droits fondamentaux.
Les situations de précarité économique et sociale sont diverses et souvent cumulatives. Elles sont liées en grande partie à la dégradation du marché de l'emploi. Elles peuvent aussi avoir pour origine ou être associées à d'autres facteurs qui, en se combinant, risquent de les faire évoluer vers des situations d'extrême pauvreté, à la limite de l'exclusion.

**Prévention**
Action qui consiste à mettre en place les informations et les propositions qui permettent à un trouble de ne pas avoir lieu, ni de se développer.

La prévention peut être individuelle ou sociale. Elle peut aussi être une prévention spécialisée par la présence sur le terrain d'agents compétents, pouvant aller à la rencontre des personnes susceptibles d'occasionner des troubles, afin de les détourner de leurs projets et de les aider à trouver d'autres formes d'actions.

**Professions sociales**

Les professions du travail social sont qualifiées à la suite de formations sanctionnées par des diplômes et organisées par les pouvoirs publics.

Les principales professions sociales se répartissent en :

- professions centrées sur la famille : assistant de service social, conseillère en économie sociale et familiale, travailleuse familiale, aide à la famille, aide à domicile ;
- professions éducatives : éducateur spécialisé, éducateur technique, éducateur de jeune enfant, moniteur-éducateur, aide médico-pédagogique ;
- professions de l'animation : animateur socio-éducatif, animateur socio-culturel.

**Protection**

Ensemble de mesures destinées à protéger certaines personnes contre un risque ou un danger.

Ce terme est fréquemment utilisé dans le domaine social (protection sociale, protection judiciaire de la jeunesse, protection maternelle et infantile...).

**Protection judiciaire de la jeunesse (PJJ)**

Service du ministère de la Justice chargé d'une mission d'assistance éducative et de prévention auprès de mineurs délinquants ou en danger et de jeunes majeurs éprouvant des difficultés d'insertion.

**Protection maternelle et infantile (PMI)**

Service du département en charge d'une mission médicale et médico-sociale de protection de la mère et du jeune enfant.

La PMI assume des actions diverses : information, consultations, examens, contrôles d'établissements d'accueil de la petite enfance, agrément des assistantes maternelles...

**Psychomotricité**

Ensemble des éléments qui vont agir sur les capacités motrices du sujet, et autour de leur développement, pour passer d'une activité purement réflexe à une activité volontaire et maîtrisée par le sujet.

Trois sortes de troubles peuvent entraver le développement psychomoteur :

- difficultés d'intégration du schéma corporel rendant les gestes imprécis, et constituant une gêne dans la vie quotidienne ;
- retards de maturation psychomotrice, décalage entre l'âge réel et les possibilités des sujets ;
- difficultés d'investissement du corps dont les raisons peuvent être multiples, mais souvent en rapport avec des difficultés affectives.

Les techniques pratiquées par les psychomotriciens doivent en permettre le traitement et l'évolution associés à d'autres techniques.

**Quotient intellectuel**

Résultat de tests permettant de classer les enfants selon le rapport de leur âge mental à leur âge réel.

Ces tests, mis en place par Binet et Simon, ont fait l'objet de modifications visant à en améliorer la pertinence.

Si la mesure du quotient intellectuel a son intérêt, elle ne doit pas cependant être prise à la lettre. Interviennent dans la vie des gens de nombreux facteurs qui donnent à ces calculs une valeur toute relative. C'est une indication qui ne dispense pas d'une étude plus approfondie.

**Revenu de solidarité active (RSA)**

Le revenu de solidarité active (RSA) est une allocation versée par l'État à des personnes de plus de 25 ans ou à des personnes de moins de 25 ans ayant à leur charge un enfant ou plus nés ou à naître sans ressources ou aux ressources limitées.

Ce dispositif, adopté le 1er décembre 2008, vise à lutter contre la pauvreté et à promouvoir l'insertion sociale des personnes les plus démunies. Il encourage les personnes à exercer ou à reprendre une activité professionnelle.

Le RSA remplace le revenu minimum d'insertion (RMI) et l'allocation de parent isolé (API). Il permet aux personnes qui reprennent une activité professionnelle de compléter leurs revenus s'ils sont limités.

Ce dispositif est sans limitation de durée ; il varie selon l'évolution des revenus et la situation familiale du bénéficiaire.

**Service d'éducation spéciale et de soins à domicile (SESSAD)**

Service de suite éducatif qui suit l'enfant sur un projet individuel en milieu ordinaire (école, crèche et famille). Le travail se fait directement avec les familles en partenariat avec le centre médico-psycho-pédagogique, l'école, le psychologue scolaire.

**SAMU social**

Équipe mobile de traitement de situations d'urgence sociale que peuvent connaître des personnes sans abri.

Elle a recours à des modes de traitement particuliers : offre ponctuelle d'hébergement d'urgence, offre de soins, de nourriture, de vêtements...

Lancée en 1993, cette méthode d'intervention s'inspire du Samu médical (services d'aide médicale urgente). Ce dispositif cherche désormais à devenir un sas vers l'insertion des personnes prises en charge.

**Sans domicile fixe (SDF)**

Personne en situation d'errance dans l'espace public.

Ces personnes forment un groupe hétérogène qui vit comme tel. Tout essai de typologie est donc réducteur.

**Sauvegarde de justice**

Régime de protection judiciaire sous lequel peut être placé un majeur qui, tout en conservant l'exercice de ses droits, a besoin d'être protégé dans les actes de la vie civile en raison d'une altération de ses facultés personnelles.

C'est le régime de protection le plus léger.

**Travailleuse familiale**

Professionnelle qui exerce au domicile des familles ayant des enfants et connaissant des difficultés dues à la maladie, à l'incapacité éducative à l'égard des enfants, à la présence d'une ou plusieurs personnes handicapées.

Cette profession va changer d'appellation pour devenir « technicien de l'intervention sociale et familiale ».

L'action préventive et/ou éducative, en collaboration avec d'autres professionnels de l'action sociale, contribue au soutien familial et à la réinsertion sociale.

**Trisomie**

Anomalie génétique caractérisée par l'apparition d'un chromosome supplémentaire.

La plus connue est la trisomie 21 à l'origine de nombreuses déficiences intellectuelles, mais on connaît aussi d'autres formes (8, 13, 18) répertoriées dans les causes anténatales d'un certain nombre de pathologies mentales.

Les personnes trisomiques sont davantage considérées sous l'angle du handicap généré que de la pathologie qui les affecte.

**Tutelle**

Régime de protection judiciaire sous lequel peut être placé un majeur qui, en raison d'une altération de ses facultés personnelles, a besoin d'être représenté d'une manière continue dans tous les actes de la vie civile.

C'est un régime d'incapacité complète. Ainsi, le majeur protégé, qui perd ses droits civiques, voit son patrimoine et ses revenus gérés par un tuteur désigné par le juge.

La tutelle des majeurs est à distinguer de la tutelle aux prestations sociales qui voit celles-ci versées à une personne physique ou morale qualifiée, à charge pour elle de les utiliser au profit des bénéficiaires.

**Référence**

Jaeger M., *Guide du secteur social et médico-social* [1994], Dunod, 2011.

# II Les centres de formation agréés de moniteur-éducateur

## ALSACE

***IFCAAD***
12, rue Jean-Monnet - BP 45
67311 SCHILTIGHEIM Cedex
Tél. : 03 88 18 61 31
Site Internet : www.ifcaad.fr

## AQUITAINE

***CeF***
Place du Marché-Couvert - BP 414
24104 BERGERAC Cedex
Tél. : 05 53 22 23 00
Site Internet : www.johnbost.org/cef

***ADES***
Association pour le développement économique et social
9 bis, rue Armand-Chabrier
47400 TONNEINS
Tél. : 05 53 64 61 57
Site Internet : www.adesformations.fr

***ITS Institut du travail social Pierre-Bourdieu***
8, cours Léon-Bérard
BP 7528
64075 PAU Cedex
Tél. : 05 59 84 93 93
Site Internet : www.its-pau.fr

***IRTS AQUITAINE***
9, avenue François-Rabelais
BP 39
33401 Talence Cedex
Tél. : 05 56 84 20 20
Site Internet : www.irtsaquitaine.fr

***AFMR - ETCHARRY FORMATION DEVELOPPEMENT***
Château Elgart
64120 ETCHARRY
Tél. : 05 59 65 72 82
Site Internet : www.afmr-etcharry.com

## AUVERGNE

***ITSRA Institut de travail social de la Région Auvergne***
62, avenue Marx-Dormoy
63000 CLERMONT-FERRAND
Tél. : 04 73 17 01 00
Site Internet : www.itsra.net

## BASSE-NORMANDIE

***IRTS BASSE-NORMANDIE***
11, rue Guyon-de-Guercheville
BP 10116
14204 Hérouville-Saint-Clair
Tél. : 02 31 54 42 00
Site Internet : www.irts-bn.asso.fr

## BOURGOGNE

***IRTESS***
2, rue du Professeur-Marion
21000 DIJON
Tél. : 03 80 72 64 50
Site Internet : www.irtess.fr

## BRETAGNE

***AFPE Saint-Brieuc***
Centre Louis-Guilloux
12, rue du Vau-Méno
BP 507
22005 SAINT-BRIEUC Cedex 1
Tél. : 02 96 78 86 20
Site Internet : www.afpe.org

***AFPE Rennes***
Centre Emmanuel-Mounier
Campus Ker Lann
Rue Pierre-de-Maupertuis
BP 17451
35174 BRUZ Cedex
Tél. : 02 99 05 06 10
Site Internet : www.afpe.org

***ITES BREST***
170, rue Jules-Janssen
ZAC de Kergaradec Guipavas
29806 Brest cedex 9
Tél. : 02 98 34 60 60
Site Internet : www.ites-formation.com

***IRTS BRETAGNE***
Site de Gouesnou
15, rue Gaston-Plante
29850 Gouesnou Tél. : 02 98 41 49 41
Site Internet : www.irts-bretagne.fr

***IRTS BRETAGNE***
2, avenue du Bois-Labbé
35042 Rennes Cedex
Tél. : 02 99 59 41 41
Site Internet : www.irts-bretagne.fr

## CENTRE

***IITS Institut du travail social***
17, rue Groison - BP 77554
37075 TOURS Cedex 2
Tél. : 02 47 62 33 33
Site Internet : www.its-tours.com

***ERTS École régionale du travail social***
2032, rue du Général-de-Gaulle - BP125
45161 OLIVET Cedex
Tél. : 02 38 69 17 45
Site Internet : www.erts-olivet.orq

## DOM

***IRDTS***
134, ch. rural de Troubiran - Entrée du centre médico-sportif - BP 897
97341 CAYENNE Cedex - Guyane
Tél. : 05 94 25 34 88

***CFTS LA GUADELOUPE***
Grand Camp
97139 Les Abymes - Guadeloupe
Tél. : 05 90 83 79 25
Site Internet : www.afprts-ifmes.com

***IRTS LA REUNION***
1, rue Sully-Brunet
97470 Saint-Benoît - La Réunion
Tél. : 02 62 92 97 77
Site Internet : www.irtsreunion.asso.fr

***EMAP***
82, bd H.-Delisle - BP 18
97451 SAINT-PIERRE Cedex - La Réunion
Tél. : 02 62 96 95 30

## FRANCHE-COMTÉ

***IRTS FRANCHE-COMTÉ***
1, rue Alfred-de-Vigny
BP 2107
25051 Besançon Cedex
Tél. : 03 81 41 61 00
Site Internet : www. irts-fc.fr

## HAUTE-NORMANDIE

***IDS HAUTE-NORMANDIE***
Route de Duclair - BP 118
76380 Canteleu
Tél. : 02 32 83 25 00
Site Internet : www.ids.fr

## ÎLE-DE-FRANCE

***INITIATIVES***
43, bd du Maréchal-Joffre
92340 BOURG-LA-REINE
Tél. : 01 41 13 48 23
Site Internet : www.initiatives.asso.fr

***CFPES CEMEA IDF***
62, avenue de la République
93306 AUBERVILLIERS Cedex
Tél. : 01 48 11 27 90
Site Internet : www.cfpes.com

***INFA Île-de-France***
5-9, rue Anquetil
94736 NOGENT-SUR-MARNE Cedex
Tél. : 01 45 14 64 67
Site Internet : www.infa-formation.com

***BUC RESSOURCES***
1 bis, rue Louis-Massotte
78530 BUC
Tél. : 01 39 20 19 94
Site Internet : www.buc-ressources.org

***ITSRS site de MONTROUGE***
1, rue du 11-Novembre
92120 MONTROUGE
Tél. : 01 40 92 01 02
Site Internet : www.fondation-itsrs.org

***ITSRS site de NEUILLY/MARNE***
150, avenue Paul-Vaillant-Couturier
93330 NEUILLY-SUR-MARNE
Tél. : 01 49 44 67 10
Site Internet : www.fondation-itsrs.org

***IRTS PARIS Île-de-France***
145, avenue Parmentier
75010 Paris
Tél. : 01 42 03 08 31
Site Internet : www.irtsparisidf.asso.fr

***EPSS École pratique de service social***
32, bd du Port
95094 CERGY Cedex
Tél. : 01 30 75 62 96
Site Internet : www.epss-edu.com

## LANGUEDOC-ROUSSILLON

***CPFP La Rouatière***
11400 SOUILHANELS
Tél. : 04 68 60 03 61
Site Internet : www.larouatiere.com

***CFPMEA CEMEA***
Centre de formation CEMEA
501, rue Métairie-de-Saysset
CS 10033
34078 MONTPELLIER Cedex 3
Tél. : 04 67 50 46 00
Site Internet : www.cemealr.org

***IFME Institut de formation aux métiers éducatifs***
23, rue de Sauve
30900 NÎMES
Tél. : 04 66 68 99 60
Site Internet : www.apafase-ifme.com

***IRTS LANGUEDOC-ROUSSILLON***
1011, rue du Pont-de-Lavérune
34077 MONTPELLIER Cedex 3
Tél. : 04 67 07 02 30 www.irts-lr.fr

***ETES École de travail éducatif et social***
17, avenue Théophile-Roussel
48100 MARVEJOLS
Tél. : 04 66 32 27 78
Site Internet : www.etes.fr

## LIMOUSIN

***IRFE Institut régional de formation d'éducateurs***
Rue du Buisson
87170 ISLE
Tél. : 05 55 01 40 52
Site Internet : www.irfe87.com

## LORRAINE

***IRTS de Lorraine***
201, avenue Raymond-Pinchard
BP 2009
54100 NANCY
Tél. : 03 83 93 36 36
Site Internet : www.irts-lorraine.fr

***IRTS de Lorraine***
41, avenue de la Liberté
Le Ban St-Martin
CS 50029
57063 METZ Cedex 2
Tél. : 03 87 31 68 00
Site Internet : www.irts-lorraine.fr

## MIDI-PYRÉNÉES

***CRFMS ERASME***
Complexe scientifique de Rangueil
23, avenue Édouard-Belin - BP 44013
31028 TOULOUSE Cedex
Tél. : 05 61 19 27 60
Site Internet : www.erasme.fr

***IFRASS***
2 bis, rue E.-Pelletier - BP 44777
31047 TOULOUSE Cedex 1
Tél. : 05 34 63 89 00
Site Internet : www.ifrass.net

## NORD-PAS-DE-CALAIS

***Centre de formation AFERTES***
5, rue Paul-Périn - BP 225
62004 ARRAS Cedex
Tél. : 03 21 60 40 00
Site Internet : www.afertes.orq

***IRTS COUDEKERQUE-BRANCHE***
12, rue Louis-Nouts Site Créanor
59412 COUDEKERQUE-BRANCHE
Tél. : 03 28 24 51 30
Site Internet : www.irtsnpdc.fr

***IRTS VALENCIENNES***
35, rue Ernest-Macarez Site Hainaut-Combresis
59300 VALENCIENNES
Tél. : 03 27 42 40 97
Site Internet : www.irtsnpdc.fr

***EES LILLE***
22, rue Halévy
59000 LILLE
Tél. : 03 20 93 70 16
Site Internet : www.eests.org

***IRTS NORD PAS-DE-CALAIS***
Rue Ambroise-Paré
BP 71
59373 LOOS CEDEX
Tél. : 03 20 62 53 70
Site Internet : www.artsnpdc.asso.fr

***EES MAUBEUGE***
Rue du Gazomètre
59600 MAUBEUGE
Tél. : 03 27 62 87 22
Site Internet : www.ees-ifar.org

***EES SAINT-OMER***
42, rue Carnot
62500 SAINT-OMER
Tél. : 03 21 12 20 20
Site Internet : www.ees-ifar.org

***IRTS BERCK-SUR-MER***
Rue Docteur-Ménard
62604 BERCK-SUR-MER CEDEX
Tél. : 03 21 89 97 00
Site Internet : www.irtsnpdc.fr

***IRTS ARRAS***
5, rue Maurice-Schumann
62031 ARRAS
Tél. : 03 21 24 09 09
Site Internet : www.irtsnpdc.fr

## PAYS-DE-LA-LOIRE

***ARIFTS IFRAMES Rezé***
116, rue de la Classerie
44400 REZE
Tél. : 02 40 75 69 94
Site Internet : www.iframes.orq/classerie

***ARIFTS IFRAMES Le Campus***
10, rue Darwin
49045 ANGERS Cedex 01
Tél. : 02 41 22 14 70
Site Internet : www.iframes.org

## PICARDIE

***IRFFE***
Rue des Deux-Ponts
80044 AMIENS Cedex 01
Tél. : 03 22 66 33 99
Site Internet : www.irffe.fr

***IRFFE***
52, bd Saint-André
60000 BEAUVAIS
Tél. : 03 44 07 72 34
Site Internet : www.irffe.fr

## POITOU-CHARENTES

***IRTS POITOU CHARENTE***
1, rue Guynemer
BP 215
86005 POITIERS Cedex
Tél. : 05 49 37 60 00
Site Internet : www.irts-poitoucharentes.org

## PROVENCE-ALPES-CÔTE D'AZUR

***IESTS Institut d'enseignement supérieur de travail social***
6, rue Chanoine-Rance-Bourrey
06105 NICE Cedex 2
Tél. : 04 92 07 77 97
Site Internet : www.iests.com

***IMF MARSEILLE***
16, rue Ferdinand-Rey - BP 54
13244 MARSEILLE Cedex 1
Tél. : 04 91 24 61 10
Site Internet : www.imf.asso.fr

## RHÔNE-ALPES

***ADEA***
12, rue du Peloux
01000 BOURG-EN-BRESSE
Tél. : 04 74 32 77 32
Site Internet : www.adea-formation.com

***IFTS Institut de formation de travailleurs sociaux***
3, avenue Victor-Hugo
BP 165
38432 ECHIROLLES Cedex
Tél. : 04 76 09 02 08
Site Internet : www.ifts-asso.com

***CFP - LPP Saint-Ennemond***
Place de l'Égalité
42400 SAINT-CHAMOND
Tél. : 04 77 22 08 14
Site Internet : www.saintennemond.eu

***ARFRIPS***
10, impasse Pierre-Baizet
69009 LYON
Tél. : 04 78 69 90 90
Site Internet : www.rp.arfrips.fr

***ARFRIPS***
13, rue Alfred-de-Musset
26000 VALENCE
Tél. : 04 78 69 90 90
Site Internet : www.rp.arfrips.fr

***Institut Saint-Laurent***
41, rue du Chancelier
69130 ECULLY
Tél. : 04 78 33 46 20
Site Internet :
www.institutsaintlaurent.com

***IREIS RHÔNE-ALPES***
42, rue de la Tour-de-Varan - BP 200
42704 FIRMINY Cedex
Tél. : 04 77 10 13 70
Site Internet : www.ireis.fr

***IREIS RHÔNE-ALPES***
1, boulevard du Fier
BP 50082
74000 ANNECY
Tél. : 04 50 46 57 01
Site Internet : www.ireis.fr

***IREIS RHÔNE-ALPES***
145, rue Chavanne
73490 LA RAVOIRE
Tél. : 04 79 72 53 86
Site Internet : www.ireis.fr

Réalisation : Linéale Production
Mise en page : DVAG
Achevé d'imprimer en octobre 2013
sur les presses de la SEPEC (France)
Numéro d'impression : 09463130902
Numéro d'éditeur : 2013_0277
Dépôt légal : octobre 2013